AUTOR COM MAIS DE 5 MILHÕES DE VIEWS NO LINKEDIN

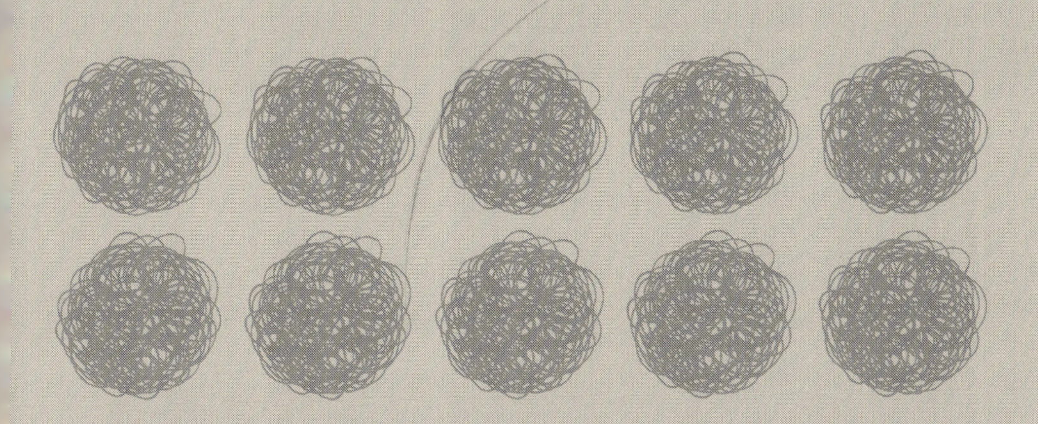

TECLA SAP

TRADUZINDO FINANÇAS E NEGÓCIOS DE FORMA SIMPLES PARA VOCÊ APLICAR NO MUNDO EMPRESARIAL E NA SUA CARREIRA

LETRAMENTO

JÚLIO CÉSAR DAMIÃO SOARES

Diretor Editorial Gustavo Abreu
Diretor Administrativo Júnior Gaudereto
Diretor Financeiro Cláudio Macedo
Logística Daniel Abreu e Vinícius Santiago
Comunicação e Marketing Carol Pires
Assistente Editorial Matteos Moreno e Maria Eduarda Paixão
Designer Editorial Gustavo Zeferino e Luís Otávio Ferreira

Dados Internacionais de Catalogação na Publicação (CIP)
Bibliotecária Juliana da Silva Mauro - CRB6/3684

S676t Soares, Júlio César Damião
Tecla SAP : traduzindo finanças e negócios de forma simples para você aplicar no mundo empresarial e na sua carreira / Júlio César Damião Soares. - Belo Horizonte : Letramento, 2024.
372 p. ; 15,5cm x 22,5 cm.

ISBN 978-65-5932-446-0

1. Negócios. 2. Finanças. 3. Estratégia de negócios. I. Título.

CDU: 336
CDD: 332

Índices para catálogo sistemático:
1. Finanças 336
2. Economia financeira 332

LETRAMENTO EDITORA E LIVRARIA
Caixa Postal 3242 – CEP 30.130-972
r. José Maria Rosemburg, n. 75, b. Ouro Preto
CEP 31.340-080 – Belo Horizonte / MG
Telefone 31 3327-5771

AGRADECIMENTOS 1 Impressionante como tudo na vida é timing. Os seguidores já vinham pedindo um livro sobre a Tecla SAP, e no começo não entendia a necessidade, visto que tudo estava disponível nas redes sociais. Quando o post da 123 Milhas atingiu mais 1MM de visualizações e um seguidor escreveu que conseguiu o valor de R$ 14 MM de resultado em sua empresa lendo os posts, eu sabia que estava cumprindo o meu objetivo: gerar valor. Entendi, então, que este conhecimento disponibilizado nas redes poderia ser entregue de uma forma mais estruturada. O desafio estava aceito.

O próximo desafio era procurar as editoras e verificar se o conteúdo tinha valor editorial, nas redes sociais a aceitação era imensa, mas um livro é diferente, a linha editorial é outra, a diagramação, a logística, a divulgação e a precificação devem ser equilibradas para atingir o mesmo objetivo que estipulei nas redes sociais: Não entregamos respostas e nem frugalidades, quem me ler, deve sair com uma análise diferenciada, deve sair melhor do que "entrou". Por isso, este livro não tem um formato normal, não tem capítulos grandes, o objetivo é sempre fazer analises relevantes sobre um determinado tema ou notícia de forma a tirar todo o ruído, com uma linguagem simples e entregando apenas a mensagem principal, respeitando o seu maior ativo, seu tempo, e te desafiando a fazer as perguntas certas, desenvolvendo o pensamento independente.

O universo fez o seu papel, reencontrei neste mundo dos negócios o meu antigo professor de Inteligência de Mercado da Fundação Dom Cabral, Carlos Caixeta, profissional brilhante, já conceituado no mercado e também com livros publicados e o principal, uma pessoa que faz questão de ajudar no sucesso de outras pessoas. Ele se tornou o meu "padrinho" na editora Letramento e me apresentou outra pessoa especial, o Gustavo Abreu, que além de entender tudo de livro e deste mercado, conseguindo sintetizar com clareza toda a jornada do livro até ao leitor, entendeu também o propósito do livro, além de ser uma pessoa de fino trato e que me fez outro desafio: "Por que você também não escreve artigos inéditos? Vamos fazer um livro misto". Outro desafio aceito.

Tínhamos então o projeto do livro (Desejo dos seguidores + Linha editorial com conteúdos publicados e inéditos + editora + conteúdo aprovado), e nasceu, assim, o livro tecla SAP.

Leia este livro com calma, reflita (não é normal fazer as perguntas certas, o normal é aceitar as respostas prontas) e utilize este pensamento independente para responder apenas uma pergunta: realmente consigo entender todos os movimentos do mercado: carreira, negócios, finanças, Brasil e mundo, agindo no tempo certo (timing é tudo) gerando valor para as pessoas/empresas à minha volta? Se conseguir fazer isso, a Inteligência Artificial, as crises financeiras e recessões não serão uma ameaça, serão oportunidades, e para isso é necessário apertar a Tecla SAP.

AGRADECIMENTO 2 Podem ter certeza, um livro é o seu melhor, e muitas pessoas são responsáveis por você entregar o seu melhor. Quero agradecer a todos os profissionais e mentores que tiveram paciência em ensinar o mundo como ele realmente funciona. Agradeço também aos seguidores das redes sociais, este livro existe por causa de vocês, pelo desafio que me foi colocado e aceito. Quero agradecer também à minha família, que nos molda na visão de mundo e nos ensinamentos de ética e valores pessoais, tão importante para encontrar o nosso objetivo neste mundo, a apertar a nossa tecla SAP. À minha esposa Cintia, que me ensinou que caminhar juntos é a melhor forma de caminhar e prosperar.

Dedico este livro à minha maior inspiração, ao meu filho Bernardo… Tudo por ele!

TECLA SAP:

ESTE LIVRO NÃO FOI FEITO PELA INTELIGÊNCIA ARTIFICIAL.

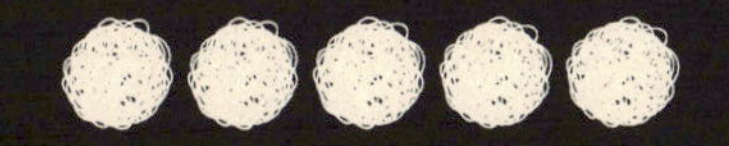

PENSAMENTO INDEPENDENTE

GERAÇÃO DE CAIXA!

Tecla SAP: Primeiro maior desafio: Geração de Caixa / Liquidez. Segundo maior desafio: Alinhamento correto do variável / Bônus. Terceiro maior desafio: Pessoas excelentes. As recuperações judiciais em 2023 nos ensinaram que tamanho (faturamento e escala) sem margens é a causa de empréstimos, debêntures e Follow-on para compensar uma operação deficitária (a conta não fecha). 2023 também nos ensinou que conseguir margens esta cada vez mais difícil, endividamento (71 mm de Brasileiros, 80% no cartão de crédito = < Ticket médio), resultado é que tivemos a segunda pior BlackFriday e as vendas no Natal foram as piores dos últimos três anos.

- Regra 1 (Variável): Troque Ebitda pela geração de caixa / Liquidez.
- Regra 2 (Variável): > Dívida Líquida / Ebitda = < Bônus.
- Regra 3 (Variável): Zero geração de Caixa = Zero Bônus.
- < Diversificação de produtos (Quantidade para qualidade com margens).
- Ebitda (Sem ajuste e sem o “Não operacional”) = Exceção não é a realidade.
- Investimentos: Priorize PayBack (Rapidez do retorno do dinheiro no caixa).
- SELIC: 11,75% ou a 9% = Busque produtividade.
- 1° pauta da reunião: Projeção do fluxo de Caixa Livre.
- Se prepare (turbulência): Muitas empresas (famosas) com problemas.
- Tire o “Ego” da sala: tome decisões difíceis (Tamanho correto da empresa).
- Volte à realidade (final do ano já passou) = Leitura de cenário (Fatos e Dados).
- Projete o resultado com IVA = 27,5% sem JCP e sem dividendos.
- “Janela’ de oportunidade para trazer as pessoas certas = agora.
- Ciclo Financeiro = Trem de pouso (Está lá, mas no tempo certo?).
- Seu cliente está sem dinheiro = Cuidado na liberação crédito.
- < Volume de crédito (Bancos), > inadimplência nos balanços.
- Faturamento, Ebitda e DRE são importantes, mas boleto é pago com liquidez.

- Cuidado com as notícias: "Quem está com a chave do galinheiro?"
- Você não tem o que merece, você tem o que negocia.
- Juros altos mundo = > Dólar = > Juros (Cuide dos custos).
- Cash is King = Dinheiro não aceita desaforo.
- Margens = Dinheiro que gera valor.
- Execução correta = > desafio (pessoas + cultura).
- Meça os riscos = Toda decisão de negócios é uma decisão financeira.
- Criar oportunidades = Separa os homens dos meninos.

ENTENDA: Fundamental começar 2024 de forma assertiva. 1T/24 vai ser complicado, não demore a tomar decisões, senão o mercado tomará para você.

GOL CONTRA!

Tecla SAP: Fiz o que ninguém fez, entrei no site da Gol (RI) e comparei os números. Lucro Líquido: 2020 (Lucro de R$ 234 MM) / 3T/23 (Prejuízo de R$1,3 Bi). 2023 = Endividamento: R$ 20 Bi. Dívida líquida = 7,9 x. Espera financiamento de US$ 950 MM da Abra (sua controladora). Contratou a Seabury Capital para reestruturação da dívida. Entrou em RJ nos EUA (Chapter 11), e afirma que as suas operações não serão prejudicadas. Fim da História.

ENTENDA: Gol é um excelente exemplo das empresas que não geram caixa e usam opções de financiamento de forma errada (Debêntures) para financiar as operações deficitárias (Empréstimos bancários < 57% do que em 2022. Financiamento de aeronaves e manutenção < 63%. Dívidas com arrendamentos de aviões < 19%. Emissão de dívidas para financiar as operações > 15% (2022/2023) de R$ 8,1 bi para R$ 9,3 bi). Não adianta divulgar (3T23) > Receita, > EBITDA > Yeld > número de passageiros, diminuir o impacto do prejuízo de R$ 1,3 bi ("excluindo a variação cambial foi de R$ 0,3 Bi"). O resultado é o seguinte: A empresa nestes anos todos não gerou caixa, se endividou em R$ 20 Bi (Leasing + Juros), não soube equilibrar o tamanho da empresa, a margem por rota, a falta de aviões e a variação cambial. Escolheu entrar em RJ nos EUA por um único motivo, "Doe menos" e a grande pergunta é: Adianta colocar US$ 950 MM = R$ 4,7 Bi (controladores) se a empresa não gera caixa?. Será mesmo que uma operação com prejuízo, com R$ 20 Bi de dívida e em RJ vai manter as suas operações do mesmo jeito?

Resultado: Para a Azul aviação é uma grande oportunidade. Para o mercado significa desconfiança e falta de crédito. Aconselho aos acionistas da Gol a trocarem todo o conselho, colocando os representes das empresas aéreas que deram lucro, está na hora de parar de fazer GOL contra!!!

VOCÊ SABE O QUE OS NÚMEROS SIGNIFICAM?

Tecla SAP: Não analise apenas os números, mas o que eles significam. Apesar da inflação ter fechado em 2023 em 4,62%, tenho certeza que não "enxerga" isso no seu dia a dia, por um único motivo: o cálculo da inflação é pela média. Calcule a sua própria inflação (CNPJ e CPF) e tome as decisões de custos a partir deste ponto (Tenho certeza que os reajustes dos fornecedores não são de apenas 4,62% e os consumidores não estão com mais dinheiro). Com uma estrutura "cara" + falta de produtividade (sendo ainda mais impactada pelos juros) + > Inadimplência dos últimos 10 anos, torna a operação deficitária com > NCG (o dinheiro mais caro é aquele que você não tem), e com a inadimplência alta nos balanços dos bancos, o crédito vai ficar mais difícil. A primeira ação das empresas são as demissões em massa (deveria ser uma análise detalhada da produtividade). Ainda sem conseguirem resolver a questão do caixa, a opção é emitir debêntures (Incentivadas ou não) e Follow-on. Se ainda continuarem com problemas, a opção é vender ativos (Sales and Leaseback), negociar com fundos especiais (Compra dívidas) e por último fazer IPO. Os instrumentos financeiros não são os problemas, mas como são usados sim: Se pergunte: A empresa está fazendo estes movimentos para crescer e gerar valor, ou para "tapar buraco"?

1. Negocie uma meta anual com o seu fornecedor (< Preços).
2. Análise agressiva do custo do produto.
3. Redefinição de todos os processos (Sinergia).
4. Área comercial não pode dar descontos (Perda de margem).
5. Alinhe o variável (de EBITDA para geração de caixa).
6. Entre em mercados com > Ticket Médio.
7. Margem é prioridade em detrimento faturamento.
8. Todos na empresa precisam entender o básico de finanças.
9. > Endividamento apenas para gerar valor.
10. Fluxo de Caixa Livre: Referência das decisões de impacto.

ENTENDA: Sempre que ler as notícias, faça estas conexões e principalmente, quais as ações que podem ser feitas no dia a dia, atuando no que tem controle, agindo nas causas. Acerte, seja rápido e conclua, seu ano de 2024 vai depender disso. O jogo é jogado, saiba ler as regras.

NÃO MONETIZE A IGNORANCIA

Tecla SAP: Os relatórios/notícias de previsão para 2024 (Brasil e mundo) tentam adivinhar o Índice da B3 e S&P500, Selic e FED, inflação, inadimplência, lucro das empresas, os maiores riscos e o que os CEOs e CFOs devem priorizar. Usar estatística para prever o futuro é errado (os bilionários do mundo seriam bibliotecários e matemáticos) e pelo simples fato de que ninguém "sabe" o que o mercado vai fazer (as pessoas não se importam em qual andar o elevador está, apenas para onde estão indo). Foque na sua influência de controle, você tem apenas três metas: Alocação correta de capital (medir riscos), vantagem competitiva (barreira de entrada) e selecionar profissionais excelentes.

Seguem os verdadeiros riscos que sugiro analisar em 2024:

1. Falta de liquidez: Cuide dos Custos Fixos e estoque.
2. > NCG sem geração de caixa = > Endividamento = Morte.
3. Indiferente da SELIC, busque produtividade na operação.
4. Não se baseie pelo EBITDA, e sim pela geração de caixa.
5. Não ser seletivo com o créditos = 100% de inadimplência.
6. Indiferente da cotação do dólar, "trave" a operação.
7. > Risco: Ter um "idiota" com o poder da caneta e motivado.
8. > Risco 2: Ter uma equipe medíocre (Justificativas).
9. IA: Risco de tornar o seu produto uma commodities.
10. IA2: Risco de tornar "você" uma commodities.
11. Sobre as guerras: Desenvolva fornecedores locais.
12. Cuidado: > Faturamento com > incompetência.
13. Priorize PayBack (somos ruins de prazos e execução).
14. "Brigar" por preço é a pior coisa que pode fazer.
15. Meça os riscos tributários (provisione corretamente).
16. > Risco 3: Falta de precificação correta = < Margens.
17. Custo de oportunidade: Não confunda sonho com realidade.
18. Não ter um pensamento independente. (Ser influenciável).
19. Descuidar da cultura = Avião sem "trem de pouso".

ENTENDA: Ignorância não é uma benção, principalmente quando o assunto é dinheiro.

DEPRECIAÇÃO ACELERADA

Tecla SAP: Uma empresa não está sozinha no mercado, assim como o Brasil não está sozinho no mundo. Cada vez mais o dinheiro global procura lugares onde pode rentabilizar melhor o lucro (alocação de capital) com < risco, e o Brasil se tornou um > risco.

1. Falta de MOD qualificada (Cultura + Pessoas certas): > problema do crescimento das empresas. 84% dos adultos não compraram nenhum livro em 2023 = (Leitura errada de cenários). Contrate pelo "Sangue no olho" e treine, não corte a verba de treinamentos, contrate experiência (esqueça a idade) e "busque" excelência da concorrência.
2. Matéria prima (Manter as margens): O Brasil não é um país tecnológico, dependemos de produtos importados. Negocie metas anuais com fornecedores estratégicos e "trave" o dólar.
3. Geração de caixa (Cash is King): Inadimplência alta, > inflação (na ponta), > Dólar e SELIC tornam o custo das empresas um risco, difícil repassar. Reduza o estoque (produtos com > margens) e ajuste o tamanho da empresa.
4. Tributação (Execução correta): Trabalharemos por 10 anos com dois regimes (IVA + Atual), com > impostos e complexidade. Verifique os créditos tributários não usados e seja agressivo nas provisões (No Brasil, até o passado é incerto).
5. Capital (Manter as margens): Teremos tributação dos dividendos, sem JCP, sem usar o incentivo do ICMS no cálculo do IR (Única saída: rentabilizar mais o capital (ROE e EVA).
6. Carga trabalhista (Investimento digital): Um dos maiores do mundo = > custo fixo. Busque sinergia nas operações e nas oportunidades da Inteligência Artificial.
7. Eficiência do estado: Para a área privada (Tempo é dinheiro), para o estado (Dinheiro é tempo), tem uma diferença enorme.

ENTENDA: A China tem 14x o PIB do Brasil (em 1990 eram iguais), a conta chegou para as empresas e para o Brasil, além de termos um problema grave de valor interno: PIB de 3% com > RJ dos últimos cinco anos, > inadimplência dos últimos 10 anos, > Dólar dos últimos quatro anos, 2° pior BlackFriday desde 2010, 3° pior Natal em três anos, arrecadação caindo e previsão de déficit de R$ 243 Bi (2023) contra superávit de R$ 55 Bi (2022). Perdemos a relevância para os CEOs globais e a "depreciação Brasil" está acelerada.

ANY TIME

Tecla SAP: Usar estatística para prever o futuro é um erro grave. Se fosse assim, não teríamos "Bolhas financeiras" e os bilionários seriam os bibliotecários e os matemáticos. Resultados passados não garantem o futuro e a tecnologia (IA) está mudando tudo. Adicione índices financeiros a sua análise. A área financeira sabe exatamente quando tem um "Bode" na sala, mesmo que as estatísticas não mostrem.

1. Alavancagem financeira das empresas: Capacidade de investimentos ou de riscos de Default de médio e longo prazo.
2. Inadimplência: Capacidade de consumo. Inflação baixa e poder de compra são coisas diferentes.
3. Volume de M&A "Fora da Curva": Empresas sem caixa procuram outras empresas para participar da festa.
4. Emissão de debêntures e Follow-on "fora da curva": As empresas precisam se financiar (sem gerar caixa), resolvem o curto prazo (sem investimentos) e colocam o < PIB na sua mesa.
5. Percepção: Visite Shoppings, áreas industriais, converse com empresários (grandes e pequenos) e principalmente com os banqueiros. Segue aqui os três principais riscos (não estão na estatística):

1. Endividamento alto dos Países: > curva de juros = > custo do dinheiro = < investimentos = < PIB.
2. Crise imobiliária China: Afeta o crédito mundial (vai secar).
3. Problemas logísticos: Mar vermelho já está afetando o custos das empresas e vai aumentar a inflação = > Juros.

ENTENDA: Mensagem principal: (10%) passado e (90%) futuro.

NÃO ACRESCENTE O DESNECESSÁRIO

Principais notícias relevantes do começo do ano:

1. Citi vai cortar 20 mil vagas até 2026.
2. Nike vai cortar U$ 2 Bi em custos (Demissões).
3. Shel inicia demissões em massa.
4. Gol = possível Recuperação Judicial nos EUA.
5. Dívida alta dos países é o principal risco (FMI).
6. Previsão de Déficit Brasil = R$ 243 Bi.
7. Juros altos por mais tempo.
8. IA escalando (e não é modismo).
9. Problemas geopolíticos (Logística) = > Custos e > Inflação.

Tecla SAP: As empresas (Brasil + Mundo) continuam com problemas de caixa, e já estão ajustando o seu tamanho (faturamento e lucro são coisas diferentes). Várias empresas com risco de RJ = Mercado assustado = < Crédito. Dívida dos países é um risco = falta de investimento e > Juros (Precisam de financiar) = > Custo do dinheiro. Empresas estão mais preocupadas com IA (Riscos e oportunidades) e 80% dos profissionais no Brasil não sabem o que é IA. Problemas geopolíticos (Mar vermelho) impactando os custos logísticos e a inflação mundial = > custos para as empresas. S&P 500 subindo (Tecnologia = NVIDIA), bolsa China caindo (< PIB e > Riscos) e B3 pagando para ver (IPO + Debêntures). Juros altos continuarão por mais tempo (equilíbrio no caixa e busque produtividade). Orçamento 2024 aprovado com Déficit zero, mas no mercado ninguém acredita mais nisso.

ENTENDA: Fatos e dados separa informações de qualidade (5%) de ruído (95%). Não acrescente o desnecessário.

NÃO EXISTE MAIS BOBO

Segue a minha experiência com reuniões presenciais com os Chineses:

1. Negocie metas anuais (< preço de compra), eles tem a vantagem da variação cambial.
2. O Banco da China financiamento sua compra com o fornecedor em até 150 dias. Possibilidade de compras diretas em Yuan (Oportunidades).
3. Eles tem uma grande dificuldade em entender o "custo/operação Brasil", seja esta ponte.
4. Não existe "depende": Assertividade é fundamentál.
5. 80% dos chineses falam inglês, negocie em inglês.
6. Arbitragem dos contratos: sempre nos EUA.
7. Respeite a cultura e o tempo deles.
8. Eles são mais digitais e tecnológicos que você.
9. Não existe "jeitinho": Prometeu, cumpra.
10. Seja uma referência de excelência para eles. Confiança para os Chineses é tudo.
11. Se começarem a falar "mandarim" na reunião, interrompa o encontro por 5 mim e deixem conversar. Sinal de respeito.
12. Seja educado, importante pegar no hotel e almoçar com eles, se estiverem no Brasil. Não é questão de negociação, é questão de educação.
13. Sempre se dirija ao executivo principal da negociação, eles sabem o que é hierarquia.
14. Meta principal: Lucro.

ENTENDA: Tela SAP 1: Se o Brasil é a "fazenda" do mundo, a China é a "fábrica tecnológica" mundial. 80% da sua cozinha tem produtos Chineses. Melhor carro Brasil 2023: BYD. Polo industrial de IA chinês é mais desenvolvido do que os EUA. Aprenda com eles, deixe o julgamento do "regime" para os amadores. Tecla SAP 2: Quando diz respeito a dinheiro, todo mundo tem a mesma religião, não existe mais "Bobo".

CONTEÚDO DE R$ 14 MM... E SUBINDO

Quando recebemos mensagens como esta, precisamos analisar e apertar a Tecla SAP de forma especial. Desejo cada vez mais prosperidade a este profissional de sucesso (que pediu para não ser identificado), ele precificou os conteúdos em R$14 Milhões, mas este reconhecimento para mim não tem preço.

"Suas análises são as melhores! Tomei decisão na empresa olhando seus conteúdos". Vamos listar as "bases" das decisões técnicas:

1. Cash is King: Dinheiro não aceita desaforo.
2. Tamanho correto da empresa: Geração de caixa.
3. Venda apenas produtos com maior margem: Valor.
4. Busque produtividade com a tecnologia: Novo DNA.
5. Alongue a dívida e cuidado com o crédito aos clientes.
6. Faturamento e lucro são coisas diferentes.
7. Busque mercados/oportunidade de maior margem.

"Saí em três anos do zero absoluto para 14 Milhões em 2023 (ano em que passei a te acompanhar)", traduzindo:

1. Leitura de cenários: Fatos/Dados + Atitude.
2. Pensamento Independente: Perguntas certas.
3. Separe as informações de "ruído" = Timing é tudo.
4. Medir impactos através das causas e consequências.
5. Foque nos resultados = Itens de impacto.
6. Passado (10%) e futuro (90%) = Passado é Risk Free.
7. Esteja confortável na turbulência = Crie oportunidades.

A BARRA "SUBIU"

A receita Líquida das empresas 3T/23 (Excluindo Petrobras, Vale e Bancos) caiu 1,7% (R$ 15,5 Bi), devido à forte inadimplência (R$ 71,95 mi de endividados). Sem conseguirem repassar as margens para o consumidor (< poder de compra) e com os custos altos de produção (Dólar =>4,80 e <5,30), as empresas se viram na obrigação de se ajustarem: < custo do produto (2,4% = R$ 16,8 Bi) e < despesas operacionais (1,8% = R$ 2 Bi), fazendo grandes demissões (Tok&Stock = 1.700 / Casas Bahia = 6.000 / Americanas = 1.400). Mesmo com o Lucro Operacional Positivo = 3,1%, o caixa/liquidez ficou comprometido pela falta de produtividade das empresas, sendo compensado pela emissão de debêntures (2021= R$ 249,4 Bi / 2022=R$ 271 Bi / 2023 = R$ 124,9 Bi) e pagamentos de juros (>35,5% = R$ 15,9 Bi). A margem líquida caiu 0,1% e o Lucro Líquido caiu 4,2% (R$ 2 Bi). Resultado: O corte de custos não foi suficiente para gerar caixa = recorde de RJ em 2023 (966 empresas). Entenda: 2024 será um ano muito difícil, principalmente no primeiro semestre. Intensifiquem as ações para preservar o caixa.

1. Alongue o prazo da dívida com os bancos.
2. Renegocie o pagamento de debêntures.
3. Venda apenas produtos com maior margem.
4. Busque produtividade com a tecnologia.
5. Análise diária de todos os custos. Esqueça trimestre.
6. Redução de estoque (produtos de > Margem x Giro).
7. Saia de mercados que estiverem tendo prejuízo.
8. Trave do Dólar = Previsibilidade.
9. Seja seletivo com o crédito aos clientes.
10. Toda a empresa deve entender o Ciclo Financeiro.
11. Seja mais seletivo com Investimentos (PayBack).
12. Cuidado com a escalabilidade apenas no faturamento.
13. Busque mercados/oportunidades de maior margem.
14. Negocie preço com fornecedores estratégicos.
15. Alinhe o Bônus (Ebitda para Lucro Líquido).

A "Barra" subiu, está preparado?

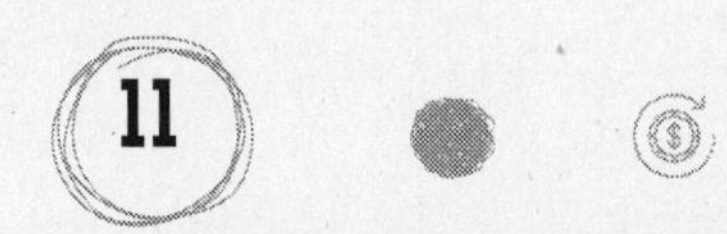

CASH IS KING... SEM MAIS!!!!

Tecla Sap: Principais ações em 2023 para preservar o caixa:

- Barclays: < R$ 1,3 Bi em custos, desligando 2.000 funcionários.
- Tok&Stock: < número de funcionários. 4,5 mil para 2,8 mil.
- Magalu: Fechamento dois centros de distribuição.
- Casas Bahia: Demissão de 6.000 funcionários.
- Amazon: Demissão de 17.000 funcionários.
- Meta: Demissão de 10.000 funcionários.
- GM: Pretensão de demissão de 1.200 funcionários.

> **ENTENDA:** Em 2023 tivemos o maior recorde de RJ (966 empresas). A projeção do PIB/2023 (3,3%) não está se refletindo no resultado das empresas. O Déficit fiscal (Jan a Out = R$ 97 bi) impacta nos investimentos. Não adianta ter inflação a 3,5% com um Dólar (> 4,80 e < 5,30), o custo das empresas fica pressionado da mesma forma. A inadimplência é maior desde 2020, mesmo com o "Desenrola". Selic a 12,25% ou a 9% aa impacta o Fluxo de caixa de forma preocupante. Bancos ainda com restrições de créditos (Efeito americanas + Inadimplência). 2024 não teremos IPO e os investidores estão mais seletivos para Debêntures e Follow-on. Não sabemos qual será o valor do IVA (27,5% ou 30%) + aumento do ICMS dos estados = > Carga tributária para 2024. Desemprego diminuiu para 7,8%, e temos 2,7 Milhões de novas empresas em 2023 (93,7% microempresas = "Bico"), as pessoas estão desistindo de procurar emprego = < Consumo e < Lucro. 2023 teve a segunda pior Black Friday da história (< 14,4%) que acontece desde 2010. Não existe "espaço" para erros em 2024, faturamento, novos mercados, investimentos em tecnologia, ter pessoas certas, cuidar da cultura, gestão de custos, < estoque, execução correta e estrutura de capital são fundamentais, assim como entender a projeção das Margens, Ebitda, % da Alavancagem financeira e Lucro Líquido. Mas o principal indicador para 2024 é o Fluxo de caixa projetado (Cash is king) que reflete todas as ações planejadas no orçamento. Se apresentar prejuízo, ajuste rapidamente o tamanho correto da empresa e o Ciclo Financeiro (ter dinheiro no momento certo). Warren Buffet está com U$ 157 Bi (R$ 767 Bi) no caixa esperando as oportunidades de 2024. A maior vantagem competitiva é ter liquidez (é ela que paga os boletos, vai te proteger da turbulência e alavancar oportunidades, e não o DRE).

Cash is king (Sem mais!).

TRANSPARÊNCIA É TUDO!!!!

Tecla Sap: 11/01/23, a Americanas divulga fato relevante, "inconsistências contábeis" = R$ 20 bi. O mercado fica turbulento, 24 horas depois as ações caem 77,3% (R$ 9 Bi de perda). Os bancos cancelaram os créditos e começaram a fazer as contas (Inadimplência). 19/01/2023 entra em Recuperação Judicial. 13/06/23 assume que houve fraude, e 16/11/23 o mercado soube o tamanho do problema. 2021 = O que era Lucro (R$ 544 MM) virou prejuízo de (R$ 6,2 BI). 2022 = Prejuízo de (R$ 12,9 Bi). PL = Negativo de (R$ 26,7 Bi) e Dívida Líquida de (R$ 26,3 Bi). Estes números são a revisão de 2021 e 2022 (esqueça os outros anos, incalculável). B3 retirou a empresa do índice ISE e Novo mercado. O sentimento é o mesmo de Jan: temos mais perguntas do que respostas. A Americanas é um avião com o combustível na Reserva, voando com apenas um motor, perdendo altitude, os pilotos ainda tentando entender os instrumentos e sem trem de pouso.

ENTENDA: Temos que aprender com isso. Perguntas certas (Jim Collins):

1- A remuneração variável permite que os executivos pensem no curto ou longo prazo? = Corrida de 100 m ou maratona?

2- Os índices realmente importantes chegam até o conselho? = Medir a altitude correta.

3- Os executivos fazem a "leitura" dos cenários de forma aprofundada (Fatos e dados) e tomam as decisões necessárias (Causas e consequências) no tempo certo? = Consistência na turbulência.

4- Cultura prioriza mais o Faturamento ou a Margem? = Diferença entre "pouso suave e agressivo".

5- Aumento da Alavancagem Financeira é feito estrategicamente ou para ganhar tempo? = Combustível que evapora.

Que sirva de lição: este caso deve ser estudado por conselhos e executivos sérios, além de estar em todas as universidades corporativas. Muito mais importante do que saber o que fazer é saber o que não se deve fazer. Fim da história.

ATÉ TÚ BRUTUS!!!!!!!

Tecla Sap: SouthRock foi criada em 2015. Em 2017, com a marca (Brazil Airport Restaurants) inaugurou lojas em aeroportos (25 no total). Em 2018 assumiu a TGI Friday (quatro Lojas) e também obteve a licenciada da Starbucks no Brasil, suas vendas despencaram: (< 95% /2020), (< 70% /2021) e (< 30%/ 2022). Em 2022, a SouthRock adquiriu a concessão da Subway, e o centro gastronômico Eataly (SP). A empresa alega que a crise é momentânea e passível de ser resolvida (Dívida de R$ 1,8 Bi). Contratou o UBS para vender uma participação acionária (R$ 700 Mi) a outros Privates Equitys, mas tiveram a seguinte resposta "no more easy money". Sem saída, pediram a recuperação judicial da Starbucks (que não foi aceito pela justiça). Fim da história.

ENTENDA: A SouthRock afirma que o problema foi o Covid e a recessão econômica (› Juros e › Dólar). Não foi isso! O Problema foi priorizar o faturamento/escala em detrimento da geração de caixa e lucro (Crescimento rápido sem fundamentos sólidos = não ter "trem de pouso"). Por que não diminuiu lojas, fez ajustes na estrutura e priorizou produtos com maiores margens (enquanto tinha tempo) se estava com problemas de geração de caixa/liquidez? Por que com uma operação deficitária e alto endividamento, não priorizou o tamanho correto da empresa, em vez de tentar aproveitar todas as oportunidades de expansão (Subway e Eataly) se o mercado, como ela afirma, estava em recessão? Resultado = R$ 1,8 bi de dívida. Como a SouthRock não tinha mais crédito (bancos aprenderam a lição com as Americanas) e os Privates Equitys saindo da "mesa" (aprenderam a lição com as Fintechs), ela ficou sem caixa e com dívidas = RJ. A SouthRock já prorrogou por duas vezes o pagamento de juros/amortização (R$ 130 mi) da 1° série da debênture da Subway. O Problema não foi o mercado em recessão, foram as suas próprias decisões erradas com relação a expansão, caixa e margens (o problema foi o espelho). Que sirva de lição: Faturamento = "Roda continuar girando" e Lucro líquido (não confunda com Ebitda) = "Sobrevivência". O Brasil não é para amadores (Shein e Supermercado "Dia" já descobriram isso). A Starbucks (Matriz) descobriu do pior jeito possível que "não existe almoço grátis", ou melhor, "não existe café grátis".

CAIXA E LIQUIDEZ, TODO O RESTO É CONSEQUÊNCIA!!!!

Tecla Sap: Bem-vindo ao mundo de juros altos (No more Easy Money), Selic = 11,75% aa / FED = 5,50% aa / BCE = 4% aa. De 2019 a 2023, a inadimplência cresceu 60% (R$ 124 Bi), para quem ganha até um salário mínimo, 47% está endividado no cartão de crédito (juros de 450 aa), o varejo já sabe disso. Inflação 5,19% em 12 meses (mas na "ponta" parece muito mais). Dólar a R$ 5,00 impacta a inflação, o caixa e o custo dos produtos. Empresas vendendo operações para gerar caixa e setores se consolidando. GM demitiu 1.200 funcionários (mesmo com o incentivo dos carros), Carrefour fechou 16 lojas no Brasil, Deutshe Bank, Goldman Sachs, Barclays e Citi já anunciaram mais demissões. Sem IPO, opções são debêntures, Follow-on, Sales and Leaseback e fundos que compram dívidas. Endividamento alto está corroendo o Lucro. Dividendos < 31% em 2023. A reforma tributária no senado está com mais "exceções" fiscais = IVA > 30%. Teremos o cancelamento da JCP e tributação de dividendos (sem diminuição do % de IR). > PIB do EUA (4,9% 3T/23) = > Juros FED, gerando a guerra cambial (R$ 10 Bi saíram da B3 em Agosto/23) = > SELIC > Inflação > Dólar. Crédito impactado pela quebra das Americanas, as RJs cresceram 55% (comparado com 2022). Déficit dos países + Crise imobiliária da China são os maiores riscos. Até os bancos dos EUA que tiveram lucro devido aos juros altos assumem que isto não é sustentável ("Estamos comendo as últimas coxinhas da festa"). Jamie Dimon (CEO JPMorgan) vendeu 1MM de suas ações do banco (U$140 MM) e declarou que estamos em um dos momentos mais perigosos em décadas (Follow the Money). Resultado: Apenas 18% das empresas que fizeram IPO nos últimos cinco anos, conseguiram manter o preço do lançamento = < lucro ou prejuízo = < Arrecadação. AGRO e poucos segmentos estão crescendo. Resultado: A festa é privativa.

ENTENDA: Caixa/Liquidez é a sua principal meta.

1- Faturamento sem margem = > NCG.

2- Estoque errado = < Caixa.

3- Vender e não receber = 100% de Inadimplência.

4- Fluxo de caixa operacional positivo = Sobrevivência.

5- Empresa menor, mas lucrativa (< Custo Fixo) = Não é vergonha.

6- Fazer debêntures sem geração de caixa = Morte.

7- Sales and Leaseback sem geração de caixa = Bote salva-vidas.

8- Fundos que compram dívidas = Receber a "visita" pela porta dos fundos.

9- Trave o dólar = Previsibilidade.

10- Pessoas medíocres = Empresas medíocres.

11- Profissional medíocre ou de resultados? = Você com o espelho.

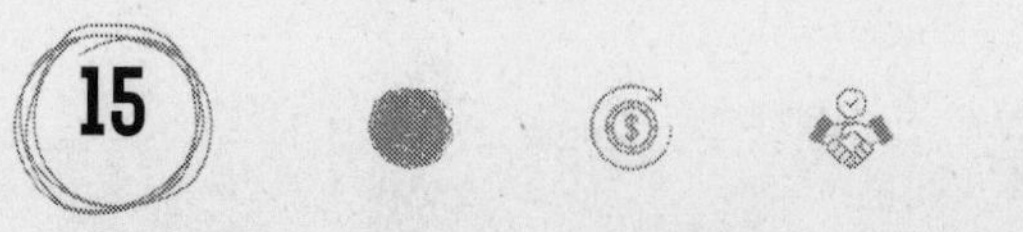

DISCIPLINA PARA LER CENÁRIOS. ATITUDE PARA AS AÇÕES!!!

Tecla Sap:

1. Desafio: Geração de Caixa / Liquidez.
2. Esqueça IPO: Não está colocada na "mesa" agora.
3. Novas Debêntures para pagar antigas Debêntures = Morte.
4. Inadimplência / Inflação / Juros = Menores margens.
5. Estamos no tamanho certo da empresa para gerar caixa?
6. Todos os riscos estão sendo medidos?
7. As decisões que vão "doer" estão sendo tomadas?
8. Fundos que compram dívida = Maior risco
9. Sales and leaseback sem geração de caixa = Problemas.
10. Bem-vindo ao mundo de juros altos.
11. Planejamento espetacular + pessoas medíocres = zero.
12. Meta do Bônus de todo mundo = Geração de Caixa.
13. Ciclo Financeiro = 100% da empresa deve entender.
14. NCG e % Endividamento = Peso do avião.
15. DRE é importante, mas o que paga conta é dinheiro no banco.

ENTENDA: Fazer a leitura de cenários está mais complexo, o riscos aumentaram, as margens continuam baixas (Inadimplência / Inflação / Dólar / Juros). Conseguir o equilíbrio: Tamanho correto da empresa + Pessoas certas + Precificação correta + Tomada de decisões que vão "doer" no tempo certo + Ajuste dos juros no Fluxo de Caixa + Vantagem competitiva + Margens + Lucro = Liquidez. Este é o grande desafio das empresas.

MERCADO FINANCEIRO SABE QUANDO TEM UM "BODE" NA SALA.

Tecla Sap: Analisei os resultados dos principais bancos dos EUA (Q3/23). Bank of America: lucro de U$ 7,8 Bi (>10%), Goldman Sachs: lucro de U$ 2,06 Bi (< 33%), JPMorgan: Lucro de U$ 13,2 Bi (> 35%), Wells Fargo: Lucro U$ 5,8 Bi (>61%), Citigroup: Lucro U$ 3,5 Bi (> 2%). Apesar do lucro, o que mais chamou atenção foi a declaração dos CEOs sobre o futuro da economia dos EUA.

- JPMorgan e Wells Fargo viram os declínios na média de depósitos.
- Wells Fargo verificou desaceleração dos empréstimos.
- PDD Citigroup U$ 16,3 Bi (2022) para U$ 17,6 Bi (2023).
- Todos os bancos se beneficiaram de maiores taxas de juros.
- Todos com maior Spread: Diferença ganhos (empréstimos) e ganhos (Clientes).
- JPMorgan acredita que os clientes estão gastando o excesso de caixa.
- Citigroup verificando desaceleração nos gastos dos consumidores.

ENTENDA: O que os CEOs estão dizendo é que o lucro devido aos juros altos não se sustenta. O consumo não está aumentando (mas os preços sim) e os EUA estão aumentando o Déficit fiscal (U$ 1,7 Tri), pagando mais juros e diminuindo os investimentos. Com o risco da crise imobiliária da China, a possibilidade de aumentos dos juros do FED (2022=0,25%, 2023=5,25%) e o risco do aumento do preço do petróleo (Israel), o CEO do JPMorgan declarou: "O mundo está passando por um dos momentos mais perigosos das últimas décadas".

Empresas (Brasil):

1. Cuidado com o Fluxo de Caixa (Alongue os vencimentos da dívida).
2. Geração de caixa: < Custo Fixo e Estoque certo = < NCG.
3. Cuidado com o endividamento. (Pagar dívida com mais dívida = Morte).
4. Atenção à Inadimplência. (De R$ 100,00, as empresas recuperam R$ 18,00).
5. Trave o Dólar (Previsibilidade no Caixa).
6. Não troque faturamento por dívida. (Escala sem lucro = prejuízo).
7. DRE é importante, mas o que paga a conta é dinheiro no banco.
8. Ciclo financeiro correto deve estar na meta do variável/bônus.

Traduzindo a fala dos CEOs: "Estamos comendo as últimas coxinhas da festa, amanhã não teremos mais festas para irmos". Se as festas dos EUA terminaram, imagine no Brasil. Esteja preparado.

TENHA TRANSPARÊNCIA DE RACIOCÍNIO

Sumário executivo:

Brasil:

1. IVA sem definição. Simulem com 27% e 30%.
2. Não ajuste das contas (2024) = > Selic e < Investimentos.
3. > PIB e < Arrecadação = < Lucro das empresas.
4. Q4/23 e 1T/24 serão complicados.
5. Risco de > Inflação (> Petróleo, > Juros EUA).
6. Agressividade na arrecadação é um risco.

Mundo:

1. Crise imobiliária China. (Evergrande/Country Garden).
2. > Déficit fiscal países = < Investimentos e < PIB.
3. > Juros no mundo = (> Dólar e > Custos empresas).
4. > Juros dos títulos EUA = Correção na B3 e S&P500.
5. Israel / Hamas = > Cotação petróleo e > Inflação.
6. Acabou o ciclo de dinheiro Barato. (Easy Money).

Empresas:

1. > Lucro está em segmentos premium.
2. Alongue os vencimentos da dívida = > Previsibilidade.
3. Renegocie os juros da dívida = < Impacto caixa.
4. < Custo Fixo (Geração de caixa) e Estoque certo = < NCG.
5. Debêntures e Follow-on para investimentos.
6. > Critério para liberar crédito = < Inadimplência.
7. Pessoas excelentes + Controles confiáveis = Agilidade.
8. Cuide da Cultura: Que "come" a estratégia no café da manhã.
9. Execução assertiva é vantagem competitiva.

Profissionais:

1. Sempre "Fato e Dados" + "Causas e consequências".
2. Perguntas certas = respostas certas.
3. Ambiente importa = Tubarão anda com tubarão.
4. Síntese = Tire as "arestas" fique com o conteúdo.

Investidores:

1. Sejam mais seletivos. Nome do jogo é lucro.
2. "Escalabilidade" sem liquidez = Prejuízo.
3. > Endividamento sem geração de Caixa = PL Negativo.
4. Grandes oportunidades na volatilidade.

ANÁLISE OS RELATÓRIOS, FOQUE NO QUE IMPORTA.

Analisei mais de 70 relatórios internacionais/nacionais e consolidei tudo em 50 slides (TOP 50 comentados), além dos 25 do Banco Central. Seguem os 10 pontos em comum nos relatórios:

1. Cash is King: É o seu maior "colchão" contra a turbulência.
2. Debêntures sem operação lucrativa é problema futuro.
3. Investidores querem lucro (Mercado mais seletivo).
4. Acabou o movimento de dinheiro Baratos.
5. > Déficits dos países é o maior risco para economia mundial.
6. Teremos ainda muito tempo de Juros altos e Inflação alta.
7. > Juros EUA = (> Dólar > Inflação > Custo empresas).
8. Crise Imobiliária da China mais eminente.
9. Q4/23 e 1T/24 serão muito complicados.
10. Brasil: Agressividade na arrecadação é um risco.
11. Brasil: Juros altos no mundo impactando a baixa da Selic.

Importante para o planejamento de 2024:

1. Fatos e Dados: Nunca "aposte" no que o mercado vai fazer.
2. Execução assertiva é vantagem competitiva.
3. Nunca se esqueça de alinhar com os "russos": Timing é tudo.
4. Causas e consequências: Atue nas ações de > impacto.
5. 10% de passado e 90% de futuro.

ENTENDA: Analise friamente os "TOP 50" e busque oportunidades consistentes. Tenha uma visão estratégica (Brasil + Mundo + seu segmento específico). Desejo sucesso no Q4/23 e no planejamento de 2024.

ORÇAMENTO É COISA SÉRIA.

Nota técnica conjunta (Câmara/Senado): O orçamento 2024.

1. Incerteza se as receitas alcançarão o desempenho esperado.
2. Algumas despesas podem estar subestimadas.
3. Expectativa otimista para o crescimento do PIB.
4. Dúvidas sobre a real capacidade arrecadatória.

Tecla SAP: Resposta do CEO depois que você apresentou o orçamento: "Este orçamento parece mais um sonho do que uma realidade baseada em fatos e dados. Temos que arrumar R$ 168 Bi para ajustar as contas, mas apenas o Carf (R$ 54 Bi) foi aprovado, as outras medidas de arrecadação/tributação: JCP (R$ 10 Bi), Offshores (R$ 7 Bi), Fundos exclusivos (R$ 13 Bi), Dividendos (R$ 59 Bi); não usar o ICMS (Subvenção) no cálculo do IR/CSLL (R$ 35 Bi), Apostas esportivas (R$ 15 Bi) e Grandes fortunas (R$ 40 Bi) ainda sem nenhuma certeza de aprovação. Neste orçamento, não existe nenhuma métrica de que estes números de arrecadação são confiáveis. Você prevê que o mercado vai crescer 2,3% em 2024, todas as outras empresas (Focus), estão trabalhando com 1,5% (sendo otimistas). O mercado está complicado, com alta inadimplência (71Mi de endividados) e SELIC a 12,75%, corroendo o nosso caixa (Juros). Emitir debêntures (Tesouro Direto) é um risco, pois não geramos caixa (< arrecadação). Aliás, como gastamos mais do que faturamos (arrecadamos), os bancos/Investidores cobrarão cada vez mais juros, aumentando o nosso endividamento (Déficit e/ou Alavancagem Financeira). Mas o maior absurdo é que este orçamento não apresenta nenhuma redução de despesas confiáveis. Aliás, você tem coragem de aumentar as despesas em R$ 129 Bi, sem nenhuma produtividade (Reforma Administrativa), e com números irreais: vai reduzir em R$ 12 Bi a previdência?, por que não considerou a desoneração da folha? Onde está o risco China (de quem mais importamos e exportamos), e o risco cambial (> juros EUA), impactando o caixa (> dólar) e aumentando os nossos custos (> Inflação)? Tem certeza que a Selic vai chegar a 9% aa em 2024 (> Preço petróleo e > Juros EUA)? Você quer que eu apresente esta conta aos analistas financeiros e bancos? No mercado financeiro não tem "bobo", todos os analistas já estudaram a nossa empresa (Governo) e já não acreditam mais que vamos ajustar as contas em 2024, estão esperando apenas a notícia para confirmar isso. E pode se preparar, vai ser um desastre no mercado, vamos perder a credibilidade e todos os nosso indicares irão piorar (> Dólar, > Selic, > Risco Brasil e perda de rating). Então é o seguinte, refaça tudo, use "Fatos e Dados" + "Causas e consequências" + "Ações de impacto". Últimas orientações: Não existe fora do orçamento (Fora do teto), não use reclassificação contábil criativa (precatórios), lucro contábil é diferente de caixa (não existe almoço grátis), e trabalhe com uma regra: Gastar menos do que arrecada (>Liquidez), todo o resto é consequência disso."

ENTENDA: Orçamento é coisa séria (não é para amadores), foi isto que a nota técnica conjunta (Câmara/Senado) quis dizer.

NÃO CONFUNDA DESEJO COM REALIDADE!!!

Tecla SAP: Orçamento 2024 do governo: Receitas e Despesas = R$ 2,15 Tri. Necessidade de R$ 168 Bi a mais de receitas do que em 2023 para ajustar as contas: Fim da JCP (R$ 10 Bi), Tributação de Offshores (R$ 7 Bi) e fundos exclusivos (R$ 13 Bi), voto de qualidade do Carf (R$ 54 Bi), mudanças de regras que dependem do STF, ex: precatórios (r$ 43 Bi), restrição da dedução de subvenção de ICMS na base de cálculos do IR e CSLL (R$ 35 Bi) e outros (R$ 6 Bi). Despesas irão aumentar R$129 bi a mais em comparação a 2023. Previdência (R$ 51 Bi), Saúde (R$ 23 Bi), BPC (R$ 16 Bi); Pessoal (R$ 14 Bi); Emendas parlamentares (9 Bi), Seguro desemprego (R$ 8 Bi) e outras despesas (R$ 8 Bi). Não existe nenhuma proposta de redução de despesa e produtividade (Reforma administrativa). Sobraram R$ 9 bilhões para Investimentos. Neste formato, o PIB precisará subir 2,5% em todos os anos para as contas fecharem.

ENTENDA: Imaginem uma empresa que precisa ajustar as contas em R$ 168 Bi. A única ação aprovada é o Carf, as outras ações com alto grau de incerteza (Congresso + STF). Esta empresa (governo) não leva em consideração a diminuição do lucro das empresas (o que explica a equação: > PIB e < arrecadação), e apesar do desenrola (R$ 20 Bi), não existe desenrola para as dívidas corporativas. A falta de consumo das famílias (71 Mi de brasileiros endividados) impacta o resultado das empresas e a arrecadação. Como esta empresa (Governo) gasta mais do que arrecada, precisa pagar juros maiores para se financiar, aumentando o seu Déficit. O risco de < PIB da China (< importação e < exportação) e os > Juros dos EUA (> Dólar e > Inflação) não está precificado. Esta empresa (Governo) não fará nenhuma redução de despesas, aliás, aumentará a sua despesa em R$ 129 Bi e deixará de arrecadar R$ 523 Bi com desonerações (descontos) e deste orçamento, apenas R$ 9 Bi é para investimentos. Esta empresa (Governo) precisará crescer o mercado em 2,5% em todos os anos (sendo que a média dos últimos 10 anos, excluindo 2020, foi de 1%). Você teria coragem de apresentar este orçamento para o CEO da sua empresa?

Empresas, aconselho planejarem no orçamento de 2024:

- Cobrança de dividendos sem redução de IRPJ (34%).
- Cancelamento dos JCP (Juros sobre Capital Próprio).
- Cobrança dos juros acumulados.
- Sobre o Carf, aconselho irem direto para a ação judicial.
- Tributação de Off Shore (com a variação cambial).
- Tributação dos fundos exclusivos e as suas variações.
- Maior pagamento do IR (sem subvenção do ICMS).
- IVA = 30%.
- Dólar (> R$ 5,10 e < R$ 5,70) – Façam Hedge.
- Selic (> 10,25% e < 11,75%) – Ainda com crédito difícil.
- Inflação (> 5,5% e < 6,25%) – Impacto dos custos e vendas.
- Sem IPO e Follow-on (ainda com "janela" para Debêntures).
- < "Apetite" dos investidores (Dinheiro indo para a Renda Fixa/EUA).
- > Risco em 2024: Caixa/Liquidez e Endividamento.
- Outros "Jabutis" que virão.

Faltou responder à principal pergunta: Combinaram com os russos?

COMEÇAMOS O TRIMESTRE COM AS MESMAS ATITUDES ERRADAS?

Tecla SAP: Começamos hoje o 4T/23, as empresas estão se preparando para o final do ano e para 2024. A estrutura de capital continua sendo um desafio, as empresas têm feito Debêntures, Follow-on, Sales and Leaseback e vendas de ativos. Empresas B3 no 2T/23 (Lucro < 34,7%), e (Ebitda < 25%.). As RJs cresceram 55% em comparação a 2022. Vários segmentos/empresas estão se consolidando em busca de sobrevivência ou competitividade. Quebraram (SVB, Signature Bank e Credit Suisse). BCs aumentaram das taxas de juros (Combater inflação), tendo como consequência > Custo do dinheiro, < Investimentos, < Lucro e < arrecadação. Os governos estão com > Déficits fiscais (> "pressão" por arrecadação) e ainda não sabemos o valor do IVA. Temos 71,5 mi de Brasileiros inadimplentes. O Dólar já passou de R$ 5,00 com viés de alta. Os riscos tecnológicos estão cada vez mais presentes (ChatGPT), assim como existem mais oportunidades na turbulência.

ENTENDA: Como equilibrar (investimentos e custos) no caixa da empresa, mantendo a produtividade e o tamanho ideal das operações (gerando caixa suficiente), mantendo as vantagens competitivas, com > risco de inadimplência e juros "batendo" no caixa, melhorando o processo através da tecnologia, com assertividade na execução, sabendo pilotar a empresa nas turbulências de possíveis "bolhas" e em mudanças internas (Reforma tributária, IR), criando/aproveitando oportunidades, mantendo as margens e o retorno aos acionistas? Tenho certeza de que os maiores desafios são:

1. Assertividade na execução: Pessoas excelentes + Controles confiáveis.
2. Tempo Certo: Produtividade que gera caixa.
3. Limite do caixa: Saber com sabedoria em quais projetos investir.
4. Resiliência empresarial: Agilidade nas turbulências (Fatos e dados).
5. Liderança: Seu maior limitador. Faltam líderes nível 4 e 5 (Jim Collins).
6. Cultura: Que "come" a estratégia no café da manhã.

Tenho dois objetivos com este post. Ajudar as empresas a se posicionarem neste cenário e contribuir para o seu aperfeiçoamento profissional. Assim, peguei todas as apresentações de Set/23 que o BC fez (mais de 700 slides) e resumi em apenas 16 (Ações de > Impacto) + slides com perguntas certas. "Mastigado" para CEO, CFO, Conselhos e Fundos de Investimentos.

"WAIVER" POR FAVOR!!!!

A empresa Sequoia pediu aos debenturistas para obter um "waver" ou perdão, permitindo o adiamento da dívida. Analisei os números.

- Ação (B3) chegou em 2021 a R$ 27,0 hoje está em R$ 0,53.
- Alavancagem Financeira Jun23 = 7,6x. (Mar/23 = 3,2x)
- Prejuízo de R$ 149 Mi no 2T23 com Ebitda negativo em R$ 64 Mi.

Tecla SAP: A Sequoia fez o IPO em 2020, levantou R$ 1 Bi para aquisições estratégicas. Na análise do 2T23, a empresa alega que a inflação, juros elevados, inadimplência e restrição de crédito prejudicaram a sua operação. A Receita Bruta foi < 62,5% comparando com o 2T22, com < 60% de pedidos. O prejuízo foi de R$ 149 Mi no 2T23 com Ebitda negativo em R$ 64 Mi. Com o caixa diminuindo, fizeram o aumento de capital de R$ 99 Mi (elevando o caixa para R$ 89 Mi). Emitiram debêntures, aumentado a alavancagem financeira para 7,6x. Mesmo acabando com as rotas de menor rentabilidade e redução das despesas, a geração de caixa é negativo em R$ 74 mi. O mercado percebeu, a S&P rebaixou o rating da empresa de "brA-" para "brCC", podendo chegar a "SD (default seletivo)", caso os pagamentos de juros ou do principal não sejam honrados. As ações (B3) valem R$ 0,53 (IPO/2020 = R$ 12,40). O final da história foi amplamente divulgado na mídia: os Debenturistas que esperavam receber juros, receberam um pedido de perdão.

ENTENDA: Você não compraria ações de uma empresa que está caindo na B3, e com as debêntures o raciocínio é o mesmo. A verdade é que as empresas têm um grande problema de liquidez/Caixa (Na comparação com o 2T22, as empresas da B3 tiveram < Ebitda em 9,1% e < lucro líquido em 10,6%). As empresas têm feito Debêntures, Follow-on, Sales and Leaseback e negociação com fundo "estressados" (que compram dívidas), pois IPO é impensável neste momento. A Sequoia pediu que as medições dos indicadores financeiros apenas ocorram após Mar/26. (Você entraria em um avião hoje se o piloto fosse controlar altitude apenas em 2026?). A pergunta certa é: As Debêntures / Follow-on são para investimentos (Direcional, Localiza, Inter) ou são para pagar dívida de curto prazo? (Aumentar a altitude do voo forçando o motor, mas colocando mais peso = >Juros). Os Debenturistas da Sequoia não "aprovaram" o perdão, eles não tiveram foi escolha. (Você não pede o piloto do avião para "parar" e descer, ou pede? Escolha em qual companhia voar e se deve ou não voar, faça as suas escolhas com sabedoria). Não existe almoço grátis (There is no free lunch, remember that).

AVIÃO PESADO!

Ações da VIA: < 20% no dia 14/09 e <15% no dia 15/09, chegando a R$ 0,76 (Em 2021 era de R$ 15,47).

- Prejuízo de R$ 492 mi no 2T23, prejuízo > 65,7% do que no 1T23.
- Follow-on de R$ 622 Mi (VIA esperava R$ 1Bi). Esqueceram os russos.
- S&P rebaixou a emissão da Via de "BrAA-" para "BrA-".

Tecla SAP: Temos 73% dos brasileiros endividados, com uma Selic a 13,25%, com o desemprego ainda alto = < Margem líquida (1T23 = -4% / 2T23 = -6,6%). Resultado: Despesa > Receita = Prejuízo. (1T23 =R$ 297 Mi / 2T23 = R$ 492 Mi). Como a empresa não gera caixa (Lucro Bruto foi <10,9% do que no 2T22), a empresa precisa se financiar (Debêntures e Follow-on). Em Jun/23 captou R$ 1,1 Bi em debêntures, e com o Follow-on captou R$ 622 Mi. O mercado "acordou", com a alavancagem financeira = 10,5x (S&P esperava 4,5x), e com dívida de curto prazo vencendo (2024/2025), a agência rebaixou a empresa (> Risco). Resultado: Prejuízo para (Tubarões e Sardinhas), é o que temos para hoje.

ENTENDA: Imaginem um avião "embicado" para baixo com todos os avisos possíveis apitando no Cockpit: é a Via. No varejo, as margens são baixas, a necessidade de "caixa" no estoque é gigantesca e os produtos são commodities (guerra por preço). As lojas físicas são mais custos do que investimentos: Amazon, Mercado Livre, Shopee, Shein, Aliexpress são exemplos disso. Novamente, ter escala e faturar bilhões é diferente de ter lucro. Fechem lojas, priorizem produtos com margens maiores, o varejo hoje está diretamente conectado ao smartphone (e não por lojas físicas). Produto é commodities, atendimento diferenciado (e-commerce + logística) = Margens. Entreguem para os acionistas e mercado uma empresa menor, mas lucrativa e com caixa, é disto que estou falando. Vamos dar o nome correto para a perda de valor (R$ 15,47 para R$ 0,76) = Sinergia de incompetência combinada. Acionistas, cobrem fortemente a diretoria e o conselho, isto é resultado de empresa que está em recuperação judicial, a VIA está? Sugestões para os "bancões": analisem o quão expostos estão com a VIA. Não se iludam, logo atrás do avião "VIA" está a aeronave da "Magalu". O nome do jogo é "Liquidez" (fluxo de caixa operacional positivo). É a única coisa que vai salvar a sua empresa se o varejo "explodir", e me parece que o pino da granada já foi puxado.

PIB CRESCENDO E ARRECADAÇÃO CAINDO? SABE A RESPOSTA

O Governo estabeleceu uma meta de déficit zero para 2024 (Orçamento de R$ 2,93 Tri: Receitas = Despesas). Para isso, é necessário > arrecadação em R$ 168 Bi.

- Mudança do voto do CARF: R$ 54 Bi.
- Renegociações de dívidas tributárias (Receita Federal): R$ 42,1 Bi.
- Empresas não podem abater o ICMS (gasto custeio) no IR e CSLL: R$ 35,3 Bi.
- Tributar os fundos exclusivos: R$ 13,3 Bi.
- Taxar os investimentos em offshores: R$ 7 Bi.
- Extinguir os juros sobre capital próprio: R$ 10 Bi.

Tecla SAP: A arrecadação de Jan a Jul de 2023 corrigida pelo IPCA (2023= R$ 1,35 Tri / 2022= R$ 1,36 Tri), com uma projeção de déficit de R$ 145,4 Bi (1,4% do PIB), ou seja, o resultado de 2023 é pior do que 2022. Por que, então, com um PIB crescendo (1T/23=>1,9% e 2T/23=>0,9%), o governo tem arrecadado menos? Existem análises colocando o < PIB dos países, dificultando a exportação, mas isto é consequência e não causa. A verdadeira razão é a seguinte: As empresas continuam com menor lucro ou prejuízos, e os maiores impostos são pagos sobre o lucro, e não sobre o faturamento. No 2T/23, as empresas na B3 diminuíram o lucro (< 34,7%), e EBITDA menor (< 25%.). O desafio para as empresas é enorme: O dólar continua alto (R$ 4,97) com tendência de subir, pois os investidores estão retirando dinheiro da B3. Inadimplência continua alta (71,5 milhões de Brasileiros), os juros a 13,25% aa força as empresas a diminuir pagamento de juros, impactando o caixa e os investimentos, lembrando que a Selic não é causa, mas consequência. O PIB positivo do AGRO "turva" a visão de que estamos indo bem (a Indústria voltou a cair). Menor lucro/prejuízo das empresas, esta é a principal equação a ser resolvida.

ENTENDA: Três fatores são importantes para o avião subir de altitude: Força dos motores, equilíbrio com o vento e limite de peso. O Governo claramente está forçando o motor do avião (agressividade de arrecadação), sem entender que temos um cenário externo complicado, < PIB dos países, > inflação no mundo e < preço commodities (alinhamento com o vento) e está aumentando as suas despesas (aumentando o peso do avião). Você pode até forçar os motores e subir um pouco de altitude, mas não se sustenta. O resultado é que as empresas estão cada vez mais pressionadas. Ironicamente, quanto mais forçar o motor do avião (mais arrecadação) teremos > prejuízos nas empresas e < arrecadação, o governo, que gasta mais do que arrecada, precisará se financiar (tesouro direto) pagando mais juros = > Selic (O próprio mercado já não acredita no déficit zero). Para as empresas, significa < consumo < lucro > desligamento < pagamento de impostos. Para você, significa < poder de compra e > dificuldade de empregos de qualidade. Espero que os motores do avião aguentem, pois se falharem a queda será fatal, para todos!

AMERICANAS. HISTÓRIA CONTADA.

Analisei a carta do ex-CEO da Americanas entregue ontem na CPI, adicionando as outras informações desde Jan/23, vamos apertar a tecla SAP.

- Americanas buscava crescimento exponencial com o E-commerce.
- Perda de valor de mercado na "integração" entre Americanas e B2W.
- "Inconsistência" contábil não foi a causa, mas consequência.

Tecla SAP: A Americanas, vendo a mudança do consumidor (de lojas físicas para e-commerce), viu na B2W uma grande oportunidade. O problema é que a B2W consumia muito caixa, recebeu 5 "injeções" de capital (2011, 2014, 2016, 2017 e 2020). O faturamento a qualquer custo, ciclo financeiro "descasado", venda sem margens e estoque desalinhado, fizeram com que a sinergia (Americanas/B2W) fosse um desastre econômico. Vendo o caixa apertar e a água subir no pescoço, fizeram o que muitas empresas fazem (Follow-on) para compensar uma estrutura deficitária (sem geração de caixa positivo). No Follow-on (2020) captaram R$ 8,2 Bi, resolveram o curto prazo, se esqueceram do longo. Desde a junção dos negócios (2021), o consumo de caixa até set/22 foi R$ 8,7 Bi, maior do que o Follow-on de R$ 8,2 Bi. Em Set/22, a dívida da empresa já era de R$ 5,3 Bi (hoje é de R$ 50 Bi). A água já estava no nariz. No 3T/22, a queda de vendas aumentou e elevou o consumo de caixa para R$ 2 Bi mensais, água subiu por completo. Agora, sim, podemos entender a importância do "Risco Sacado" para as Americanas (usando os bancos para anteciparem os pagamentos aos fornecedores e ela, Americanas, pagava aos bancos com prazos estendidos), em tese, melhorando o Ciclo financeiro e < NCG, mas não adiantou, saía mais dinheiro do que entrava. A conclusão que se chega com a carta do ex-CEO é que, indiferente da "Inconsistência contábil", a Americanas estava caminhando para a RJ. (Valor de mercado em Fev/21 era de R$ 63 Bi, em 2022 era de R$ 8,8 Bi). A empresa teve a sua tempestade perfeita, com erros graves de negócios (sem caixa) e "Inconsistência contábil" (governança). Em 12/Jan/23 a empresa implodiu, perdeu 99% do seu valor de mercado e 18 dias depois entrou em RJ, prejudicando o sistema de crédito (até hoje) e deixando o mercado com mais perguntas do que respostas.

ENTENDA: Um avião nunca cai por um único motivo, são vários fatores combinados, e na Americanas foi a mesma coisa. Poderiam (Conselho e Diretoria) ter atuado para "estancar" a perda de caixa da B2W. A necessidade de resultados de curto prazo prejudicou a sinergia entre as empresas, a cultura de longo prazo e o alinhamento correto do bônus. O Crescimento rápido, a falta de governança, a agressividade com os fornecedores/bancos/auditorias e processos ineficientes levaram à "Inconsistência contábil". Houve má-fé? Nunca saberemos, mas uma coisa é fato, as perguntas certas deixaram de ser feitas (é a maior sinergia de incompetência combinada), e esta foi a condenação das Americanas. Sobre a perguntas que todos querem responder, os "3G" sabiam ou não? Deixo esta resposta para você.

NÃO EXISTE ALMOÇO GRÁTIS.

Estudei a RJ da 123 Milhas. Segue "mastigado para você" = Tecla SAP.

1. A empresa acreditava que as passagens aéreas, após 2020, não iriam subir. (Esqueceram-se de combinar com os russos).
2. As empresas aéreas passaram a exigir mais milhas para emitir as passagens. (> Necessidade de caixa).
3. A empresa fazia antecipação de recebíveis de 0,3% am (2021) e passou para 1,5% am (2023). (> Custo financeiro.)

Tecla SAP: A 123 Milhas é o reflexo das Fintechs que quebraram. Pensaram o negócio de forma escalável (R$1,2 Bi em MKT/22 e R$ 2,37 Bi em MKT/21), não priorizando margem, ciclo financeiro e lucro. A empresa vendia uma passagem aérea com um preço abaixo do mercado (Programa Promo 123), ficava com o dinheiro e comprava esta passagem (com milhas de outros clientes) 10 dias antes da sua viagem, correndo o risco de pagar um preço maior ou menor. Em finanças, isto se chama especulação (Opções de ações), em negócios, se chama "não fazer Hedge" (fazer importação sem "travar" o dólar, apostando que a cotação não vai subir até o dia do pagamento). Este "descasamento" de caixa chegou a R$ 2,3 Bi. Financiou a sua operação ineficiente através de juros de recebíveis a 0,3% am, e quando passou para 1,5% am, a água começou subiu no pescoço. Compraram a concorrente MaxMilhas (Ganhar escala sem sinergia) e reduziram ainda mais o caixa, a água continuava a subir. Tentaram fazer o que as fintechs em dificuldades fizeram, buscar um investidor/fundo para conter a sangria do caixa (Ofereceram 30% da empresa a R$100 Milhões). Os investidores, que tomaram prejuízo com as Fintechs, agora querem margem/lucro e não faturamento. A água subiu por completo, a 123 Milhas não tinha mais como respirar. Prejuízo Jan a Jul/2023 de R$ 1,6 Bi, os custos subiram 15x para R$ 825 Mi, perda de desvalorização de ativos ("apostar" o que o mercado vai fazer) R$ 818 Mi. Dívida de R$ 2,3 Bi. Patrimônio Líquido, que já estava negativo em Dez/22 em (R$ 5,8 Mi), em Jun/23 já estava negativo em (R$ 1,6 Bi). Sem saída, cancelaram as passagens e 10 dias depois entraram em RJ.

ENTENDA: Em qualquer tamanho do seu negócio, priorize a Margem, Fluxo de caixa operacional positivo, % de endividamento e o ciclo financeiro equilibrado, todo o resto é consequência disso. Quanto mais vender sem margem, mais rápido vai quebrar. Quanto mais financiar a sua operação deficitária com empréstimos, mais rápido vai quebrar. Nunca "aposte" no que o mercado vai fazer (123 Milhas "apostou" que as passagens não iriam subir), use sempre fatos e dados. Ela deveria ter parado com a linha promocional no 2T/21. O caso da 123 Milhas é ruim para os ex-funcionários (Lay off), para os que ficam e para a confiança do mercado (teremos outras empresas neste segmento com problemas). Da mesma forma que a Americanas impactou a área de varejo, a 123 Milhas (que atende em média cinco milhões de clientes por ano) vai impactar o setor de viagens. Faltam ainda R$ 774 milhões de passagens que a 123 milhas tem de comprar, você acha que vai?

FATOS E DADOS SEMPRE. TIREM A "EMOÇÃO" DA SALA.

Segue minha sugestão para você se posicionar sobre a Reforma Tributária:

Pontos positivos:

1. Os impostos cumulativos na Indústria irão acabar. (Os resíduos de tributos que ficam na cadeia se revertem em custos. 7,4% de acordo com a CNI).
2. Recuperação de crédito (Serviços), diminuindo o impacto.
3. Desoneração das exportações, > oportunidades para outros mercados.
4. Ressarcimento do crédito tributário em 60 dias (Reforço de caixa).
5. Os consumidores saberão realmente o valor dos tributos nos produtos.
6. Diminuição da quantidade de normas. (Em 2022, foram 466 mil normas).
7. Fim da guerra fiscal dos estados e tributação da origem para o destino.
8. Única legislação para o CBS/IBS (Segurança jurídica).

Pontos de Atenção:

1. Os incentivos fiscais terminam todos em 2032 (com exceção da Zona Franca de Manaus e o Simples Nacional).
2. Não sabemos o valor da alíquota: A Definição virá do cálculo de quanto o imposto seletivo pode arrecadar + CBS + IBS + regimes específicos de tributação + bens e serviços que estarão sujeitos a alíquota reduzida.
3. Falta alinhar com os estados e municípios os recursos (CBS e IBS) que serão repassados ao governo federal para depois irem para os estados e municípios.
4. 50 anos de transição. Tempo grande demais para o Brasil.

ESTEJA SEMPRE CONECTADO.

Conversamos ontem com o secretário Bernard Appy sobre a reforma tributária. Informações estratégicas:

1. Retornos dos créditos em 60 dias. (Caixa para as empresas).
2. Recuperação de crédito (serviços) e não cumulatividade (indústria).
3. Transição de 50 anos necessária pela complexidade do sistema atual.
4. Fundo de desenvolvimento regional em substituição da guerra fiscal.
5. Desoneração completa de exportação e investimentos.

Tecla SAP: Claramente, a prioridade é a simplificação do sistema tributário. < Regimes especiais, < Exceções tributárias, < Guerra fiscal, < Contencioso tributário, > Base de incidência, além de uma única legislação para o CBS/IBS e tributação no destino. Fiz a pergunta mais importante para o caixa da sua empresa: Qual será o intervalo da alíquota? A Definição virá do cálculo de quanto o imposto seletivo pode arrecadar + CBS + IBS + regimes específicos de tributação + bens e serviços que estarão sujeitos a alíquota reduzida. Resposta: Entre 25,45% e 27%. Temos um risco na reforma: Além do CBS e IBS, os estados poderão criar impostos para compensar a falta de arrecadação, este é o principal problema.

ENTENDA: O Governo está diminuindo o tamanho do painel do avião (< Complexidade). A Simplificação (para operar o avião) poderá trazer oportunidades/produtividade de custos dentro das empresas. A desoneração das exportações (incremento na velocidade do avião) poderá ser uma oportunidade para novos mercados e produtos. A questão é que o avião continua com o mesmo peso (sem diminuição do tamanho do estado) e hoje estamos com vento contrário (< Arrecadação + Exceções) = risco da alíquota ficar acima de 30% (> Turbulência), além de possível "peso extra" no avião (criação de impostos pelos estados). Fundamental as empresas saberem os créditos tributários a receber, será um importante reforço no caixa de curto prazo (60 dias). Refazer a análise para novos investimentos, já que o imposto será recolhido no destino, e não mais na região do incentivo. Por que montar uma fábrica na Zona Franca de Manaus se o pagamento de impostos daqui a 10 anos é no destino? Melhor montar a fábrica então em SP (> Mercado e > Ticket médio), visto que não teremos mais a guerra fiscal, certo? (Isso muda, TIR, Payback, VPL, preço, margem e lucratividade). Aconselho a todos a fazerem três simulações, 25%, 27% e 30%, assim estarão mapeando os principais riscos sobre a precificação e margem dos produtos. Importante também fazer os cálculos sem os incentivos fiscais (se tiver), este é o seu desafio de produtividade. Temos que ter uma visão desapaixonada da política; dinheiro não aceita desaforo, saiba medir os impactos de forma fria.

ANIMAL MAIS PERIGOSO DO MUNDO = JABUTI.

O "Jabuti China" começou a "subir no telhado". Maior risco não é o PIB desacelerar, mas a bolha estourar.

1. Evergrande: Entrou com pedido de falência nos EUA: Fatura R$ 1,9 Trilhão = Petrobras + Vale + Itaú + Bradesco +Ambev.
2. Zhongzhi Group: Maior gestora de ativos da China (R$ 671 Bilhões) = 1,3x a Petrobras, interrompeu o pagamento aos investidores.
3. Country Garden: Maior empresa imobiliária da China, plano para atrasar o pagamento da dívida, (R$ 2,6 Bilhões) = Petrobras + Vale + Ambev + Itaú + Bradesco + Santander + BTG + BB.
4. Fundos Globais vendendo ações chinesas de forma "agressiva". Apenas ontem foram R$ 4,2 Bilhões. (12 dias de saídas consecutivas de recursos. As ações estão em < patamar em nove meses.) Na B3 os investidores já retiraram R$ 7,3 Bilhões este mês. < China = < Commodities = < preço das ações = Prejuízo.
5. Incorporadora SCE Group anunciou um prejuízo de R$ 833 Milhões. O Release da empresa para este prejuízo é a fórmula da Bolha: < Demanda por imóveis, < Preço dos imóveis > Dívida das empresas < Margem < Lucro = Perda do valor para os investidores. (BC da China cortou as taxas de juros para incentivar a compra de casas. Resultado = Zero. Morgan Stanley, JPMorgan e UBS já revisaram para menos o PIB da China.)

Tecla SAP: O problema não é a China desacelerar, mas a bolha imobiliária estourar. Se acontecer, teremos a falta de crédito mundial (esqueça Debêntures, Follow-on e IPO, não vai ter demanda). O Brasil vai arrecadar menos (> comprador do Brasil é a China). Com arrecadação menor e sem diminuir as despesas, o governo vai precisar se financiar (emissão de tesouro direto) pagando juros maiores, elevando a taxa Selic. Dinheiro vai "correr" para os EUA, a cotação do Dólar vai subir, assim como a inflação. Os investimentos estrangeiros e brasileiros serão suspensos (o dinheiro vai estar no "bunker" até a fumaça passar). Maiores "pesos" da B3 são Petrobras e Vale (Commodities = China), a bolsa vai "despencar", bilhões serão perdidos e com eles a falta de confiança. Warren Buffet já está com o caixa cheio para as oportunidades. Como cheguei nesta conclusão? (Bolhas de 1987, 2000, 2008 e Covid

2020). Resultado: < Mercado para exportações, > custo para importar, > Inflação, <B3, >Juros, < Investimentos, > Inadimplência < Lucro e < Arrecadação. Bem-vindo à crise China.

ENTENDA: O mercado já viu a nuvem negra do Cockpit do avião. Você não tem controle sobre a China, mas tem controle sobre a sua empresa. Mais do que nunca, liquidez é o nome do jogo. "Trave" o Dólar, foco na redução de custos, estoque correto, < Inadimplência, venda para pessoas certas, reveja os investimentos (< PayBack), alongamento da dívida e renegociação das taxas e seguro de crédito = < Ciclo Financeiro > Margem > Caixa e Lucro econômico. Além disso, aconselho comprar uma vela e rezar todos os dias para o Xi Jiping tomar as decisões certas. "Bolha" na China, é 'Bolha" dentro da sua casa.

TIMING É TUDO!

Recebi de vários grupos de WhatsApp a matéria da comissão paga pela Aegea aos bancos na sua emissão de Debêntures. Emitiram R$ 5,5 Bi e pagaram R$ 964.393.252,00, ou seja, 17% quando a média é 5%. Entrei no site da empresa para analisar os resultados.

Comparativo 2T/22 para 2T23:

- Aumento da dívida líquida em 59,3%.
- Aumento de empréstimos de Debêntures em 11,8%.
- caixa diminuiu em 54,2%.
- Dívida Líquida/Ebitda: (2T/22 = 2,57x) / (2T/23 = 3,21x) / (Em 2013 era 1,95 x).
- valor da folha de pessoal cresceu 57% desde 2020.
- empresa tem alguns índices positivos com relação ao 2T/22, mas com um custo: Endividamento.

ENTENDA: Tecla SAP: A Aegea, vendo o caixa diminuir (< liquidez), se viu obrigada a emitir debêntures para continuar a sua operação. Procuraram os bancos no pior momento, em Fev/23, um mês após a quebra da Americanas, com o mercado assustado e sem perspectivas de emissões grandes deste tipo. Sobre a comissão dos bancos (foram nove), qualquer que seja a análise, eles foram remunerados pelo risco: não tinha fiança bancária, foi negociado no pior momento do mercado (Fev/23), tinha o risco da distribuição e existia o medo do "deal" não sair = "olha aqui, Aegea, o risco é grande. Não tem garantia, estamos preocupados com a nossa inadimplência e com o nosso resultado trimestral. Esse negócio das Americanas vai 'secar' o crédito e o 'apetite' dos investidores, as condições de mercado pioraram e não sabemos até quando, e ainda existe o risco da falta de interesse do mercado ou o preço ficar inferior ao estipulado. Podemos até fazer, mas vai custar muito caro". A empresa, com o caixa diminuindo, seguiu em frente.

ENTENDA: O Dinheiro mais caro é aquele que você não tem. A Comissão é a consequência. A causa foi uma empresa com < Caixa e > Endividamento e sem tempo (tempo em finanças é tudo, seja em "Follow-on", "Debêntures" ou "IPO"). Notícia para vocês Tubarões e Sardinhas, compraram debêntures de uma empresa que está com 54% a menos de caixa e com endividamento crescente desde 2016. Recado para o consumidor, você vai pagar esta conta da comissão e destes juros. Que sirva de lição, sempre que te oferecerem qualquer produto financeiro, entrem no site da empresa e analisem os números. (Levei 20 minutos para descobrir que a empresa tinha menor caixa e maior endividamento). Sobre os bancos, nada contra, fizeram o seu "papel". A Aegea poderia ter renegociado a comissão e a taxa de sucesso quando o mercado mostrou mais "apetite" (Market Flex), mas não o fizeram. A operação só não fracassou porque o BNDES colocou R$ 2 Bi (36% da operação). Como disse o Frank Underwood da série House of Cards "When the money´s coming your way, you don't ask any questions." Foi benéfica para a empresa fazer esta operação pagando esta comissão (Fee)? Deixo esta análise para você.

SEU MAIOR CONTROLE É NAS DESPESAS!

Resultados 2T23 das maiores empresas:

Prejuízo ou < Lucro

- VIA: Lucro < 32% com relação ao mesmo período de 22.
- Movida: Aumentou o prejuízo em 82,1% comparando com o mesmo período 22.
- CVC: Aumentou o prejuízo em 76,1% comparando com o mesmo período 22.
- OI: Aumentou o prejuízo em 70% comparando com o mesmo período 22.
- Fertilizante Heringer: Lucro < 43% com relação ao mesmo período de 22.
- CCR: Lucro < 30% com relação ao mesmo período de 22.
- Renner: Lucro < 36% com relação ao mesmo período de 22.
- Bradesco: Lucro < 35,8% com relação ao mesmo período de 22.
- Santander: Lucro < 45,6% com relação ao mesmo período de 22.
- GPA: Aumentou o prejuízo em 146,8% comparando com o mesmo período 22.
- Assaí: Lucro < 51,1% com relação ao mesmo período de 22.
- Petrobras: Lucro < 47% com relação ao mesmo período de 22.
- Vale: Lucro < 77% com relação ao mesmo período de 22.
- Azul: Prejuízo < 21,4% com relação ao mesmo período de 22.
- Marisa: Aumentou o prejuízo em 82,1% comparando com o mesmo período 22.
- Gerdau: Lucro < 50% com relação ao mesmo período de 22.
- Hapvida: Lucro < 8% com relação ao mesmo período de 22.
- B3: Lucro < 4,3% com relação ao mesmo período de 22.
- Localweb: Lucro < 13% com relação ao mesmo período de 22.
- Dotz: Lucro < 33,9% com relação ao mesmo período de 22.

Lucro > que em 2022

- Itaú: Lucro > 13,9% com relação ao mesmo período de 22.
- BTG: Lucro > 18% com relação ao mesmo período de 22.
- Eletrobras: Lucro > 17% com relação ao mesmo período de 22.
- RedeD`OR: Lucro > 21% com relação ao mesmo período de 22.
- Direcional: Lucro > 30% com relação ao mesmo período de 22.
- MaterDei: Lucro > 29% com relação ao mesmo período de 22.

ENTENDA: Todas as empresas que melhoraram os resultados fizeram um trabalho de revisão de crédito dos clientes (emprestaram para quem tem condição de pagar), alongaram a dívida, diminuíram a relação Dívida Liquida/Ebitda, focaram nas margens, alinharam os custos com o desafio do cenário (Brasil + Segmento específico). Não foram negacionistas e entenderam a oportunidade neste cenário difícil. Todas aumentaram o caixa, além de usar a emissão de Debêntures e Follow com sabedoria. Ainda faltam muitas empresas para divulgar os resultados, mas tenho certeza que ainda teremos muitas empresas com problemas. A inadimplência continua alta (78,3% das famílias brasileiras), a baixa da inflação divulgada oficialmente (mas que não "enxergo" no dia a dia) é um efeito da baixa das commodities, pois os países estão desacelerando. Basicamente a regra de ouro é: Cuide da margem, dos custos e da produtividade. Você tem muito mais controle sobre as despesas do que sobre as receitas. Para você, sardinha, esta lista serve para entender que estamos ainda com um risco grande. Muitos me perguntam qual a profissão do futuro, e cheguei à conclusão que é piloto de avião, com ênfase em turbulência.

COPOM DESCURTINADO!

Pontos importantes da Ata do Copom: https://www.bcb.gov.br/publicacoes/atascopom

Cenário Externo:

1. O ambiente externo mostra-se incerto. Os BCs seguem determinados em promover a convergência das taxas de inflação para suas metas.
2. Resiliência da atividade e do mercado de trabalho nas economias avançadas.
3. Processo de desinflação, refletindo o arrefecimento das pressões sobre commodities.
4. Desaceleração da atividade econômica global mais acentuada do que a projetada.

Cenário Interno:

1. Os dados seguem sugerindo um ritmo de crescimento da economia em linha com o esperado pelo Comitê.
2. A dinâmica recente da taxa de câmbio e do preço das commodities internacionais contribuiu para arrefecer as pressões internacionais sobre a inflação no Brasil.
3. Ganho de credibilidade produzido pela reunião (CMN), que estabeleceu a meta para a inflação (2026).
4. Houve clara melhora nos índices de inflação cheia, enquanto a inflação de serviços segue desacelerando.

Cenário Interno – Riscos:

1. Persiste a incerteza sobre a superação dos desafios fiscais (resultado x meta), e que isso pode estar se refletindo em inflação para prazos mais longos.
2. Necessidade de perseverar uma política monetária contracionista até que se consolide a desinflação e a ancoragem para as metas.
3. O processo desinflacionário tende a ser mais lento, demanda serenidade na condução da política monetária.

Tecla SAP: Claramente o BC entende que as causas da desinflação no Brasil são proporcionadas pela baixa das Commodities devido ao menor PIB dos países (que estão com problemas na economia), e que isso tende a continuar, mesmo com o BCs do mundo aumentando os juros. A mudança da meta da inflação para 2026 assim como a aprovação do arcabouço fiscal mostra (pela visão deles) menos riscos, mesmo que exista um receio de que as metas fiscais não sejam atingidas. Claramente estão preferindo fazer uma desaceleração do "aperto monetário" visto que enxergam menor risco. Desta forma teremos uma tendência de baixa dos juros até dez/23. Se for 0,25% até o final do ano teremos 12,25%, se for 0,50%, teremos 11,25%. Não confunda com inadimplência, a taxa é 350% aa e ainda vai impactar o poder de compras de milhões de Brasileiros.

ENTENDA: Importante rever os custos de capital e o impacto do endividamento com juros menores.

1- Procure seu banco e solicite a baixa dos juros para o seu empréstimo (use a portabilidade).

2- Espere para empréstimos/Debêntures/Follow-on até o final do ano se conseguir, terá um custo de capital menor.

3- Importe o que necessita agora, com a baixa dos juros, a tendência do dólar é aumentar (saída de capital estrangeiro.) - Dólar já está subindo.

4- Mesma coisa para você, Sardinha: se esperar para fazer qualquer tipo de financiamento até o final do ano, vai pagar mais barato.

Lembre-se: Tenha uma visão desapaixonada da política, se baseie em fatos e dados e saiba ler os cenários (concordando ou não). Dinheiro não aceita desaforo.

QUAL É A SUA NOTA?

Fitch rebaixou o Rating dos EUA ("AAA" para "AA+"). Entrei do site da Fitch. Vamos apertar a tecla SAP:

Posicionamento da Fitch (EUA):

- Reflete a deterioração fiscal esperada para os próximos três anos.
- Houve uma deterioração nos padrões de governança nos últimos 20 anos (Questões fiscais e de dívida).
- O repetido limite da dívida e impasses políticos de última hora corroeram a confiança na gestão fiscal.
- Possui um processo orçamentário complexo.
- Novas iniciativas de gastos contribuíram para sucessivos aumentos da dívida na última década.
- Déficit do governo (PIB): 3,7% em 2022 / 6,3% em 2023 e tendência de 6,6% em 2024.
- Receitas federais mais fracas, novas iniciativas de gastos e uma carga de juros mais alta.
- Desafios fiscais de médio prazo não resolvidos: na próxima década, as taxas de juros mais altas e o aumento do estoque da dívida aumentarão a carga do serviço de juros.
- Economia entrará em recessão: condições de crédito mais apertadas, enfraquecimento do investimento empresarial e desaceleração do consumo levarão a economia dos EUA a uma recessão moderada no 4T23 e 1T24.

Tecla SAP: É necessário fazer a analogia do relatório da Fitch sobre os EUA para as empresas. Aumento da dívida descontrolada não é produtividade, é irresponsabilidade. Estamos na janela de Follow-on e Debêntures, mas devem ser usadas para investimentos (TIR + Payback + VPL + Novos mercados + Vantagem competitiva + Impacto equilibrado no caixa) = Dinheiro que gera valor, e não para pagar dívidas, ou recompor um caixa que é deficitário na sua operação. Tem muita empresa fazendo igual aos EUA: Não controlando os custos, aumentando os gastos, pressionando o consumidor por mais preço (sem mexer no custo do produto), bônus desajustados, vendendo sem margem, controlando apenas faturamento e Ebitda e acreditando que o caixa é apenas problema do financeiro. Aumento da dívida descontrolada é insolvência, seja para pessoas físicas, empresas e governos. Se nos EUA, onde a democracia é "madura", existe o desequilíbrio entre tamanho do estado, controle dos gastos e postergação de responsabilidade fiscal, imagine no Brasil (nenhum governo conseguiu sequer buscar este equilíbrio). Pergunta para Fitch: O "Downgrade" foi devido ao aumento do Déficit dos EUA, e no Brasil, que teve um Déficit em seis meses de R$ 42,5 Bi?

ENTENDA: 2023 está permitindo um grande aprendizado profissional: Já tivemos a Americanas, problema de crédito, inadimplência, margem, juros altos, inflação, estoque, logística, guerra, reforma tributária (ainda a conferir os resultados), tendência de aumento de impostos (Carf + IR), EUA rebaixado e turbulência mundial. 2023 perde apenas para 2020, saiba evoluir profissionalmente.

Brasil: "BB" e EUA: "AA+".

BRASIL, O PÁIS DO FUTURO, MAS ANTES PRECISAMOS SER O PAÍS DO PRESENTE!

Hoje a Fitch Rating melhorou a pontuação do Brasil de BB- para BB. Entrei no site da Fitch e fui ler a decisão, da qual divido com vocês, colocando os fatos e dados. (Sem viés político).

1. "A elevação dos ratings do Brasil reflete desempenho macroeconômico acima do esperado". Fatos e dados: Santander hoje com queda de 45% no lucro. Inadimplência em 78,3% das famílias. Brasil com > Número de recuperação judicial no semestre (> 52,1% do que no mesmo período/22). Reforma tributária ainda não aprovada (apesar dos avanços de simplificação), ainda não sabemos a alíquota para fazer as contas. Juros em 13,75%. Inadimplência forte no balanço dos bancos e empresas. Empresas, com medo de inadimplência, já captaram R$ 1 Tri em antecipação de recebíveis. Mesmo com os incentivos dos carros, as montadoras demitindo.
2. "A posição fiscal está se deteriorando em 2023 após uma melhora anterior, mas a Fitch espera que novas regras fiscais e medidas tributárias ancorem uma consolidação gradual." Fatos e Dados: O ponto principal do arcabouço fiscal é o agressivo aumento de receita e a conservadorismo na despesa.
3. "A Fitch ainda projeta que a dívida/PIB aumente, mas em um ritmo mais lento" Fatos e dados: Ministério da fazenda projeta aumento da dívida pública do governo em 2023 (R$ 145,4 Bi), em Jun/23 o Déficit foi de R$ 843 MM. Se a economia está melhorando, por que o governo não está arrecadando mais?
4. "O consumo esfriou com a política monetária apertada, mas continua sustentado por um mercado de trabalho forte, gastos fiscais e crescimento contínuo do crédito." Fatos e dados: Se o problema são os juros, por que as construtoras estão com recorde de vendas se 90% são financiados? Pelo IBGE a taxa de desempregados subiu para 8,8% em 2023. Em Jun/23 o BC informou que os empréstimos caíram 1,2%.

5. “Política monetária prudente: a inflação caiu para 3,2% em junho de 2023 em relação ao ano anterior, de 11,9% um ano antes, como resultado de custos mais baixos de alimentos e energia e política monetária restritiva.” Fatos e Dados: Commodities caindo no mundo, devido a baixo consumo dos países, principalmente da China e investidores estrangeiros vindo para o Brasil por causa dos juros. (> lucro do que em outros países).

ENTENDA: Deixo a análise para vocês, agora convido vocês a terem um pensamento independente, maior vantagem competitiva que podem ter, na carreira e na Vida.

PENSAMENTO INDEPENDENTE = PERGUNTAS CERTAS!

Ontem, a B3 atingiu 121 mil pontos, maior patamar desde abril/22. Lendo as notícias, esta alta está ligada à mineração, petróleo, previsão de < juros Brasil e < agressividade de juros FED e BCE. Várias pessoas me enviaram a análise abaixo. Vamos às perguntas certas (Mundo + Brasil + cenários):

1. China está com problemas na sua economia, sendo o maior comprador de commodities do Brasil, como acham que ficarão os lucros das empresas se exportarem menos? Principalmente para petróleo e mineração (que tem um peso grande na B3), o desafio para manter as margens e o lucro serão maiores ou menores?
2. O Programa desenrola já negociou (500 MM) em dívidas, mas ainda continuamos com 78,3% das famílias endividadas. Vocês acham que este programa terá impacto no consumo a ponto de reverter o cenário do varejo? (Pelo desafio que o setor de varejo tem pela frente, vocês acham que as cotações destas empresas estão caras ou baratas)?
3. Mesmo que a taxa de juros caia nos próximos 2 anos, chegando a 9% aa, ainda é muito alto. As empresas terão maior ou menor chance de ter lucros pagando estes juros altos? Com as baixas dos juros, teremos ou não a redução dos juros do cartão de crédito de 350% aa (> fator de impacto na inadimplência)?
4. O Dólar está baixando devido a fundamentos concretos no mercado brasileiro, ou porque com os nossos juros, os investidores internacionais conseguem uma > rentabilidade do que em outros países (Carry Trade)? BC abaixando os juros = Dinheiro sai do Brasil = > Cotação do dólar = > Inflação = < Consumo = < lucro = Impacto B3. Pergunta: A B3 está cara ou barata?
5. Se o mercado realmente está voltando a aquecer, por que então a dívida pública do Brasil cresceu 2,38% para R$ 6 Trilhões? Se as empresas estão vendendo mais, o governo não teria que ter mais arrecadação? Por que mesmo com o incentivo da compra dos carros, as montadoras continuam demitindo?
6. O analista afirma que a bolsa está nos menores patamares em 15 anos (Dólares) e alerta para uma grande oportunidade. Qual a chance da B3 subir agora se as empresas estão com desafios grandes de obter lucro? Onde, na análise gráfica, entra a palavra lucro?

7. Se o mercado está voltando, por que tem empresas emitindo debêntures e Follow-on para pagar dívidas? Poucas empresas fazendo para investimentos e Sales and Leaseback para caixa de curto prazo? Este é um sinal de que a "onda de otimismo" é sustentável ou não?

ENTENDA: Somos "bombardeados" por várias informações (ruídos) econômicos/financeiros todos os dias. O mais importante é ter um pensamento independente, saber fazer as conexões entre causa e efeito. O sentido deste post é convidar vocês a este raciocínio. Claro, existem segmentos e empresas que podem ser oportunidades na B3. Saiba escolher com inteligência, principalmente você, sardinha, que qualquer impacto negativo na B3, tenho certeza, irá impactar muito as suas reservas financeiras.

CURTO PRAZO X LONGO PRAZO.

"Agora, o banco central com esta deflação, as pessoas ficam falando assim, 'O que o BC vai fazer no próximo mês?'. Eu sempre gosto de pensar em janelas de tempo. Qual vai ser o cenário daqui a 12 meses? A tendência dos juros é baixar. Hoje é 13,75%, mas mesmo que baixe para 11%, 10% ou 9%, ainda é alto. Bem-vindo ao mundo caro e com juros altos. Você tem de preparar a empresa para isso."

Apertando a tecla SAP:

1. "Agora, o banco central com esta deflação". Entenda: Saiba separar ruído da prática. O segredo aqui é diminuir o custo do produto e serviço para manter as margens. Está conseguindo passar o seu custo + margem para o seu cliente? Área de compras está "agressiva" com os fornecedores, com inflação alta "na prática", a margem é mantida muitas vezes na compra certa.
2. "Eu sempre gosto de pensar em janelas de tempo." Entenda: Saiba ser estratégico, teremos ainda em 12 meses juros altos e < crédito. Menor custo fixo + variável (custo do produto + MOD) + manter as margens irão possibilitar liquidez para passar por este período. Ciclo financeiro > 0 = Operação equilibrada entre recebimento e pagamento = Caixa.
3. "Você tem de preparar a empresa para isso". Entenda: Planejamento + Execução + Atitude. Objetivo comum a todos: Fluxo de caixa operacional positivo. Alongue a dívida e faça a portabilidade para outro banco com juros menores. Trave o Dólar (Hedge), quando os juros baixarem, o dólar irá subir; saiba pensar de forma pragmática. Estoque = Giro com qualidade (Previsões de vendas certas + qualidade na compra + estratégia comercial) = < NCG. Venda para quem possa pagar. Pior do que vender sem margem é vender e não receber. Ajuste o tamanho da empresa = responsabilidade com o futuro. Incentivo/Bônus / Stock Options = Longo prazo, por favor!
4. "É a este cenário que a área de finanças tem que ficar atenta". Decisão certa no momento errado = zero. Financeiro precisa entender a estratégia inteira da empresa. Fatos e dados sempre, cuidado com as projeções. Resultados vêm de processos estruturados e gestão de pessoas. Seu melhor feedback é o espelho.

5. "Empresas vão ter que se ajustar à estrutura de capital, grande desafio desde 2021, e em 2023". Debênture e Follow-on para investimentos, se for para pagar dívidas é postergar um grande problema. Sales and Leaseback: Empresa vende um ativo para recompra futura, mas a pergunta é: Se não tem caixa agora, vai ter caixa no futuro? Empréstimo bancário: Apenas se for para objetivos específicos, verifique se primeiro executou todas as oportunidades de produtividade na empresa, tenha certeza que ainda tem "muito dinheiro na mesa". Lucro contábil não é liquidez. O que vale é dinheiro no banco. Feche operações que geram prejuízos = Hoje.

ENTENDA: "Bem-vindo ao mundo caro e com juros altos. Você tem de preparar a empresa para isso".

SUA REALIDADE É SUA PERCEPÇÃO.

Vamos analisar os principais movimentos das empresas para o ajuste de caixa (Margem + Lucro + caixa/liquidez).

Follow-on: Oferta pública de ações realizada por uma empresa que já está listada (B3), ou seja, dilui a participação dos acionistas para "injeção" de caixa. Direcional: R$ 429 MM / Localiza: R$ 4,5 Bi / MRV: R$ 1 Bi.

Sales and Leaseback: A empresa vende o seu imóvel e fecha um contrato de aluguel por 10/20 anos com o novo proprietário, com opção de recompra. Quem vendeu o imóvel (ativo) diminui o imobilizado e melhora a liquidez. Carrefour: R$ 1,2 Bi.

Debênture: Título de dívida da empresa com o investidor. De jan a abr houve queda de 23,1% para 90 emissões (R$ 43 bi). Não está sendo mais competitivo devido ao custo da operação.

IPO: Oferta primária de ações. Sem perspectivas em 2023 e 2024. É um risco para a empresa (não atingir) o preço, e para o investidor (IPO é para investimentos ou para cobrir dívidas?). 90 empresas iriam abrir IPO entre 2021/2022, 20% já estão em reestruturação de dívida.

Fundos estruturados: Fundos que têm como objetivo a compra de dívidas e investimentos. (Madero e Tok&Stok)

Negociação da Dívida: Alongamento da dívida com os bancos e renegociação de Debêntures com os investidores (CVC).

Demissões: 2023: Via, Amazon, Google, Microsoft, IBM, 3M, Ford, GM, VW, BlackRock, Philips, SAP, Shopee, FedEx, HP, Philips, Nubank, Fintechs, JP Morgan, Huawei, Citibank, Disney, Boeing, Dell, Ifood e XP.

ENTENDA: Os juros continuam altos, 13,75% (mesmo que abaixe para 11%, ainda é alto). 78,5% das famílias continuam endividadas, a notícia é que a inflação baixou (posso presumir então que o seu dinheiro está valendo mais, os fornecedores estão pedindo menos reajustes e você está conseguindo repassar o seu custo + Lucro para o consumidor, visto que com menor inflação, ele está com mais poder de compra. É isto que está enxergando no seu dia a dia?). Existem dois tipos de empresas, as que estão trocando faturamento por dívida, estão apenas postergando um grande problema, e empresas que estão se capitalizando de forma correta para fazer investimentos. Os juros altos propiciaram um volume grande de capital estrangeiro (> cotações B3, < cotação dólar e > volume de dinheiro para Follow-on e Debêntures). É a regra do jogo, movimentos de mercado permitem riscos e oportunidades, saiba circular por todas as opções, mas tenha uma única diretriz: Fluxo de caixa operacional positivo, ou seja, sua operação, sem empréstimos, deve ser positiva. (Empréstimos deve ser = investimentos para gerar mais caixa corretamente). Para você investidor (Sardinha) cuidado, há todo tipo de empresa, saiba fazer as perguntas certas. E para você profissional, saiba separar ruído de informações de qualidade.

"Somente quando a maré baixa é que sabemos quem está nadando pelado." – Warren Buffett.

SEJA REALISTA!

Estamos começando o 2° semestre de 2023, importante separar ruído de informações.

1. Inadimplência: 66 MM de brasileiros, recorde da série (Fonte: CNDL/SPC Brasil). < Consumo, < Faturamento < Margens < Lucro/prejuízo, < Investimentos, > Desemprego e < Arrecadação.
2. Juros: FED, Zona do Euro (Principalmente Alemanha) e Inglaterra com perspectivas de aumento dos juros, colocando pressão BC/BR. Mesmo que o BC termine o ano com juros de 11%, ainda é alto. (Se prepare para um mundo caro e juros altos).
3. Crédito: Continuará restrito (grande inadimplência provisionada no balanço dos bancões), cada vez mais serão necessárias garantias que as empresas não têm, além do > custo do dinheiro (WACC), impactando na linha Desp. Financ.
4. Inflação: Investidores estrangeiros colocando dinheiro no Brasil (Diferença de rentabilidade entre o país de origem e Brasil = Carry Trade) diminuindo a cotação do dólar + < PIB Países, impactando no < preço das commodities. Algum fato relevante no BR para a inflação cair? Seu custo de produção diminuiu? Está gastando menos no supermercado e com combustível? Você sente que o seu salário está valendo mais?
5. Arcabouço Fiscal: Impactando os empresários, irão repassar aos consumidores, serão R$150 Bi de dinheiro que será retirado do consumo (< Lucro < Empregos < Arrecadação).
6. Reforma tributária: Será votada sem sabermos qual será a alíquota única e o verdadeiro impacto por setores, 50 anos de transição, e sem acordo com os governadores. Do jeito que está, estamos fazendo a reforma com "areia da praia".
7. Liquidez: Sem IPO. Emissão de debêntures < 23% (Jan a Mai 23/22). Pouquíssimas empresas fazendo Follow-on para investimentos (Localiza e Direcional), as outras fazendo para pagar dívidas. Empresas fazendo venda de ativos com compromisso de recompra em 10 anos (Sales and Leaseback) e agora surgiram os fundos focados em dívidas "Gestoras de situações especiais". A verdade é a seguinte: está todo mundo sem dinheiro.

8. Custos: Grandes demissões acontecendo, com foco na semana passada das montadoras GM e VW, parando parte da produção. (Mesmo com incentivo dos carros).

9. B3: O mercado informando que o pior já passou (mesmo com o lucro das empresas < 18,8%) e você, sardinha, acreditando e colocando dinheiro.

ENTENDA: O grande desafio para o 2S/23 continua sendo a liquidez, priorize cada vez mais a redução das despesas e obter um Fluxo de Caixa operacional positivo, alongar a dívida, manter as margens, estoque correto, diminuição do custo do produto/serviço, alinhamento de remuneração/resultado sustentável de longo prazo, revisão do crédito ao cliente (< inadimplência) e manter profissionais excelentes. Mesmo que você acredite que o urso (Mercado recessão = Bear Market) esteja atrás da árvore, ele está visível, ignorá-lo pode ser fatal para as empresas. (2023 > RJ no Brasil e EUA).

COPOM E A CONVERSA COM O GERENTE.

Conforme prometido, vamos fazer uma análise "desapaixonada" da ata do Copom:

1. "A elevação de expectativas (mudança da meta de inflação pelo CMN), haverá uma maior pressão para elevação de preços, e o processo inflacionário é alimentado por essas expectativas." SAP: O BC está falando para o governo não aumentará a meta de inflação, isto vai passar uma percepção ao mercado de que é aceitável mais inflação e ficará mais difícil baixar os juros.
2. "O BC avalia que a apresentação do arcabouço fiscal reduziu substancialmente a incerteza em torno do risco fiscal. O Copom novamente enfatizou que não há relação entre a convergência de inflação e a aprovação do arcabouço fiscal." SAP: Você vai ao gerente do banco e fala assim: "Preciso de juros menores, estou implantando um novo sistema fiscal na empresa, mas ainda gasto mais do que ganho". O Gerente vai te responder: "Termina de implantar, ajusta a sua despesa com a receita e depois volta aqui, aí, sim, podemos falar de baixa de juros". É a mesma coisa.
3. "O Comitê unanimemente avalia que flexibilizações do grau de aperto monetário exigem confiança na trajetória do processo de desinflação, uma vez que flexibilizações prematuras podem ensejar reacelerações do processo inflacionário." SAP: O BC está falando que a queda da inflação está sendo impactada pelos investidores, que estão aplicando no Brasil por causa dos juros maiores, do < PIB dos países e < preço da commodities, não necessariamente pela tramitação do arcabouço fiscal e pela promessa da reforma tributária. Pergunta: você, na sua vida, está sentindo a inflação cair?

ENTENDA: Os investidores estão pegando dinheiro dos outros países (com taxas menores) e aplicando no Brasil (Carry Trade), por isso a entrada de recursos e o Dólar baixando. Quando a taxa de juros BR diminuir, o dinheiro sai e teremos > Cotação Dólar > Inflação < Consumo < Lucro < Arrecadação. A grande questão do BC é este equilíbrio. Não temos ainda nenhum fundamento concreto que permita a baixa dos juros. Continuamos gastando mais do que arrecadamos? (Sim). Arcabouço fiscal aprovado? (Não), Reforma tributária feita? (Não), BCs do mundo aumentando os juros? (Sim), Inflação > no mundo? (Sim). Claro, estes juros impactam os investimentos. Para o consumo, não é a taxa de 13,75% que impacta, mas os juros de cartão de crédito de 350% aa, e ninguém fala nisto. Parem de querer ficar adivinhando o que o BC vai fazer no próximo mês, nos próximos dois anos ainda teremos juros altos (13,75% para 11% ainda é alto). A pergunta é: Como você está preparando a empresa para este cenário? Se baixarmos os juros por viés político, estaremos trilhando o mesmo caminho da Turquia e Argentina. Temos que aprender a baixar os juros com fundamentos sólidos, e neste ponto, o BC está correto. Agora, se você acha que o BC não tem de ser independente, este post não é para você.

SÉRIO QUE SÃO OS JUROS?!

Convido você a fazer uma análise "fria" e "desapaixonada" sobre os juros; será que este é o nosso principal problema?

- MRV: 1T/23 vendas > 21% em relação ao 4T22 e >20% frente a 1T22.
- Direcional: As vendas atingiram recorde histórico para o 1T/23.
- Mercado Livre (Varejo): > 208,5% no LL no 1T/23 em comparação a 1T/22.
- Banco Inter: LL de R$ 24,8 Mi no 1T23, ante prejuízo no 1T/22.
- AMBEV: LL de R$ 3,8 Bi no 1T/23 > 8,2% do que 1T/22.
- TIM: LL de R$ 437 Mi 1T/23 > 4,3% 1T/22.

Perguntas para tirar da "Zona de Conforto": Se o problema são os juros, por que MRV e Direcional tiveram recorde de vendas se 90% dos imóveis são financiados? Se o problema são os juros, por que a venda de carros cresceu com o incentivo (em média 10 mil mais barato) e com a taxa de 13,75%?

Compreenda: Ninguém quer juros altos, mas o principal problema é o Custo Brasil. O mundo está mais conectado e podemos comparar os custos e produtividade entre países e empresas. Estamos falando em simplificação tributária, mas deveríamos priorizar redução da carga tributária, é impraticável empresas competitivas pagando 33%. Incentivo dos carros é um grande exemplo, a população respondeu muito mais ao preço do produto do que a taxa de juros; o problema então são os juros ou os impostos que encarecem os produtos? Impraticável um ambiente de negócio que não é competitivo (tamanho do estado + burocracia + custo trabalhista). Qualificação profissional no Brasil é um grande problema, muitos profissionais não sabem como lidar com inflação, produtividade, analisar além do Ebitda, custo dos produtos, estrutura de capital, visto a quantidade de CEOs e CFOs que se desligaram das empresas atualmente, e a culpa é dos juros? E as empresas que estão tendo resultados positivos, é sorte? Inadimplência está altíssima, mas não devido à taxa de 13,75%, mas devido à taxa do cartão de crédito de 350% ao ano, e não estamos falando nisso. Com relação aos juros (BC): O Brasil continua gastando mais do que arrecada (Sim), arcabouço fiscal aprovado (Não), reforma tributária feita (Não), reforma administrativa feita (Não), inflação menor (Não). Realmente você sente que o seu dinheiro está valendo mais?).

ENTENDA: O mundo está complexo, temos que analisar mais variáveis (Micro + Macro + Segmento específico), saber fazer a correlação entre causa e efeito e tomar as decisões na hora certa. China e Índia irão nos pressionar cada vez mais (Produtos de qualidade e mais baratos), não são os juros que irão resolver isso. Se a vacina era a solução em 2020, agora com o Covid-23 a solução são empresas altamente competitivas (Profissionais diferenciados + Estratégia + < Custo + >Margem + Segmento Premium) e para governos um Custo Brasil compatível com o resto do mundo. A "barra subiu", pessoal, bem-vindos ao novo mundo dos negócios (mundo caro e juros altos), não existem mais respostas simples para problemas complexos.

Pense nisso quando ligar a televisão hoje à noite.

REFORMA TRIBUTÁRIA E EMPRESÁRIO REFORMADO.

Vamos analisar de forma fria a Reforma tributária / Arcabouço fiscal para o empresário:

1. STF: Se uma empresa foi autorizada pela Justiça a deixar de pagar um imposto, o STF (posteriormente) pode entender que a cobrança é devida, tendo de pagar retroativamente (CSLL). Impacto: < Segurança Jurídica > provisionamento das empresas < Investimentos < empregos < consumo < Lucro/ prejuízo < arrecadação.
2. STJ: Decidiu que os incentivos do ICMS (Estadual) não podem mais ser abatidos do cálculo IRPJ e CSLL (Federais). O fisco pode cobrar retroativamente o ICMS (custeio). (+90 Bi para o Governo). Impacto: Vai ficar mais difícil para as empresas fazerem investimentos.
3. CARF: A empresa entra com o processo do CARF e, se empatasse, era a favor da empresa. Agora, empatou, o voto de qualidade é a favor do governo. Impacto: Conselho aos empresários, esqueçam o CARF, entrem direito na justiça.
4. STF: Os bancos devem pagar (PIS/Cofins) sobre receitas financeiras (juros). Impacto: Não são os bancos que vão pagar, são os consumidores: < custo do dinheiro, < crédito e < dinheiro para o consumo.
5. Poderemos ter ou já temos: Taxação de dividendos, cobrança de IR para LCI, LCA, CRI e CRA, eliminação dos Juros sobre Capital, cobrança dos sites de apostas e compras on-line (exterior) e cobrança do PIX.
6. Na reforma tributária: Quais incentivos fiscais serão retirados, de quais regiões e de qual segmento? Como ficará a taxação da área de serviços ISS (Construção Civil), Agro e Indústria? O consumidor vai pagar mais ou menos impostos? O custo para as empresas vai aumentar ou diminuir?

ENTENDA: As empresas já estão com < Margens, < Caixa/liquidez < Investimentos < Lucro e o governo vem e piora a situação para as empresas. O Custo Brasil continua alto e a tendência é aumentar, não teremos redução de despesa do governo (Reforma administrativa e do judiciário) e um aumento de burocracia. Não teremos redução de carga tributária (apenas simplificação). Importante você entender que diminuição da inflação é devido à diminuição das commodities (Petróleo, Gás e Minério) no mundo, porque os países estão comprando menos, como a China (responda: seu dinheiro está valendo mais? Está gastando menos no supermercado?), e que a bolsa está subindo, porque é o mercado sendo mercado (responda: qual fundamento da economia melhorou? Tirando o Agro do PIB do 1t/23, todos os outros segmentos mantiveram ou pioraram) e temos inadimplência altíssima. O governo pode até arrecadar mais agora, mas não se sustenta por muito tempo, estamos novamente atuando nas consequências e não nas causas, continuaremos um país caro (tributário e trabalhista) e perdendo competitividade para o resto do mundo. A pergunta é: O que até agora mudou no cenário para o empresário querer gerar empregos?

Como disse o Roberto Campos (O Avô): "O respeito ao produtor de riqueza é o começo da solução da pobreza".

"G" DE GOVERNANÇA POR FAVOR!

Americanas: "Tecla Sap" Fato relevante 13/06/23

1. Foram identificados contratos VPC, incentivos comerciais, que teriam sido artificialmente criados... (números preliminares/não auditados, R$ 21,7 bilhões em 30/07/22.)

Tecla SAP: Como assim "artificialmente criados"?, então a empresa cria financiamentos fictícios com fornecedores, insere estes documentos de alguma forma no resultado da empresa, contabiliza de forma incorreta e "feitos durante um significativo período". Estamos acreditando nos últimos sete anos e ninguém fez as perguntas inteligentes?

2. Em adição a VPC... a Diretoria anterior da Companhia contratou uma série de financiamentos... sem as devidas aprovações societárias. (risco sacado...) de R$ 18,4 bilhões e giro de R$ 2,2 bilhões. (números preliminares/não auditados.)

Tecla SAP: Deixa eu ver se entendi: foram contratados R$ 18,4 Bi + R$ 2,2 Bi de pessoas que não tinham autoridade para isto? Onde está o setor jurídico da empresa? R$ 18,4 Bi não chamou a atenção dos sócios sobre uma dívida que só crescia com a conta de fornecedores baixando? Como o conselho não instituiu um comitê independente para verificar isso?

Segue aí a minha sugestão:

1. Para o Trio de ouro: Demita todo o conselho de Administração, conselho fiscal, conselho independente, contadores, advogados e equipe relacionada a financiamento e toda a área de compliance. Entre na operação pessoalmente e garanta a ética necessária e pessoas corretas, além de fazer o alinhamento pessoalmente com sindicatos e bancos. Por favor, alinhem os incentivos/Bônus, não dá mais para ter resultado de curto prazo "matando" a empresa no longo prazo.
2. Bancos e Empresas de auditoria – A pergunta é: E se outras empresas estiverem criando "incentivos comerciais artificialmente"? Foi feita alguma mudança na análise de crédito? Como as auditorias garantem que todas as informações são verídicas e foram entregues?
3. CVM – Melhor aumentar o orçamento e ter um maior protagonismo no mercado. O seu papel é fundamental para melhorar, auditar e verificar itens como da Americanas e do índice ISE.

ENTENDA: Este fato relevante deve ser colocado em um quadro e pendurado em todas as salas de conselhos, salas de CEO e CFO do mundo. Demonstra a total incompetência de gestão. O resultado deste fato relevante é o seguinte: Bancos assustados com medo de outros calotes (PDD), < Credito no mercado (pedindo mais garantias que as empresas não tem), < Liquidez < investimentos < lucro ou prejuízo = Debentures caras ou endividamento com > Juros e > Desligamentos. Sem contar no caso dos funcionários das americanas que perderão os empregos, impacto na cadeia de fornecedores e a perda de arrecadação do governo, por uma situação que poderia ter sido evitada com quatro palavras: Cultura correta + Ética + Compliance.

PIB = FESTA PRIVATIVA!

PIB cresceu no 1T23 1,9%, expectativa dos analistas de 1,3%. Vamos apertar a tecla SAP e fazer as perguntas inteligentes com uma análise desapaixonada da política.

1. Agro com alta de 21,6% no comparativo trimestral. Entenda: O Agro nos últimos 10 anos tem alavancando o PIB do Brasil, é um segmento estratégico. Especificamente tivemos uma safra recorde de Milho e Soja no 1T23.
2. A indústria contraiu 0,1%, com quedas de 0,6% na indústria da transformação: Entenda: Não temos ainda (vários governos) uma política estratégia para a Indústria. EUA, China e Alemanha (Indústria 4.0) escolheram pelo desenvolvimento de tecnologia, Mão de Obra qualificada e produtos de qualidade em escala para exportação. Escolheram a globalização tecnológica (> valor agregado), nós estamos escolhendo a globalização das commodities (< valor agregado), a conta não fecha.
3. Construção Civil retraiu 0,8%. Entenda: Os Juros altos impactam, mas o maior impacto de compra é a população endividada (70 Milhões de brasileiros). As pessoas compram imóveis não por causa dos juros, mas pela certeza de que não vão perder o emprego no médio prazo, são coisas diferentes.
4. O consumo cresceu 0,2%. Entenda: Insuficiente para o aumento das vendas, margens e lucro. A população continua conservadora no consumo. Este é um dos principais problemas, principalmente do varejo.
5. Gastos do governo avançaram 0,3%. Entenda: A maior arrecadação do Agro não compensa a baixa arrecadação das outras áreas, a meta de arrecadação de R$ 150 Bi + retirada de incentivos fiscais (Indústria) e a falta da reforma administrativa irão piorar a situação.
6. O setor de serviços expandiu 0,6%. Entenda: Consequência do aumento do salário mínimo e transportes (pelo > Agro), mas ainda insuficiente para mudar o cenário de consumo das famílias.
7. Investimento recuou 3,4% no trimestre. Entenda: < Investimentos = < Empregos < Renda > Inadimplência < Consumo < Venda < Lucro e > Desemprego. Mesmo com o incentivo do carro popular, a GM hoje resolveu parar uma parte da produção por 10 dias. Ou baixamos o custo Brasil ou as empresas não irão investir.

RESUMINDo: O PIB cresceu porque vendemos mais milho e soja, simples assim! Não tivemos nos outros segmentos nenhuma mudança estrutural. Claro que é positivo para o Agro e para o Brasil, mas o resto do país não sentiu isso, ou a sua vida está melhor? (CPF e CNPJ?). A outra pergunta que fica é: e quando a venda de milho e soja cair? Temos ainda um desafio enorme em mão de obra, tecnologia, investimentos, infraestrutura, estado produtivo e tributação justa. Este 1,9% é do Agro (nosso atacante), mas estamos perdendo o jogo mundial de competitividade.

A "BARRA" SUBIU

2° Semestre/23 – Vai andar com tubarões ou com sardinhas?

Terminamos o 1° Semestre/23 com muitos problemas. Para as empresas abertas em bolsa, o lucro foi < 18,8%, com a desp. financeira > 31,8% e Ebitda <7,7%, ou seja, as empresas estão sem dinheiro (caixa). Debênture, Aumento de capital, Follw-on, Sale and Leaseback, e empréstimos bancários resolvem a situação no curto prazo, mas deixam uma herança de médio e longo prazo (Dívida contratada). 2° Semestre/23 começa com inadimplência alta (70 Milhões de Brasileiros), com Juros em 13,75% e com o Dólar em R$ 5,00. Arcabouço fiscal será aprovado (mas quem entende um pouco de conta sabe que o cálculo não fecha), as empresas serão ainda mais pressionadas por novos impostos (arrecadação de R$ 150 Bi). Hoje saiu o dado preocupante da China de que o lucro das empresas chinesas (Jan a Abr) ficaram < 20,6%, reflexo da baixa demanda de consumo e commodities, além de uma absurda dívida das incorporadoras imobiliárias chinesas = 12% PIB (60% PIB Brasil). Os bancos dos EUA ainda vão quebrar e teremos cada vez mais o aumento da volatilidade e da incerteza. A Reforma tributária ficará cada vez mais comprometida, além do desalinhamento entre os estados, ainda existem 4 CPIs que não ajudarão o Brasil em nada, nenhum problema de impacto/estrutural está sendo resolvido. (Não vou comentar sobre o carro popular porque não merece nenhum tipo de comentário).

Neste contexto, a pergunta é: como você está escolhendo se preparar?

1. Selecione sites de qualidade e leia livros (Jim Collins – Good to Great, Tom Peters – Thriving on Chaos). Separe ruído de informação de valor.
2. Converse com outras pessoas de impacto (Que têm coragem de tomar decisões difíceis).
3. Selecione eventos e fóruns que gerem valor. Agenda lotada sem qualidade = perda de tempo.
4. Tenha uma análise desapaixonada da política. (Seja Frio).
5. Aja rápido. Decisão certa no tempo errado = Zero.
6. Garanta profissionais de alto desempenho (São poucos e excelentes).

7. Meta do dia = Ter um fluxo de caixa operacional positivo= > Liquidez. (Vai ter que diminuir o tamanho da empresa e não trocar endividamento por faturamento). Cuidado, Ebitda não é caixa.
8. Sua calma deve ser inversamente proporcional à pressão. (Resiliência = capacidade de engolir sapo de forma estratégica).
9. Cuide da cultura (Ela come a estratégia no café da manhã).
10. Seja firma nas suas convicções e ações, sem ser rígido. (As sardinhas vão te respeitar).
11. Não existe pensar "fora da caixa" (Aliás, não existe caixa), todos os dias temos novas variáveis, saiba fazer as conexões corretas (Causa e efeito). Tenha poder de síntese (Foco no resultado).

ENTENDA: A "barra" subiu, tubarões são diferentes de sardinhas por um simples motivo: escolhas. Qual a sua?

MENSAGEM CRIPTOGRAFADA.

A Petrobras anunciou o novo cálculo dos combustíveis.

Antes: (PPI): correlação do valor do petróleo (global) e custos logísticos. Agora: 1- "Custo alternativo do cliente": contempla as principais alternativas de suprimento e 2- "Valor marginal": baseado no custo de oportunidade: produção, importação e exportação refino.

Agora vamos às perguntas inteligentes:

1. A Petrobras poderia, por favor, ser mais clara na memória de cálculo? O peso do valor da cotação do dólar e do preço do Barril internacional diminuíram no novo cálculo ou não?
2. O lucro da Petrobras será menor? Está nova precificação trará caixa para empresa continuar a fazer os investimentos?
3. Esta nova precificação aumenta o risco de desabastecimento, visto que a competição com as outras empresas (privadas) deste segmento ficarão comprometidas?
4. Se o peso do PPI no cálculo mudou, como explicar então que a diminuição dos combustíveis comunicada está em linha com a diminuição do preço do Petróleo (<31,30%), do Gás (-68,84%) e do Dólar (-2,45%), em 12 meses? Se estes índices não tivessem caído, a empresa teria comunicado a diminuição de R$ 0,44 do diesel e de R$ 0,40 da gasolina? Em que esta política difere do período Dilma, quando a empresa teve um prejuízo bilionário?

A pergunta que fica é: Por que as ações não caíram?

ENTENDA: O comunicado é tão "criptografado" que ficaram mais especulações do que certezas. A coincidência da diminuição do preço dos combustíveis com a diminuição dos ativos (Petróleo, Gás e Dólar) é sinal de que o PPI ainda tem um peso grande no cálculo. Não temos argumentos para projetar o novo preço da ação (< Dividendos < Lucros < Investimentos < Retorno ao acionista = < Preço das ações). A finalidade principal de uma empresa é ter lucro (Dúvida? Tire, você, 1 MM do seu bolso para investir, as primeiras perguntas serão: Quando terei o dinheiro de volta e qual será a rentabilidade do meu dinheiro?). As ações não mudaram porque o mercado entendeu que não mudou nada, está parecendo mais uma peça de Marketing do que uma estratégia com consistência. Ou o governo divulga o cálculo detalhado ou teremos certeza se o cálculo mudou quando do aumento do Petróleo e do dólar, o preço dos combustíveis não subirem. As ações da empresa não sofreram nenhuma repercussão fora da curva (16/05 +2,49% e 17/05 -1,33% até o momento). Se tem um segmento em que não tem "bobo" é o mercado financeiro, então poderiam, por favor, respeitar a nossa inteligência?

CONVERSANDO COM O BANCO!!!

Campos Neto falou na CNN. Vamos apertar a tela SAP:

1. Neto: "Fazer rápido e fazer antes significa ter menos custos."

ENTENDA: Devido aos incentivos fiscais para vários itens (ex.: gasolina), a inflação não estava corretamente precificada. O "Núcleo da inflação", que exclui energia e alimentos, está em 7%, a meta é 3%. O BC do Brasil e do mundo escolheram combater a inflação do que diminuir os juros, pois a inflação impacta mais para as pessoas físicas (principalmente os pobres), empresários e governos, por isso "Fazer rápido e fazer antes significa ter menos custos".

2. Neto: "Grande pedaço do crédito é direcionado, a taxa de juros não afeta o mercado como deveria."

ENTENDA: Crédito direcionado = Crédito subsidiado, ou seja, o empresário consegue pegar dinheiro "menos caro" e para evitar isso as taxas de juros no Brasil precisam ser mais altas. (BR= 42% de empréstimos subsidiado, resto do mundo = 6%. Se nos EUA tivessem o mesmo % de crédito subsidiado, a taxa de juros deles deveria ser o dobro.)

3. Neto: "Arcabouço fiscal melhorou a expectativa de juros futuros, mas muito pouco."

ENTENDA: BC controla a taxa de um dia, o resto é negociado entre os agentes. Educadamente ele está falando que o mercado não acredita no Arcabouço Fiscal, que não mexer na despesa traz o sentimento de risco (por isso os juros futuros não abaixaram). Dúvida? Se amanhã o BC colocar a SELIC em 8%, veja o que acontece no dia seguinte: Os juros para o governo e para você (CPF e CNPJ) irão explodir, pois é uma redução sem fundamentos. (Estudem Argentina e Turquia).

4. "O governo está competindo com você [empresário] pelo dinheiro que tem disponível... Quando o governo faz uma emissão hoje, longa, e paga uma taxa de juro real acima de 6%..."

> **ENTENDA:** Procure um banco e fale assim: Tenho uma empresa, gasto mais do que arrecado, vou mexer muito pouco na minha despesa e preciso de dinheiro emprestado. O banco vai cobrar de você uma taxa muito maior do que para uma empresa com as contas saudáveis. O Brasil é a empresa que gasta mais do que arrecada, o preço da sua incompetência fiscal reflete nos juros que chegam até você. Quer juros menores? Diminua o tamanho do estado (< despesa) e tenha superávit fiscal.

Abílio termina com uma reflexão: "Não vamos pensar no que este país pode fazer por nós, mas o que podemos fazer pelo nosso país." Respeitosamente, gostaria de mudar a pergunta: "O Brasileiro já faz uma das maiores contribuições ao seu país, paga uma das maiores cargas tributárias do mundo (31%), sem ter educação, saúde, segurança, infraestrutura e condições econômicas adequadas para o seu sustento, visto que entre 2011 e 2023 o PIB cresceu 0,3%. Gostaria que os estados (executivo, legislativo e judiciário) pensassem: O que nós (estado) podemos fazer para os brasileiros?"

MEDINDO RISCOS!

Grandes riscos no mercado, principalmente no segundo semestre.

Acha que estou exagerando? Imagine que em 20/Dez/22 eu descrevesse para você o ano de 23: "Logo em Jan teremos a quebra da maior varejista do Brasil (Americanas), as ações cairão 90% devido ao maior 'rombo' do mercado Brasileiro (R$ 20 Bi), afetando todo o crédito para o mercado. Teremos bancos de médio porte nos EUA quebrando, SVB, Signature Bank, FRB, podendo estourar uma 'Bolha Financeira'. O governo Suíço vai gastar 1/3 do seu PIB tentando salvar o CS, mas não vai adiantar, será adquirido pelo UBS. Os juros continuarão aumentando (BC, BCE-3,25%, maior taxa desde 2008 e FED-5,25% aa). A inflação e inadimplência serão os principais riscos, as empresas continuarão a ter prejuízos, e teremos o maior número de RJ desde 2018 no Brasil, pode até ter empresa de cerveja (Petrópolis) e o maior número de RJ nos EUA dos últimos 12 anos. Teremos um novo sistema fiscal no Brasil, o governo precisará aumentar em R$ 150 Bi a arrecadação, pressionando ainda mais as empresas e retirando mais dinheiro do mercado. O governo vai criar novos impostos e também vai mudar a memória de cálculo para as empresas pagarem mais, provavelmente será o ICMS. Poderemos ter grandes demissões na GM, Hyundai, Stellantis, Morgan Stanley, Disney, Amazon, Mercedes, Accenture e Volks, e as empresas de varejo continuarão sofrendo. A AI começará a tirar os empregos, IBM provavelmente anunciará o cancelamento da contratação de 7,8 mil funcionários para substituir pelo AI exponencial (chamado de ChatGPT). Será mais um ano sem IPO e com maior risco nas Debêntures. Os bancos brasileiros poderão sofrer, pode até ser o Bradesco, diminuindo o seu lucro em 21%. Sabe a Makro? Pois é, deve sair do Brasil. Não teremos nada de reforma tributária do 1º semestre. Podemos ter também um risco jurídico, o STF pode dizer que decisões transitadas e julgadas não valem mais e mandarem as empresas que têm incentivos fiscais pagarem o imposto retroativo há cinco anos, aposto no CSLL. Uma ótima notícia é que a Shein (a famosa chinesa) achará o Brasil um país competitivo e poderá investir R$ 750 Mi, gerando mais de 100 mil empregos em apenas três anos (Magalu + Via + Marisa juntas)." Qual seria a sua resposta para mim?

Diminua os riscos, aumente a liquidez:

1. Renegocie os juros da dívida e alongue os vencimentos.
2. Diminua os custos dos produtos e os custos fixos.
3. Trave do Dólar e tente encontrar fornecedores nacionais.
4. Faça uma revisão tributária (créditos não aproveitados).
5. Analise a Inadimplência (PDD) e use o seguro de crédito.
6. Revisão do "Score" do cliente para conceder crédito.
7. Cuidado: Faturamento não é sinônimo de Lucro.
8. Análise do Lucro Líquido + ROE + ROIC.
9. Mantenha as pessoas excelentes e não corte em treinamentos.
10. - Lucro contábil não é caixa. Liquidez é o nome do jogo.
11. - Venda os ativos que não são o DNA da empresa.
12. Em tudo o que fizer, lembre: Dinheiro não aceita desaforo.

BEM VINDA AO BRASIL!

A Shein (Chinesa) anunciou a fabricação de suas roupas no Brasil, gerando 100 mil empregos em três anos. Gostaria de ajudar a Shein nesta adaptação ao Brasil:

1. Carga Tributária: Brasil: 33% / China: 25%. A carga tributária é uma das maiores do mundo. Aqui o governo também é nosso sócio, mas diferente da China, o Brasil não devolve os impostos arrecadados em benefícios para as empresas e consumidores. Contrate uma empresa tributária brasileira, não tente entender o nosso sistema, levaria uns 10 anos apenas para entender o ICMS. Caso receber incentivos fiscais do governo, provisione este valor, é possível que o nosso judiciário alegue que benefícios "transitados e julgados" não têm valor jurídico e mande devolver tudo de forma retroativa. Estamos em transição com a reforma tributária, entenda que terá que trabalhar com dois regimes de arrecadação (Atual e o IVA) por pelo menos 10 anos, aumentando os custos e os riscos. O governo está bastante agressivo na arrecadação, existe o risco de taxação de dividendos e criação de outros impostos e/ou mudança da memória de cálculo, que também aumentam os custos tributários. (Se a sua blusa custa R$ 30,00, no Brasil com certeza passaria de R$ 93,00. Verifique a sua margem com este preço.)
2. Renda Per Capita: Brasil: U$ 270,00 / China: U$ 2.107,00. Esteja preparada para uma população que não tem a mesma renda da China, que está convivendo com uma inflação alta, e com 70% da população endividada. O mercado brasileiro também é menor do que na China. (Brasil: 250 Milhões / China: 1,4 Bilhão) e com grandes varejistas já instaladas no Brasil (Física + Ecommerce).
3. PIB: Brasil: Entre 2011 e 2022 cresceu em média 0,3% aa / China: Entre 2011 e 2022, cresceu em média 7% aa. Esteja preparada para um país que cresce menos do que a China, será um desafio ter o crescimento rápido que deseja. Meta Shein: 100 mil empregos = Magalu (38 mil) + Via (50 mil) + Marisa (10 mil). A Shein precisa crescer uma nova Magalu a cada ano para atingir a meta em três anos.

4. Tecnologia: Brasil: Foco no agronegócio / China: Altamente tecnológico. Entenda que para montar uma fábrica no Brasil vai precisar de muitos equipamentos e peças importadas (provavelmente da China), o Brasil não tem uma política estratégia em tecnologia e P&D. Privilegiamos produtos importados do que geração de valor agregado e entenda que terá dificuldades em encontrar MOD qualificada, mesmo pagando quase 5x mais em impostos trabalhistas.

> **ENTENDA:** Este é um grande exemplo de como o Brasil deixou de evoluir, se tornou um país caro, burocrático, com estado ineficiente e sem uma política tecnológica e educacional, com infraestrutura precária, carga tributária alta e sistema tributário incompreensível. Resultado: O Brasil e China tinham o mesmo PIB em 1990. Hoje PIB Brasil: U$ 1,4 Trilhões, PIB China: U$ 17 Trilhões.

Shein! Seja bem-vinda ao Brasil, uma última observação: O Brasil não é para amadores.

COMO ESTÁ ACOMPANHANDO O MERCADO?

2T23 – Be excellent, your only choice

1T23 acabou e com ele grandes lições. A pergunta agora é como será o 2T23.

Cenário: Tivemos a recuperação judicial da Americanas, OI, Amaro e Grupo Petrópolis (no total de 2023 já foram 200 pedidos de RJ), e podem ter certeza, teremos muitas outras grandes. Empresas apresentando problemas de caixa ou rebaixamento das notas das empresas de risco (Gol, Azul, Marisa, Tok&Stok) e muitas empresas conseguindo nos "48 do segundo tempo" negociar o prazo das debêntures para não quebrar. Mudança de CEOs (VIA, Riachuelo, Multiplan, Gafisa), mas e os conselhos de Administração? Estão verificando a "política de remuneração" e "conflito de interesses"? Transparência e governança também é um grande risco em 2023. Estrutura de capital continuará sendo o maior problema das empresas (falta de liquidez e sem margens), apenas um Follow-on até agora (Assaí), sem previsão de IPO, empresas tendo que pagar mais juros paras as novas emissões de Debêntures (> Desp. Financ) e empresas vendendo ativos (reestruturação de dívida foi o segmento que mais cresceu). 79,2% das famílias brasileiras continuam endividadas, o que diminuiu o resultado das empresas e bancos com risco de inadimplência. (Caixa positivo sem endividamento hoje é um luxo!). Empresas continuam demitindo (UBS, McDonald's, Disney). Apple, Microsoft, Amazon e Meta já demitiram 40 mil pessoas este ano. Acabou o dinheiro barato no mundo (gestores amadores e lucro não combinam mais), os BCs do mundo escolheram combater a inflação (teremos ainda muito tempo de juros altos). Teremos ainda < PIB e > Inadimplência (Brasil e mundo) diminuindo o crédito. Tivemos a quebra do SVB, Signature Bank, Credit Suisse e quase o First Republic Bank, teremos ainda uma grande incerteza sobre o setor financeiro. Dólar continua alto (entre 5,05 e 5,2), pressionando a inflação e o custo das empresas e tivemos a regra fiscal: tem gente que gostou, e tem gente que achou que esqueceram a despesa e irão "pesar a mão" na arrecadação (se você tem incentivo do governo, fique atento!). O Brasil resolveu dar "Bypass" nos EUA e estipularam com a China o comércio sem o Dólar (quem pede chuva terá que aguentar a lama!) e bolsas do mundo ainda muito caras!

Isto mesmo, pelo cenário futuro de resultados da economia e empresas, todas as ações estão caras. A maior revolução tecnológica aconteceu neste primeiro trimestre, o "ChatGPT4", importante entender como a sua profissão e a sua empresa podem estar em risco. (Chat GPT4 = Informação de qualidade + escalável (banco de dados mundial) + rápida + confiável + fácil de operar).

ENTENDA: Isto tudo aconteceu apenas no 1T23, e temos apenas duas perguntas:

- Você se preparou profissionalmente para este mundo (turbulento e rápido)?
- Os pontos fortes da sua empresa são a "execução de excelência da estratégia", "mercado de alto valor agregado", "fluxo de caixa positivo" e "equipe de alto desempenho"?

VOCÊ TEM MUITO MAIS CONTROLE SOBRE AS DESPESAS DO QUE SOBRE AS RECEITAS!

Onde estão os cortes das despesas?

Cenário positivo: Crescimento da despesa fica limitado a 70% da expansão da receita, até 2,5%.

Cenário Negativo: Se a meta de superávit primário não for atingida, redução do crescimento das despesas para 50%, até 0,6%.

Agora vamos às perguntas inteligentes:

1. "Não haverá aumento de carga tributária": Não serão cobrados os impostos sobre os games? O IVA não aumenta a carga tributária da área de serviços? A retirada dos incentivos fiscais, além de gerar desemprego, não vai gerar carga tributária? Como ficará a carga tributária quando da taxação do pix? Por favor, não teremos a diminuição da carga tributária? Apenas a consolidação de impostos? "Não está no nosso horizonte aumentar impostos" (Tenho certeza que o horizonte do governo é muito pequeno).
2. O DNA deste projeto é o aumento da arrecadação: Nos últimos 10 anos, o PIB cresceu em média 1%. Como arrecadar mais se as empresas estão demitindo, sem caixa, população endividada, inadimplência alta, carga tributária alta (31%) e com risco de crédito? (Rombo de R$ 41 Bi nas contas públicas em Fev) e perspectiva (Brasil e mundo) de aperto monetário e risco bancário?
3. Cadê o corte das despesas? Em três meses, o governo aumentou o salário mínimo, reajuste do servidor, isenção do IR e aumento de ministérios. Nas entrevistas de todos, nenhuma palavra sobre a reforma administra, do judiciário e diminuição da carga tributária. Quer colocar a democracia (pobre) nas contas? Tem mais dinheiro nestas três reformas do que o desafio de aumentar a arrecadação.
4. Anticíclico? Tanto nos períodos de alta do PIB quanto de baixa, o governo aumenta o seu custo fixo (70% ou 50%), ou seja, o estado vai sempre crescer. O estado tem de fazer igual à empresa privada: Diminuiu a receita?, demite funcionários públicos (todas as empresas privadas estão se ajustando), faz privatizações (as empresas privadas estão vendendo operações não lucrativas). Como explicar, com esta conta, a diminuição da Dívida/PIB?

ENTENDA: O governo arrumou um jeito de pressionar ainda mais a arrecadação (neste período de crise) sem fazer nenhuma reforma estratégica (buscando dinheiro), está aumentando os gastos do estado, mesmo com o déficit nas contas públicas (Fev), com a desculpa que somos insensíveis às questões sociais e que o pobre deve entrar no orçamento. A pergunta é a seguinte: Pagamos 31% de impostos (um dos maiores do mundo), o que vocês (estado) estão fazendo com o nosso dinheiro?

Na Copa de 1958, o técnico do Brasil explicou a tática para derrotar a seleção da antiga União Soviética. Mané Garrincha perguntou: "O senhor já combinou com os russos?". Para aumentar a arrecadação, neste nível, desta regra fiscal, muita coisa positiva precisa acontecer ao mesmo tempo (‹ Inflação ‹ Juros › PIB). Eles (governo) já combinaram com os "russos"? (Aliás, nem dá mais para combinar com os "russos" porque a Rússia está em guerra).

Resultado: "Houston, we have a problem."

BANCO CENTRAL DESCOMPLICADO

Ata do Copom – Entenda os juros

Segue de uma forma simples as principais mensagens da ata do Copom. Espero ajudar você a entender os juros no Brasil.

1. "A inflação ao consumidor continua elevada... as expectativas de inflação para 2023 e 2024 apuradas pela pesquisa Focus elevaram-se e encontram-se em torno de 6,0% e 4,1%, respectivamente."

ENTENDA: O BC analisa a "curva" da inflação futura para verificar se diminui ou não os juros. O BC entende que a inflação continuará alta, ficando acima da meta da inflação ainda em 2024 (4,1%). O BC escolheu manter ou aumentar os juros em detrimento da inflação. Decisão que os BCs do mundo também tomaram.

2. "Por um lado, a recente reoneração dos combustíveis reduziu a incerteza dos resultados fiscais de curto prazo... a conjuntura... e expectativas de inflação desancoradas em relação às metas em horizontes mais longos, demanda maior atenção na condução da política monetária."

ENTENDA: O BC entende que a inflação diminuiu devido aos incentivos dos combustíveis (que já foram retirados). "Inflação desancorada (sem incentivos fiscais), em relação a metas de longo prazo (segundo semestre de 2023 e 2024). O BC está perguntando: A inflação aumentará ou diminuirá sem os incentivos fiscais? Claramente, pelo relatório Focus, a inflação ainda não chega na meta (3%). Resultado: não teremos baixa dos juros. Obs: É por isso que o governo federal quer aumentar a meta de inflação.

3. Entre os riscos de alta para o cenário inflacionário e as expectativas de inflação, destacam-se:

a. "Uma maior persistência das pressões inflacionárias globais". Sim, temos ainda a crise energética e de suprimentos.

b. "A incerteza sobre o arcabouço fiscal /Dívida Pública." O BC deixa bem claro: Se o governo não controlar os gastos, a dívida vai aumentar e precisará se financiar através da emissão de dívidas (Tesouro Direto), impactando no aumento dos juros. Recado muito claro para o ministro da fazenda.

4. "A redução das pressões inflacionárias continua a requerer o compromisso dos bancos centrais com o controle da inflação, através de um aperto de condições financeiras mais prolongado... ainda que com possível impacto sobre preços de ativos no curto prazo."

ENTENDA: FED aumentou os juros, assim como o BCE (zona do Euro). Existe uma ação coordenada para aumentar os juros e combater a inflação, mesmo com "impacto sobre preços de ativos no curto prazo" (Leia-se renda variável, impactando IPO, Debêntures e Follow-on) Resultado: Não teremos baixa de juros.

CEOs e CFOs: Ajustem a estrutura, travem o dólar, vendam operações que não são lucrativas, estoquem apenas com produtos de maiores margens, evitem "leilão" de preços, diminuam os custos dos produtos/serviços para manter as margens, coloque pessoas excelentes na operação, alongue a dívida (curto para longo prazo) e revisem a política de crédito (risco inadimplência).

NÃO MUDEM OS LIVROS DE ECONOMIA, ESTUDEM OS LIVROS DE FINANÇAS!

Regra Fiscal

Realmente acredito que, em vez de tentarem modificar os livros de economia, seria interessante começarem a ler os livros de finanças, pois as regras financeiras se aplicam, e muito, ao modelo de regra fiscal responsável que precisamos. Para facilitar, seguem três diretrizes financeiras:

Regra 1: AS DESPESAS NÃO DEVEM SER MAIORES QUE AS RECEITAS. Entenda: A previsão do governo é fechar 2023 com déficit primário de 107,6 bilhões de reais (Receita: R$ 1,9 Trilhão e despesa de R$ 2,0 Trilhões). Quando isso acontece em uma empresa, os ajustes são feitos, seja por aumento de receita ou por corte de gastos (ou os dois juntos). O governo não tem espaço mais para aumentar os impostos (já pagamos 31% em média), desta forma a solução é mexer na despesa. Minha sugestão é que comecem pela reforma Administrativa e do judiciário, tem muita oportunidade aí. Os juros continuarão altos, porque o Brasil gasta mais do que arrecada, e o investidor vai querer mais juros para aplicar no Brasil.

Regra 2: TUDO O QUE SE GASTA DEVE SER CONTABILIZADO. Existe a possibilidade dos valores de saúde e educação não serem colocados no orçamento, pois são investimentos. Entenda: Imagine uma empresa tirando do seu orçamento e da contabilização todos os investimentos (seria penalizada pela falta de transparência), ou um pai de família não contabilizando a mensalidade da escola do filho no seu orçamento porque é investimento. "Não estar contabilizado" não substitui o desembolso de caixa (que vai acontecer). Por favor, tenham respeito pela nossa inteligência.

Regra 3: O "CONTROLE" DOS GASTOS FAZ TODA A DIFERENÇA. Não sabemos se vai ter ainda "trava" de dívida, de despesas ou uma correlação com o PIB, mas a questão é se o congresso terá como controlar esta regra. Entenda: O Governo vai ter que explicar, com detalhe, como teremos uma regra fiscal que controle os gastos, apesar do expansionismo de despesa do governo (Aumento de ministério, reajuste para os servidores, Isenção do IRPF...), estamos falando aqui do discurso e a prática serem iguais.

O mercado precisa responder a três perguntas positivamente:

1. O governo vai gastar mais do que arrecada?
2. Alguma conta não será contabilizada? (Teremos algum Jabuti do "Fora do teto" no orçamento?)
3. O congresso terá ferramentas para conter as despesas?

ENTENDA: Sugestão para o ministro da fazenda: Mostre o seu plano fiscal também para as pessoas de sua confiança do mercado financeiro. Se o mercado responder negativamente a estas três perguntas, a bolsa vai cair, o Dólar e os juros irão subir, assim como existirá o rompimento da credibilidade do governo em controlar as contas. Compreenda: A percepção até agora é que estão arrumando uma narrativa para justificar os jabutis (não contabilizar investimentos) para "fechar" uma conta que não fecha e continuarem gastando. Se for realmente isso, quando for divulgado, seu ministério conhecerá o primeiro "inferno astral" de 2023.

O "JABUTI" CAIU DO TELHADO MUITO RÁPIDO!

Silicon Valley Bank (SVB)

A falência foi tão rápida que não deu nem tempo de respirar. A única pergunta que devemos fazer é: O que podemos aprender com este caso para não acontecer na minha empresa?

ENTENDA: O banco SVB é especializado em empréstimos para empresas de tecnologia (Startup e Fintechs), até aí tudo bem, o problema é o tamanho do banco (U$ 209 Bilhões) entre os 20 maiores dos EUA. Como os juros não estão mais negativos (música está parando) e os investidores cobrando resultados por Lucros muito mais do que faturamento, este segmento de Fintechs estão tendo de se ajustar. Primeiro estão fazendo as demissões e descobriram que precisam melhorar a sua gestão do Business, principalmente o caixa/Liquidez. Ainda sem resultados, começaram a tirar o dinheiro dos bancos para colocar no Caixa, o problema para o SVB é que o segmento inteiro está fazendo isso, não tem banco que aguente. Quando o mercado descobriu que o banco vendeu US$ 21 bilhões em títulos de sua carteira e que estava realizando venda de ações de US$ 2,25 bilhões para fortalecer seu caixa, todos perderam a confiança e intensificaram a retirada do dinheiro. Resultado: Em apenas 72 horas o banco faliu e a agência reguladora dos EUA (FDIC) fez a intervenção; a última neste nível foi em 2008. Todos os bancos foram atingidos e a pergunta que fica é: Quem é o próximo?

Lições para você (De graça):

1. Reveja a sua estrutura de crédito. As empresas precisam ser mais criteriosas, temos 70 Milhões de inadimplentes no Brasil, vai impactar o caixa.
2. Comunicação, por favor: A comunicação deve existir no mercado (Compliance), mas o que questiono é a forma. Americanas fez o fato relevante de forma genérica, deixou todo mundo em pânico e as ações no outro dia caíram 80%. A Magalu fez um comunicado ontem, também de forma genérica (Denúncia de erro de pagamento de bonificação a distribuidores) deixando o mercado sem mais informações, o SVB anuncia de forma simplória que está vendendo U$ 21 Bilhões para fortalecer o caixa, pegando todo mundo de surpresa, você deixaria o seu dinheiro lá? Entenda: O maior ativo em finanças é o dinheiro, mas a falta de confiança faz uma empresa quebrar. Entender isso faz todo a diferença na comunicação ao mercado.

3. O mundo está mais rápido, conectado, inflacionado, caro (Juros altos), estressado (Guerra), com menos dinheiro, com menores lucros e com mais incerteza. Caixa e liquidez servem principalmente para te salvar se o seu segmento apostar contra você. Você tem apenas 72 horas para se preparar... o que acha?
4. Diferente dos EUA, o governo ou agências não irão te socorrer ("Too big to fail" não existe aqui). Alguém socorreu a Americanas? No Brasil, o risco de contágio é muito maior, tenha isto em mente quando fizer a sua análise de riscos.
5. Os juros no mundo e no Brasil continuam altos, o problema de liquidez vai se agravar, igual ao SVB, as empresas começaram a tirar dinheiro para colocar no caixa, mesmo que a SELIC diminua para 12,75% ou 11%, ainda continua alta. O problema de liquidez e crédito está longe de terminar, você precisa ter um fluxo de caixa operacional positivo.

Você precisar estar preparado, a "barra" subiu!

FATOS E DADOS...SEMPRE!

Realista = Analisar (fatos e dados) + não ser otimista/pessimista crônicos + projeção de futuro.

2023 até agora: Temos juros altos, empresas, famílias e estados endividados, dólar sem tendência de baixa (e com risco de subir mais), empresas demitindo (Amazon, Google, Microsoft, IBM, Goldman Sachs, 3M, Ford, BlackRock, Philips, SAP, Shopee, FedEx, HP, Nubank, Fintechs, Morgan Stanley, JP Morgan, Tesla, Huawei, Xiaomi, Ericsson, Citibank, Dotz, Disney, Zoom, Ebay, Boeing, Makro, Dell, Ericsson, GM, Ifood), com dificuldades de manter as margens e o caixa positivo. Ninguém fazendo IPO e os investidores exigindo mais juros para as debêntures (tem muita empresa conseguindo faturamento com aumento da NCG e aumento da Desp.Fin = a conta não fecha), empresas fazendo vendas de ativos e o mercado que mais cresceu foi o de reestruturação de dívidas. Grande volatilidade devido à falta de regra fiscal e da indefinição da aprovação da reforma tributária. Com a taxação do combustível e o risco de maior inflação (Brasil e mundo), a baixa dos juros ficará comprometida. Começamos a perceber um problema gravíssimo no mercado: a falta de credito, e sem crédito, meus amigos, a música para! Resultado é que tivemos empresas entrado em recuperação judicial (Americanas, Ortopé, Oi), empresas com problemas (Gol, Azul, Marisa, Tok&Stok), empresas que tiveram lucros menores (Santander, Bradesco, Tim, BRF, Hapvida, Rio, Carrefour) e empresas cortando dividendos (Intel). O aumento da B3 ou de ações pontuais reflete notícias de curto prazo, é o mercado sendo mercado. A guerra da Rússia continua e com ela a inflação mundial, os problemas de suprimentos e as dificuldades logísticas. Análise política deixo para você.

Pilotando o avião:

1. Renegocie os juros da dívida e alongue os vencimentos.
2. Diminua os custos dos produtos e os custos fixos.
3. Trave do Dólar e tente encontrar fornecedores nacionais.
4. Negocie com cada fornecedor o % de reajuste (< impacto no custo do produto).
5. Faça uma revisão tributária (verificar créditos não aproveitados).

6. Analise a Inadimplência (PDD) e o impacto no resultado se virar PDD (use o seguro de crédito).
7. Revisão do "Score" do cliente para conceder crédito.
8. Não faça vendas com prejuízos (faturamento não é sinônimo de lucro).
9. Análise do Lucro Líquido + ROE + ROIC.
10. Oportunidades: Identifique empresas com produtos e mercados complementares, e que estejam com problema de caixa.
11. Mantenha as pessoas excelentes e não corte em treinamentos.
12. Tenha coragem de fazer os ajustes necessários, no tempo certo (Experiência + Atitude + Timing).
13. Lucro contábil não é caixa. Cuidado com isso, liquidez é o nome do jogo.
14. Venda os ativos que não são o DNA da empresa.
15. Priorizar investimentos com PayBack de curto prazo.
16. Importante o giro de estoque (com margem), controle isso no detalhe, muito do caixa está no estoque.
17. Em tudo o que fizer, lembre: Dinheiro não aceita desaforo.

O MUNDO NÃO É JUSTO!

Vladimir Putin (Владимир Путин) – O Senhor da Guerra

Amanhã fará um ano da invasão da Rússia à Ucrânia, as projeções eram que o país estaria definitivamente acabado devido às sanções. Vamos aos fatos:

Principais sanções:

1. Acesso dos bancos russos ao Swift é bloqueado.
2. Banimento das importações de petróleo, gás, aço e proibição da exportação de bens de luxo.
3. Algumas empresas que deixaram o país: Renault, BP, Volvo, HSBC, GM, Apple, Nokia, BMW, Ford, Boeing, Visa, Mastercard, Exxon, Airbus, Toyota, American Express, Volkswagen, Nike, Microsoft, Danone, Shell, McDonald´s, Heineken.

Então por que o PIB da Rússia caiu apenas (-2,1%), em 2022? Porque descobrimos que:

1. O Brasil depende do fertilizante Russo para exportar alimentos. Entenda: Além de garantir um Fluxo Cambial para o seu país, Putin também tem o poder de aumentar a fome no mundo e derrubar o PIB do Brasil, é só parar de vender fertilizantes.
2. Índia está comprando 14X mais petróleo da Rússia. Entenda: Por que importar Petróleo dos EUA (concorrente comercial) em Dólar, se pode comprar da Rússia em Rubro e ainda fortalecer um aliado?
3. Os gastos da China com produtos russos subiram 60%. Entenda: Rússia forte significa um maior poder da China de colocar a sua moeda (Yuan) como parâmetro mundial. Maior risco para os EUA.
4. Europa descobriu que depende da Rússia para as questões energéticas (basicamente não morrer de Frio). Entenda: Os recursos energéticos valem mais que todos os ativos do mundo, Putin usa isso de modo estratégico.

ENTENDA: Estão sendo criados dois blocos econômicos no mundo (EUA + Europa) e (Rússia + China + Índia) e os outros países "pagando" para ver, como o Brasil. Este conflito é a nova guerra fria, virou (EUA x China) pelo poder de influência mundial, não confunda isso quando vir amanhã os noticiários.

Para as empresas, enquanto não se definir este poder:

1. Inflação mundial continuará alta (impactando o custo dos produtos).
2. Os fretes mundiais continuarão altos (impactando a cadeia de suprimentos mundial).
3. Juros continuarão altos (impactando o custo do dinheiro).
4. Volatilidade continuará alta e sem controle (importância da liquidez).

Claro, Putin deveria ser preso e as sanções deveriam ter o poder de parar a guerra, mas o mundo não é justo, principalmente quando diz respeito a dinheiro e poder.

ENTENDA O JUROS PARA EQUILIBRAR O CAIXA!

Juros do Brasil – "Inconsistência de Inteligência?"

Fatores que podem baixar os juros:

1. Existe chance do FED e BCE baixarem os juros agora? (Não). Entenda: BC terá que manter ou aumentar os juros para que o investidor não retire o dinheiro do Brasil. Se acontecer, teremos menos dólar na economia, a cotação sobe e todos os preços indexados também, impactando onde? Na inflação. O que o BC vai fazer? Aumentar ainda mais os juros.
2. Existe algum sinal de que o Brasil está gastando menos do que a sua arrecadação? (Não). Entenda: Tivemos o aumento do salário, a isenção do IR para uma faixa maior, maior estrutura do estado (mais ministérios). Houve aumento de arrecadação para bancar isto tudo? (Não). O mercado é insensível a estas questões sociais? (Não). Mas tem um preço: Juros altos.
3. O Risco Brasil está diminuindo? O investidor está com mais confiança no Brasil? (Não). Entenda: Os juros futuros aumentaram, cada vez mais o governo tem que pagar mais juros para se financiar (visto que gastamos mais do que arrecadamos), esta diferença é dinheiro que não está indo para economia. Quer que os juros diminuam? Ajuste a receita e a despesa do país.
4. A Inflação está baixa no país? (Não). Entenda: Entre em um supermercado. Você quer discutir a realidade ou a meta de inflação? Sua escolha.
5. Foi encaminhada ao congresso a nova proposta de regra fiscal? (Não). Entenda: Então por que se está aumentando a despesa sem a regra antes? Consequência: Juros altos.
6. O Mercado já sabe os moldes da reforma tributária do atual governo? (Não). Entenda: A percepção é de que tem mais ruído do que ação. Consequências: Juros altos
7. A Demanda no Brasil permite baixar os juros? (Não). Entenda: Temos juros altos e inflação alta (Estagflação). Duvida que a inflação está alta? Tire os incentivos dos combustíveis e veja o que acontece.

8. Fazer camisa e ir para a mídia fazer campanha para baixar os juros terá sucesso? (Não). Entenda: Sem comentários 1.
9. Chamar o presidente do BC de "esse indivíduo" e querer levá-lo a áreas pobres vai baixar os Juros? (Não). Entenda: Sem comentários 2.
10. O presidente do BC tem a capacidade de baixar os juros? (Não). Entenda: BC é uma instituição colegiada, igual ao STF.
11. O "Fora do teto" ajuda a diminuir os juros? (Não). Entenda: Não existe almoço grátis, não ser contabilizado não quer dizer que não será pago, e quando temos mais despesas sem aumento de receita, temos juros altos.
12. As empresas e os consumidores serão penalizados pelos juros altos? (Sim). Entenda: A conta chegou, ou fazemos o certo para baixar os juros, ou fazemos o "puxadinho", e não existe espaço mais para o "puxadinho".

ENTENDA: Os juros podem baixar no país? (Sim), mas é muito mais técnico do que político, e assuntos técnicos exigem inteligência e ações estruturadas. Pergunta para você: Temos isso?

INEXPLICÁVEL!

Nota Americanas

Foi publicada hoje a nota das Americanas, vamos apertar a tecla SAP.

1. "... Todos sabemos da seriedade do momento. Nossa resposta foi mais esforço e mais foco."

   Poderia então nos explicar como este "rombo" aconteceu? Já se passaram 30 dias e não tivemos nenhuma definição da mudança de processos, nenhum comunicado do antigo CEO/CFO, do conselho de Administração e do Conselho Fiscal. Não verificamos também, com todo o esforço, o aumento da confiança dos acionistas em colocar dinheiro na CIA.
2. "As lojas seguem abertas com prateleira cheias. As entregas garantidas. Protegemos nosso maior aliado, o cliente."

   O problema não é o produto na prateleira "agora", é o estoque para o futuro (pela imprensa) apenas quatro meses de estoque. A Americanas não tem crédito e não tem o aporte dos acionistas. Poderia nos explicar, por favor, qual o tempo de estoque da empresa e como manterá as entregas sem caixa? Assim realmente estaria respeitando o seu maior aliado: O cliente.
3. "Nossas redes sociais ganharam mais de 100 mil seguidores."

   Como explicar então que o Fluxo on-line da Americanas caiu 57% desde o início da crise? Por favor, poderiam responder a uma simples pergunta? Se um cliente comprar da Americanas, ele vai receber o produto, mesmo com a empresa sem crédito, sem caixa e em RJ? Obrigado.
4. "Quero reafirmar aqui um compromisso com salários e benefícios... tudo seguirá exatamente como está contratado."

   Como explicar então as demissões e o comunicado aos shoppings que não irão pagar os alugueis atrasados?
5. "... Conseguimos a aprovação para o financiamento de até R$ 2 Bi."

Sinceramente, quem vai quer comprar Debêntures da CIA neste momento?

Nota amadora, sem consistência, completamente desconectada com a realidade do que estamos percebendo e dos prejuízos gerados.

Segue aí uma sugestão, de graça!

"Temos mais de 90 anos de existência fazendo certo, mas como toda empresa, também erramos, e pedimos desculpas a funcionários, fornecedores, bancos e acionistas pelos prejuízos gerados. Mas somos uma empresa resiliente e vamos melhorar e aprender com os nossos erros, temos o compromisso e o esforço de não deixar faltar mercadorias e entregar os produtos no prazo, pois nosso maior aliado é o cliente. Sabemos que a Recuperação Judicial é difícil, mas estamos comprometidos com os bancos e fornecedores em fazer a melhor negociação para que a confiança seja restabelecida. Vamos cuidar da nossa gente, nosso maior patrimônio, são eles que irão elevar a CIA novamente e temos nos sindicatos a cooperação necessária neste momento complicado. Os acionistas estão estudando o melhor momento de colocar dinheiro na empresa, não tenham dúvidas, eles acreditam na CIA. Juntos somos a Americanas, mas convido você a, juntos, tornar a empresa cada vez melhor. O mercado, a economia e o Brasil precisam de uma Americanas forte novamente."

ENTENDA: Comunicar (1%), forma de comunicar (99%). Presta atenção nas palavras. A diferença de uma palavra certa e "quase" certa é igual a diferente entre um cachorro e um cavalo

VENTANIA OU FURAÇÃO?

Estes dois meses de 2023 têm demonstrado que estamos em rota de colisão com um furacão, e temos apenas uma turbina.

Demissões último trimestre de 2022:

Amazon (18 mil funcionários), Google (12 mil Funcionários), Microsoft (10 mil funcionários), IBM (4 mil funcionários), Goldman Sachs (3,2 mil funcionários), 3M (2,5 mil funcionários), Ford (3,2 mil funcionários), BlackRock (500 funcionários), PayPal (2 mil funcionários), Philips (6 mil funcionários), SAP (2,8 Mil funcionários).

Demissões 2023:

Disney (7 mil funcionários), Zoom (1,3 mil funcionários), Ebay (500 funcionários), Boeing (2 mil funcionários), Makro (123 Funcionários), C6 Bank (500 funcionários), Dell (6,6 mil funcionários),

Resultados 4T22 (mais famosas):

1. Santander: Lucro recua 56% em 12 meses.
2. Usiminas: Lucro trimestral menor 133% em comparação a 2022.
3. Bradesco: Lucro caiu 75,9%.
4. Tim: Lucro líquido caiu 23,2%.
5. Itaú: (Best in class), Lucro de 7,1% mesmo com Americanas.

Impacto nas empresas:

Pifpaf: Colocou fábrica à venda para diminuir dívida de R$ 1 Bi.

Ortopé: Entrou em recuperação judicial.

Gol e Azul: Notas de créditos rebaixadas para nível de calote.

Oi: Nova recuperação judicial.

Marisa: Problema de crédito, o caso da Americanas sobrou para ela.

Light: Possível recuperação judicial, está sem caixa e endividada.

Americanas: Sem comentários.

CVC: Resgate de R$ 695 milhões em Debêntures de Abril a Junho. Tem R$ 402,4 milhões em caixa. Próxima RJ.

ENTENDA: Relembrando: < Custo Fixo, > Alongamento de dívida e renegociação das taxas, "Travar" o dólar, > Giro de estoque, > Criticidade no crédito, < Custo do produto (sem espaço para repassar custo ao consumidor) = preservar margens, fechem as unidades que não são lucrativas e variável de longo prazo (curto prazo é para passar pela tempestade).

BC INDEPENDENTE, OU DEPENDENTE DE QUEM?

O BC não é uma instituição política, é um órgão técnico que leva em conta vários índices da economia para medir a taxa de juros e outras políticas monetárias. Existe um colegiado (igual ao STF) para estas definições, não existe achismo aqui!

ENTENDA: Toda vez que se questiona a independência do BC, o mercado enxerga isso como "falta de confiança". A B3 cai, o dinheiro sai do Brasil e a inflação aumenta. Claro que os juros a 13,75% estão impactando a todos (empresas, consumidores e mercados), mas baixar os juros de forma "política" é o pior cenário possível, simplesmente porque os juros não são a causa, mas, sim, a consequência de vários outros itens que precisam ser consertados.

Sugestão de pauta: Em vez de cobrarem simplesmente a baixa dos juros, vamos cobrar:

1. Reforma tributária, justa e descomplicada, incentivando os negócios atuais e novos e o aumento da base de arrecadação.
2. Reforma Administrativa, para que o estado possa entregar a população e aos empresários o retorno dos seus impostos, e para que o estado não pareça um "Buraco Negro" sugando cada vez mais impostos e tirando o poder de compra da população.
3. Que seja enviada ao congresso uma nova proposta de regra fiscal (ou teto de dívidas) para que o mercado posso ter confiança de que o estado não vai gastar mais do que arrecada.
4. Que não exista mais nenhuma coisa parecida com o "Fora do Teto". Sim, foi uma escolha do novo governo. Sim, foi necessária porque tem gente passando fome, mas tem consequências, juros altos.
5. Não adianta também mudar a meta de inflação de forma política, de 3,25% para 3,50%. Pelo Dieese, a inflação da cesta básica cresceu em média 11% no Brasil em 12 meses.
6. Os juros altos encorajam o investidor a ir para a renda fixa em vez de montar uma fábrica?, sim. Mas muito pior é ter juros baixos sem que os índices econômicos permitam essa baixa de forma sustentável. Se os juros baixarem e o investidor tirar dinheiro agora do Brasil, o Dólar aumenta e a inflação aumenta.

Ou então a gente assume que os juros serão controlados politicamente, aí poderiam também me fazer um favor, baixem o Dólar para R$ 3,00, assim poderemos usar devidamente a palavra "Âncora", levando o Brasil de forma definitiva para debaixo do oceano.

COMPREM OS PARAQUEDAS!

4T22 – Comprem os Paraquedas....

O ano está no começo e já tivemos algumas divulgações de resultados, principalmente nos EUA. Segue a relação dos resultados das principais empresas, continuamos com resultados fracos (< Receita e < Lucros). Envio aqui sete pontos em comum para que possam se posicionar:

1. Demissões em massa em todas as empresas. (Mesmo assim, os resultados positivos ainda não vieram): SalesForce (70 mil funcionários), Amazon (18 mil funcionários), Google (12 mil Funcionários), Microsoft (10 mil funcionários), IBM (4 mil funcionários), Goldman Sachs (3,2 mil funcionários), 3M (2,5 mil funcionários), Ford (3,2 mil funcionários), Wework (300 funcionários), BlackRock (500 funcionários) e Spotify (600 funcionários), PayPal (2 mil funcionários), Philips (6 mil funcionários), SAP (2,8 Mil funcionários), XP (1 mil funcionários).
2. O impacto dos juros será cada vez mais forte no resultado (ontem o FED aumentou os juros de 4,5% a 4,75%), aumentando o custo do dinheiro e impactando a despesa financeira das empresas. Podem esperar aumento da SELIC. (Pessoal, empréstimos apenas se for muito estratégico, e analisem o impacto no caixa).
3. Muitas empresas foram impactadas pela variação cambial, (Apple, Caterpillar). Travem o Dólar, as variações diárias estão muito altas (hoje o Dólar está subindo 1,56%), além de impactar no resultado, impacta no caixa. Reveja todos os seus contratos em Dólar, "trave" a operação (pode ser feito a qualquer momento) e negocie prazo com os fornecedores internacionais.
4. Inadimplência + PDD sendo sentidos por todas as empresas (principalmente no Brasil), novamente, (faturamento + escala) não necessariamente é sinônimo de lucro. Façam a previsão do fluxo de caixa e aumentem em 25% a provisão de inadimplência, meçam o novo resultado, este é o desafio de ajuste nas operações (Demissões + Sinergia + Produtividade).

5. Inflação ainda é um risco, as pessoas ainda não estão confiantes para aumentar o consumo, além de não terem os ajustes salariais corretos (quando tem). Revisem novamente a política de crédito, (vender e não receber) = Prejuízo duplo. Aumentem o valor da entrada das vendas dos produtos (aliviar o caixa) e aumentem o pagamento antecipado para clientes de risco. Novamente, usem o seguro de crédito, e por favor, se forem fazer o risco sacado, que contabilizem corretamente.
6. Inflação do custo da produção está maior do que a possibilidade de repasse para o consumidor, diminuindo a margem. Verifique todos os fornecedores estratégico e negocie com cada um, e se possível, negocie uma meta anual para diminuir o preço dos componentes. O maior risco não é o faturamento, mas as margens negativas.
7. Seu maior ativo são as pessoas CERTAS (quer um piloto e Copiloto de avião inexperientes?), faça uma análise de todos os funcionários, não desligue os talentos, estará oferecendo para a concorrência.

2023 - O ANO DA RESILIÊNCIA

Quem tinha dúvidas que o ano seria com emoção não tem mais. O evento da praça dos três poderes, a derrocada das Americanas, hoje o FED aumentou dos juros de 4,5% para 4,75% e temos uma matéria da Veja sobre um possível problema contábil da AMBEV de R$ 30 Bi. Cada vez mais, o nome do jogo é resiliência.

A matéria publicada no jornal Diário do Comércio descreve o "novo normal":

1. Aprendam a conviver com Dólar alto e com uma volatilidade acima da média em períodos curto de tempo.
2. Os juros altos vieram para ficar, aumentando o custo do dinheiro e impactando a despesa financeira das empresas.
3. Ter um fluxo de caixa positivo é o "nome do jogo". 2023 cobrará a importância da liquidez como forma de sobrevivência e oportunidades.
4. Neste ano, será de fundamental importância a precificação correta dos produtos e serviços, fazendo a análise dos custos e da estratégia de comunicação, tendo como resultado a venda com lucro.
5. - Se tem uma coisa que 2023 ensinará é a ter as pessoas certas nas empresas, nunca gente excelente foi tão valorizada e "buscada" no mercado.

ENTENDA: 2023 nos desafiará, empresas e profissionais. Teremos que lidar com o mundo mais conectado, com maiores ruídos, com maiores riscos econômicos, ambientais e socias e com o aumento da incerteza. Quem conseguir se preparar sairá melhor deste momento de recessão e saberá aproveitar as oportunidades do mercado, e serão muitas.

AMERICANAS - A MÚSICA PAROU.

Diante da notícia que as Americanas tem quatro meses de estoque, e com certeza os acionistas não colocarão dinheiro, a falência está decretada, simples assim! Antecipo aqui o que vai acontecer nos próximos seis meses para que vocês possam se preparar:

1. Bancões: Não conseguirão receber os valores devidos (R$ 26 Bi). Os impactos na inadimplência e no resultado serão enormes. Você, que tem ações destes bancos, espere prejuízos ou resultados fracos. Bancões, realmente espero que tenham revisto todos os procedimentos de análise de crédito e verificado os balanços de todas as empresas de varejo. Acredito que agora realmente estejam comparando as informações do BACEN com os balanços das empresas e fazendo a seguinte pergunta: Onde está a dívida?
2. Fornecedores: Todos os fornecedores credores das Americanas podem colocar os valores como prejuízo. Mesmo que exista a possibilidade do Haircut (desconto na dívida, neste caso de 90%), o impacto será grande para toda uma cadeia de fornecedores, que não irão recuperar as vendas com outras empresas do varejo, que também estão com resultados fracos. Além das Americanas, muitas pessoas estarão fora do mercado.
3. Sindicatos: Em vez de ficarem marcando manifestações, acionem a justiça do RJ para que os valores das demissões sejam garantidos agora! Antes de qualquer movimentação financeira das Americanas.
4. Funcionários: Entendam que estão com o emprego em risco, a matemática é cruel, a empresa perdeu 90% do seu caixa, não tem mais crédito e os acionistas não colocarão mais dinheiro. Comecem a se movimentar.
5. Ecommerce: Verifiquem o risco de terem os produtos não entregues pela empresa, se ela não tem caixa e crédito, como irão manter o sistema logístico?
6. Empresas de auditoria: Se a empresa for mesmo a falência em quatro meses, será o pior risco de imagem da história de vocês. Suas operações no Brasil ficaram muito comprometidas, tenho falado isso com frequência, se manifestem.
7. Governo: Sabe o imposto que a Americana deve a vocês? Esqueçam!

8. Fundos de investimentos: Não se iludam com as ações das Americanas subindo na bolsa, depois da falência, a ação valerá menos que R$ 0,71, importante ficarem atentos a isso.

ENTENDA: Espero realmente que a CVM e polícia consigam encontrar as respostas para todas as perguntas éticas, deixar este caso sem respostas será a pior coisa que poderá acontecer para o mercado financeiro. Muito triste em fazer este post, mas o meu compromisso com vocês é ser realista e transparente. Hoje não tem o "Vamos pra cima!" porque tem muita gente honesta que "Vai pra baixo".

“LOOKING FOR MONEY”

Depois dos eventos de 2023 (Brasília e Americanas), importante agora retomar o foco, pois os riscos das empresas estão cada vez maiores.

Cenário Externo

- BCE e FED ainda com tendência de aumento de juros, impactando o BC (Brasil) > SELIC, impactando ainda mais as empresas pela desp. Financeira e dificultando o crédito. Continuamos com < Consumo > Inadimplência e < PIB (Brasil, Zona do Euro e China).
- Dólar ainda alto com risco de impacto no caixa. (Travem o Dólar).
- Instabilidade Geopolítica continua: (> Inflação mundial).

Empresas que anunciaram reduções de custo em 2023:

SalesForce (70 mil funcionários), Amazon (18 mil funcionários), Google (12 mil Funcionários), Microsoft (10 mil funcionários), IBM (4 mil funcionários), Goldman Sachs (3,2 mil funcionários), 3M (2,5 mil funcionários), Ford (3,2 mil funcionários), Wework (300 funcionários), BlackRock (500 funcionários) e Spotify (600 funcionários), PayPal (2 mil funcionários), Philips (6 mil funcionários), SAP (2,8 Mil funcionários), XP (1 mil funcionários), lembrando que em 2022 já tivemos desligamentos nas empresas (Shopee, FedEx, HP, Philips, XP, Nubank, Fintechs, Morgan Stanley, JP Morgan, Tesla, Huawei, Buser, Xiaomi, Ericsson, Citibank e Dotz).

Não confunda os tipos de liquidez:

Liquidez Saudável: Dinheiro como resultado de < Custo Fixo, < Custo do produto, > Margens de contribuição, precificação correta e ajuste do produto no mercado (> Valor agregado), Fluxo de Caixa operacional positivo e com < ou nenhum endividamento.

Liquidez Corrosiva: Venda com prejuízo, > Custo Fixo, Custo do produto sem controle, produto ser comparado a commodities (cliente não percebe o valor, vai brigar por preço), Fluxo de caixa operacional negativo = Necessidade de empréstimos bancários (>13,75%) ou debêntures.

ENTENDA: Sem dinheiro não existe ESG, crédito de carbono, ações ambientais, investimentos em processos e pessoas e outros pontos que vocês já sabem, ou seja, não existe empresa. Dinheiro de empréstimos para cobrir operação deficitária é o caminho mais rápido para a morte.

"Were you born yesterday? The client is looking for money, we're looking for money. It's always about the money"

Vamos pra cima! ... da liquidez saudável!

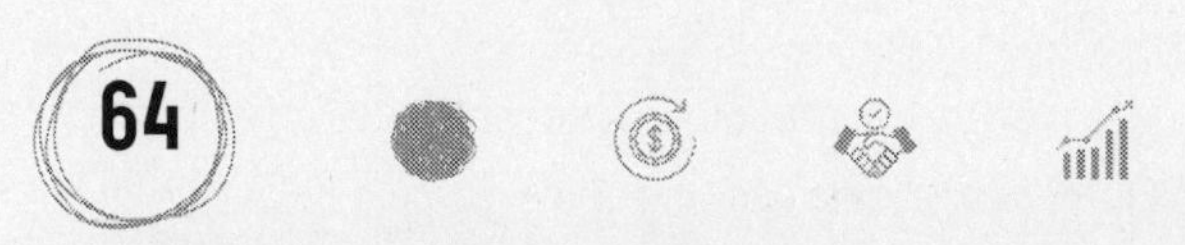

PRONUNCIAMENTO AMERICANAS... PARA QUEM?

Grupo 3G se manifestou sobre as Americanas, vamos apertar a tecla SAP:

1. "Jamais tivemos conhecimento e nunca admitiríamos quaisquer manobras ou dissimulações contábeis na companhia."
   Importante então o 3G se pronunciar sobre os outros problemas contábeis. Em 2015, a Cosan, meses depois comprar ALL, republicou os balanços de 2013 e 2014 (inconsistências contábeis) em linhas que "inflam" o Ebitda. A Kraft Heinz, em 2021, pagou US$ 62 milhões para a SEC (acusações na área de compras) 3G: Como estão as contas da AMBEV?
2. "... nos últimos 20 anos foi administrada por executivos considerados qualificados e de reputação ilibada."
   Sinto informar que vocês não estão selecionando mais as melhores pessoas. Se o Sérgio Rial identificou os R$ 20 Bi com nove dias, por que os seus executivos, conselhos de administração e conselho fiscal "qualificados" não conseguiram enxergar isso?
3. Ela (PWC) fez uso regular de cartas de circularização (Fornecedores), para confirmar as informações contábeis da Americanas com fontes externas (Bacen), incluindo os bancos (Comerciais).
   PWC, o grupo 3G colocou a "bomba" no colo de vocês, importante se posicionarem publicamente, o silêncio está sendo entendido como "culpa". O fantasma da Arthur Andersen está cada vez maior, cuidado com a imagem e confiança do mercado.
4. "... focados em garantir um futuro promissor para a empresa, seus milhares de empregados, parceiros e investidores e... credores."
   Então por que vocês não colocaram os R$ 10 Bi solicitados pelos bancos para diminuir o stress? Por que então, no meio da negociação com os bancos, foi pedida uma tutela judicial para cancelar a antecipação das dívidas? Alguém do 3G não poderia ter vindo a público para "acalmar" o mercado, solicitando um tempo maior para a solução deste problema?

ENTENDA: 3G, gostaria de ler os seguintes pontos na nota de vocês:

- Estaremos revendo as nossas diretrizes, parece que existe um desequilíbrio entre Cultura x Resultados.
- Estaremos equilibrando o Bônus entre curto e longo prazo, parece que tem muita gente querendo ficar rico rápido demais.
- Criaremos, no grupo 3G, um comitê para rever todas as contas contábeis das nossas empresas, junto com CVM, para mostrar ao mercado que o caso das Americanas é pontual.
- Iremos acionar judicialmente todos os profissionais que fizeram condutas indevidas.
- Mesmo em recuperação judicial, estaremos fazendo o aporte de R$ 6 Bi, pois acreditamos que a CIA tem potencial para ser lucrativa com a contabilização correta.
- Acompanharemos de perto todas as negociações com os bancos.
- Evitaremos ao máximo fazer os desligamentos (sabemos que será necessário), mas estamos comprometidos com os funcionários que deram o seu melhor, que agiram como "donos".
- Estipularemos uma conduta correta de "comunicação ao mercado", para que não aconteça novamente o desastre de especulações/informações desencontradas (Americanas), levando a uma perda de 99% do preço das ações.

AMERICANAS - DEVOLVERÃO OS DIVIDENDOS?

As Americanas pagaram até Set de 2022, R$ 333,2 Milhões em dividendos. Maior valor já distribuído nos últimos dez anos. O pagamento foi realizado antes do anúncio do Rial sobre os R$ 20 Bi.

Perguntas (Jim Collins):

- O Conselho de Administração está confortável com este pagamento de dividendos, visto que existia uma "inconsistência contábil" há mais de cinco anos na empresa? E agora? Este dividendo terá de ser devolvido? Como explicar para as pessoas que possuem ações (principalmente os sardinhas) que o valor pago não deveria ter sido este? Afinal de contas, o que vocês estão fazendo aí?
- O Conselho fiscal está "fiscalizando" o quê? Se o Rial conseguiu ver isso em nove dias, como vocês não viram isso? Como distribuir um dividendo deste tamanho com uma dívida em nove bancos de 18,7 Bi, e um resultado operacional que não proporciona um caixa positivo?
- Justifica pagar estes dividendos (na verdade, não deveria pagar dividendos nenhum, pois o PL é negativo), com um caixa reduzido (já na época), sufocando a sobrevivência da empresa? em um mercado em baixa (2020 a 2023), < PIB, > Inadimplência e < Consumo?
- CVM, as Americanas fazem parte da carteira de ESG (ISE), que tipo de carteira é essa? Como explicar para o mercado que a Americanas é sustentável? Vocês fazem alguma auditoria ou é apenas preencher o checklist (Excel) que está no site da B3?
- Especificamente para a nova CFO as Americanas pretendem fazer um desligamento em massa antes de entrar em RJ? Se acontecer, os ex-funcionários terão que esperar um tempo muito maior para receber os seus direitos. Se isto acontecer, esta regra entra em qual índice de sustentabilidade? Realmente vai querer ter isto na sua biografia?

ENTENDA: As Americanas não são apenas o maior erro de "inconsistência contábil", são o maior erro de comunicação com o mercado, maior erro de desequilíbrio entre cultura x resultados. Americanas é a maior vergonha do Brasil. Falta agora apurar a "inconsistência ética". Comprei hoje o maior símbolo que representa esta situação, um "nariz de palhaço".

MERCADO DE AÇÕES, ESTÁ PREPARADO?

Um dos assuntos mais polêmicos é a aplicação em ações. Tudo se resume a três perguntas: Quando comprar, quando vender e quando não fazer nada. Existem milhões de pessoas que não entendem do mercado, aplicando de forma "artificial" e fazendo barulho, carinhosamente, chamo esta turma de "Sardinhas". Existem também os "Tubarões", andam sozinhos, não fazem barulho, sobem na superfície apenas para caçar e possuem estratégias.

ENTENDA: Atitudes certas para começar a entender este mercado:

1. Antes de investir, estude! A responsabilidade final sobre o investimento deve ser sempre sua. Tem muita gente que analisa a compra de um carro melhor do que as decisões de investimentos.
2. Importante medir o seu nível de resiliência, compre R$ 1.000,00 de uma determinada ação e espere ela cair, se você não conseguir dormir, investimento em ações não é para você!
3. Compre ações que pagam dividendos, indiferente da volatilidade, você receberá o "dividend yeld".
4. Não "case" com as ações, elas não sabem que você existe, sempre é um amor platônico.
5. Não brigue com o mercado, siga as tendências, você não consegue mudar a direção das ondas do mar.

Até quando olhei hoje o preço das ações das Americanas (1,99), tinham-se perdido, em 6 dias, R$ 9 Bi. Agora imaginem um pai de família, que juntou R$ 120.000,00 em um ano e aplicou nas Americanas; hoje ele teria R$ 19.900,00 (< 83%). O mercado de ações está aberto a todo mundo, mas não quer dizer que seja para qualquer um.

2023 está só começando (e com muita emoção)... vamos pra cima!

AMERICANAS - QUEM VAI PAGAR A CONTA?

Imaginem o BTG recebendo a notícia: "Identificamos um 'rombo' de R$ 20 Bi, pode ser maior, não sabemos exatamente o tempo disso, pode ser de até sete anos atrás. Basicamente, a dívida é muito maior do que está no balanço, porque foi contabilizada de forma errada (na conta de fornecedores). Provavelmente, o PL será negativo e os acionistas terão de colocar dinheiro na casa dos Bilhões. Não sei se foi fraude, foi instaurado um comitê independente para apuração. Pedi demissão como CEO e o CFO também saiu. Eu seguirei aconselhando os acionistas de referência. Acredito na CIA e vou negociar com os bancos para que não exerçam a "Covenants de dívidas" e pedir que continuem com o crédito aos fornecedores."

O BTG, com R$ 2 Bi de dívida com as Americanas de risco sacado, faria o quê? Iria acreditar neste discurso ou executar a dívida? Partiram para a execução, eu faria a mesma coisa. As Lojas Americanas, vendo que a água estava no pescoço e começando a entrar pela boca, conseguiram ontem judicialmente uma Tutela Cautelar, assim, todos os credores, nos próximos 30 dias, não poderão "executar" as dívidas.

> **ENTENDA:** Os bancos não podem executar as dívidas, mas também não irão fornecer mais crédito para os fornecedores, as lojas Americanas estão, oficialmente, quebradas.

Quem ganhou?

- "Insider Trading" – Vendas de ações foram executadas nos meses anteriores ao anúncio e players compraram um volume 20x maior de opções de ações para vender a descoberto. (Ganham quando a ação cai). Todas as movimentações estão registradas. (Agora é com a CVM).

Quem perdeu?

- Bancos: São nove bancos (R$ 18,7 Bi de dívida total, R$ 13,8 de risco sacado).
- Sardinhas: Classe média que colocou as suas economias.
- Corretoras: Tem muitas corretoras compradas nesta ação, é que ainda não deu tempo de apurar e informar o prejuízo.
- Fornecedores e funcionários: Toda uma cadeia de suprimentos será diminuída. < Lucro > Demissões.

Quem será responsabilizado?

- Auditorias (KPMG e PWC): A pergunta: Vocês não viram isso? É muito forte. Já impactou a imagem, a credibilidade e com certeza serão acionadas judicialmente.
- Gestão antiga: Não dá para falar que era difícil identificar, com nove dias o Rial descobriu.
- Os Acionistas de Referência: Que irão dizer que acreditaram na gestão antiga e nas auditorias.

ENTENDA: Comparando a Americanas com outros escândalos do mundo. Americanas (USD 4 bi), Wirecard (USD 1.9 Bi), WellsFargo (USD 3.7 Bi) e WorldCom (USD 3.8 Bi). Dentro da Governança, ainda temos que evoluir muito em dois pontos: Conflito de Interesses e política de Remuneração.

AMERICANAS OU LEHMAN BROTHERS?

O mercado foi surpreendido com a notícia que o CEO (Sergio Rial) e o CFO (André Covre) renunciaram, divulgando que existem inconsistência no resultado da CIA de R$ 20 Bi. O próprio Sergio Rial foi às redes sociais https://lnkd.in/dUbyR8_D e explicou o tema.

Problema (Contabilização do Risco Sacado):

1. Quando o varejista financia diretamente o fornecedor e o balanço da empresa serve como garantia, é um "risco fornecedor" = Contabilizado no "Contas a pagar".
2. Quando a mesma operação acontece, mas quem antecipa o valor ao fornecedor é o banco, a varejista fica com uma "obrigação financeira" = Contabilização em "Despesa financeira."

ENTENDA: Claramente, o Rial acredita que os valores que estão lançados no "Contas a pagar" deveriam estar lançados em "Despesa financeira", além disso, apesar do valor de R$20 Bi estar dentro do balanço, ele não é "detectável", pois as despesas financeiras, neste caso, são utilizadas como "redutores" da conta fornecedor, alterando o lucro (para melhor). Basicamente ele está falando o seguinte: Vocês, investidores, aplicaram dinheiro em uma realidade que não existe. O PL é negativo, e não positivo, o endividamento é maior, a NCG é maior e o prejuízo é maior. A ação, enfim, não vale R$ 12,00.

- As auditorias (KPMG e PWC) devem se posicionar, pois os balanços possuem o "sem ressalvas". Elas estão em risco de confiança e podendo ser acionadas para pagar esta conta.
- Se as outras varejistas têm a mesma prática, então a Lojas Americanas é apenas a ponta do Iceberg.
- O caixa será impactado, pois os bancos e investidores perderam a confiança, o crédito do risco sacado vai "secar" (a música vai parar), vai aumentar a NCG (terá que usar o caixa próprio), e como não geram receita operacional suficiente, o prejuízo aumentará, só que agora, com os bancos em suspenso = Recuperação Judicial.

- Os acionistas de referência podem questionar por que estes tipos de movimentações não foram devidamente classificados. Dependendo da resposta, vão alegar que foram enganados, porque na auditoria está escrito "sem ressalvas" e podem entrar na justiça para recuperar o principal + danos = There is no free lunch. Acionistas: Acionistas de Referência (Tubarões – Leman, Sicupira e Telles) 31,13%, Capital Group 9,91%, TIAA Cref 6,05%, Blackrock 5,05%, Outros (são vocês, sardinhas...) 47,86%.
- Onde está a Governança? Esta deixo para vocês responderem.
- Como ficou a ação? Foi de R$ 12,00 a R$ 2,72 = < 77,33%, foram perdidos R$ 8,3 Bi... só hoje.

Nós, que gostamos de ter os EUA como exemplo, já podemos dizer que temos também o nosso Lehman Brothers; se chama Lojas Americanas.

VOCÊ ESTÁ FAZENDO A LEITURA CORRETA DO MERCADO?

Muito obrigado aos mais de 53 MIL profissionais que visualizaram o post "2023 – Você está preparado?" (+de 500 CEOs e +de 200 CFOs) em apenas dois dias. Este resultado demonstra que estamos entregando análises relevantes, e que o "mercado" está procurando sinais mais claros da economia mundial e Brasileira.

Informações importantes para esclarecer o cenário:

1. Amazon (Demissões): Anunciou que vai demitir 18 mil funcionários no mundo (Na Índia serão 10 mil a partir de 18 de Janeiro), projeção 80% maior do que o planejado em 2022, devido à incerteza da economia. Entenda: A Amazon já entendeu que teremos recessão (não será "pouso suave"), já está diminuindo o seu custo fixo. Com certeza também vai selecionar no site as opções de produtos com maiores margens. Ela já está fazendo isto agora, Jan/23, o tempo é fundamental quando o assunto é caixa.
2. Amazon (Financiamento): Pegou um empréstimo de (U$ 8 Bi) com vencimento de (< um ano), podendo ser postergado por mais um ano (alguém tem dúvida que será?). Entenda: Amazon tem hoje U$ 35 Bi em caixa e dívida de U$ 59 Bi de longo prazo. Qual foi o movimento? Vou demitir 18 mil funcionários e pegar um empréstimo de U$ 8 Bi de curto prazo, pois com o mercado em queda, vou garantir as operações de curto prazo, mesmo pagando mais juros e impactando o resultado. (Coragem + Timing + Planejamento + Execução) = Gestão de Crise
3. Brasil (Economia): O que foi dito até agora preocupa: Chamar de "estúpido" o teto de gastos, dizer que a previdência não é deficitária e cancelar as privatizações. Não vou entrar em política aqui, apenas nas consequências. Entenda: O mercado está entendendo que teremos uma < fiscalização nas contas, com > gastos. (Novamente, não existe o "Fora do teto", alguém paga a conta.) Assim, o governo terá que emitir > dívidas (Tesouro Direto), pagar > juros, o que levará a < investimentos, < consumo, < lucro e demissões = Bolsa caindo e Dólar subindo (exatamente o que está acontecendo esta semana). Financiamentos (IPO) e investimentos (ações secundárias) não são feitas quando as ações

estão caindo (Desde Out 22 as empresas da B3 perderam R$ 546 Bilhões, elas não vão contratar). Qualificar o "Mercado Financeiro" como improdutivo, especulador e insensível às questões sociais é um erro de leitura que vai custar "caro" a este governo. (Não teremos mais os aumentos das Commodities de 2013).

4. FMI e Moody's (comunicados esta semana): O FMI espera que um terço da economia mundial entre em recessão e a Moody´s alerta que a economia dos EUA terá um < PIB e > desemprego. Entenda: Temos um grande problema!
5. SalesForce: Anunciou demissão de 10% da força de trabalho (empregam 80 mil profissionais), 55% estão dos EUA. Entenda: Não precisa de explicação!

ENTENDA: Importante preparar as empresas.

TENHA DIRETRIZES CORRETAS.

Primeiro dia útil de 2023, o avião já decolou. B3 hoje caindo 3,19% e Dólar subindo 1,50% (5,3638) e nos jornais hoje o consenso é que teremos uma crise e turbulência = Estaremos “voando” em uma < altitude e precisaremos ter > controle.

1. PREVISÃO DO TEMPO = MERCADO 2023

- PIB menor: Brasil, Zona do Euro e China (< Consumo).
- Instabilidade Geopolítica: (> Inflação mundial).
- Juros (FED e BCE) aumentando (> Guerra Cambial) = > Juros.
- Bolsas S&P 500, Nasdaq e B3 em baixa (< Financiamento).
- Países endividados: (< Investimentos).

2. TORRE DE CONTROLE = O QUE OS OUTROS AVIÕES JÁ FIZERAM?

- Grandes demissões: (Amazon, Shopee, FedEx, HP, Philips, XP, Nubank, Fintechs, Morgan Stanley, JP Morgan, Tesla, Huawei, Buser, Xiaomi, Goldman Sachs, Ericsson, Citibank e Dotz).

3. QTE DE COMBUSTÍVEL NO AVIÃO = RISCO DE IMPACTO NO CAIXA.

- Pela moeda: > Variação cambial (Travem o Dólar).
- Pela Inadimplência: < Consumo. Revisem o crédito aos clientes e façam seguro de crédito.
- Pelos juros: Renegocie as taxas e alongue a dívida.
- Pela inflação: > Custo de produção e < Consumo = Margens espremidas.
- Pelo variável errado: Garanta a remuneração ao resultado da empresa.
- Aumento de caixa (com riscos): Debêntures / Follow-on / IPO, e/ou retenção de dividendos (certo a fazer) = > caixa para manter a operação e investimentos.

4. PAINEL DE CONTROLE = ÍNDICES ESTRATÉGICOS

- Índice de Liquidez: Previsão do Fluxo de caixa diário, semanal e mensal e Budget com metas corretas. (Realidade é diferente de sonho).
- Manutenção das margens (< Custo do produto/serviço, > Giro) = Precificação correta.

- Maior foco no lucro líquido do que no Ebitda. (Tamanho da operação não é sinônimo de lucro) e Dívida Líquida / Ebitda = < 3,5x (Estou flexibilizando, era 2,5x)

5. RISCO DE FURAÇÃO = BOLHA FINANCEIRA

- Evergrande / Credit Suisse / Criptomoedas / > Impacto guerra Rússia e Ucrânia / Riscos ocultos...

6. PESO DO AVIÃO = CUSTO FIXO

- Diminuição da estrutura = < Custo Fixo.
- Selecione a carga do avião = manter apenas unidades lucrativas.

7. AUMENTO DA ALTITUDE = OPORTUNIDADES

- Empresas com produtos excelente e mercados estratégicos sem caixa.
- Investimentos: 80% de certeza de retorno, Payback < 12 meses e TIR que permita a remuneração do capital do acionista.
- Contrate uma empresa para rever todas as oportunidades tributárias.

8. PILOTO PREPARADO = NÍVEL PROFISSIONAL

- Foco nas pessoas excelentes (Gostaria de ter um Copiloto medíocre?) e enxergar o cenário como ele realmente é.

ENTENDA: Ficar calmo na turbulência, tomar as decisões no momento certo e fazer as perguntas certas: E se a turbulência mudar de direção? Como devo mudar o meu nível de pilotagem? = Direção é mais importante que velocidade. Foque no processo.

Principalmente, verifique todo dia o altímetro, que mede a sua distância com o solo (Insolvência).

Acha que está preparado? Vamos pra cima... da turbulência!

TENHA A SUA MATRIZ DE ÍNDICES

Para termos uma visão mais clara de 2023, consolidei alguns indicadores divulgados no mercado (como se fosse uma pesquisa Focus: Julio Damião), assim as decisões ficam mais claras.

PIB: Todos os bancos com projeção < 1%. Trabalhe com projeto de 0,5%. Entenda que o país continuará sem fazer os investimentos necessários = < Confiança do empresário e < Empregos. Analise se o seu segmento específico pode ser uma "ilha de excelência". Não conte com o estado para alavancar as suas vendas.

Desemprego: Média dos bancos em 9% (Isto é 12 MM de pessoas = Portugal). O consumo ainda ficará comprometido, além do "Ticket médio da compra menor" = < Margens e dificuldade de repasse dos custos ao consumidor. Tenha foco no custo dos produtos e serviços.

Inflação (IPCA) = Bancos trabalhando do 5,3% (Meta é 3,5%) = Teremos ainda uma "corrosão" do poder de compra e aumento do custo de produção = < Lucro das empresas e < Arrecadação dos estados.

Selic: Bancos trabalhando com 12,22% em média. Não acredito nesta projeção, os cenários dos bancos internacionais colocam as taxas de juros do FED em 5,25% (hoje 4,25%). Acontecendo isso, o BC Brasil vai aumentar a SELIC para impedir que o dinheiro saia do Brasil (Fluxo Cambial), trabalhem com Selic a 16%. Importante a questão do endividamento, qualquer empréstimo hoje é tomado a 25% a 30% aa. Renegocie os juros e o prazo de pagamento (Longo Prazo). Os PMTs dos juros irão retirar muito dinheiro do caixa, diminuindo a liquidez = Insolvência.

Câmbio: Bancos trabalhando com 5,30. Trabalhe com o Dólar acima de 6,00. Com inflação e Selic altos e PIB Brasil e mundo baixos, teremos um problema de fluxo cambial (Guerra cambial) que irá elevar a cotação do Dólar. Sugestão é fazer a "trava" do dólar, permite a previsibilidade no fluxo de caixa. Verifique também se as empresas internacionais podem te financiar, aumentando prazo de pagamento, muitas empresas da China fazem isso.

Investimento Direto no País e B3: Previsão 2022 (86 Bi), previsão 2023 bancos, média (75Bi). Com investimentos menores, como teremos um dólar menor que em 2022? A mesma pergunta se aplica também para a bolsa, todos os bancos aumentando a previsão da B3 com investimento direto menor no Brasil?

Resultado Primário (% do PIB): Todos os bancos trabalhando no negativo, média de -1,25 = Vamos gastar mais do que arrecadamos. Como vai faltar dinheiro (Necessidade de caixa de +- 1,3 Trilhões ano, emissão de 26 Bi por semana), vamos emitir dívida (Tesouro direto) e pagar cada vez mais juros = < Investimentos < PIB < Consumo < Lucro e < Arrecadação.

Dívida Bruta (% PIB) e crédito: Previsão 2022 (74,5), média bancos 2023 (81,4). Se é consenso que vamos ficar mais endividados, como o Dólar vai baixar, a B3 vai subir e a inflação vai cair? Os bancos também fazendo previsão para menor crédito. A conta não fecha.

ENTENDA: Importante analisar os números de forma "fria" e principalmente fazer a interpretação do que "não foi dito". "Caixa" não permite "desaforo", principalmente em 2023, em que vamos estar voando com uma altitude mais baixa.

O BRASIL NÃO É PARA AMADORES.

Quem está esperando que eu siga o otimismo da maioria dos economistas e CEOs brasileiros de que em 2023 teremos uma economia recuperada, por favor, não leia esta matéria.

Em 2020 tivemos a Covid e a certeza de que ninguém estava preparado. Em 2021 vimos o retorno da economia e a certeza (errada) das empresas e governos de que tudo tinha passado (até porque o ano de comparação foi 2020, base muito baixa). Em 2022 todos os riscos financeiros, econômicos, de energia, ambientais, de suprimentos e geopolíticos foram "colocados na mesa", o que para gestores (públicos e privados), significou o maior desafio de suas carreiras. 2023 se consolida como um ano de enormes desafios. Todas as previsões dos bancos comerciais, de investimentos e CEOs (FedEx, Morgan Stanley, Goldman Sachs, Microsoft, entre outros) ao redor do mundo estão projetando um ano de recessão, não acredito que eles estejam errados.

2023 irá consolidar cada vez mais o que vimos em 2022:

1. O PIB mundial continuará caindo. China, EUA, Índia, Países da Zona do Euro projetaram um PIB menor, para o Brasil significa menor volume de negócios e um desafio maior para as empresas, assim, a produtividade e sinergia é fundamental para manter as margens e o lucros.
2. Teremos que conviver ainda com Dólar alto e com uma volatilidade acima da média. A variação cambial impacta no Caixa/liquidez. No dia em que escrevo esta matéria, o dólar está em R$ 5,20, além de impactar o resultado das empresas, impacta também a sua vida (Pão de Sal, Gasolina....), então para as empresas importante é fazer o que chamamos de "trava" do dólar, garantindo a previsibilidade de desembolso de caixa.
3. Os juros continuarão altos em 2023. A SELIC hoje está a 13,75%, e com um viés de alta, isto impacta os juros pagos pelas companhias (a maioria das empresas com ações na bolsa diminuíram ou tiveram prejuízos). Os juros altos também impactam no endividamento das famílias, tendo como consequência a diminuição do consumo e a falta de criação de empregos. Os bancos e as empresas já provisionaram uma inadimplência maior em 2023.

Para as empresas, muito importante verificar os indicadores de liberação de crédito para os clientes. Pior do que vender com prejuízo, é vender e não receber.

4. Teremos em 2023 a continuação do enxugamento das empresas. Em 2022, já fizeram os ajustes a Amazon, Shopee, FedEx, HP, Philips, XP, Nubank, Buser, Xiaomi e Fintechs. Para você que está lendo esta matéria, se qualifique mais, participe de palestras, aumente o seu Networking e para você, empresa, valorize e busque ter pessoas excelentes na equipe, será a grande diferença para 2023.
5. 2023 continuará nos mostrando o que muita gente tinha esquecido ou não tinha vivenciado, a inflação. Este "dragão" que impede o seu cliente de ter mais dinheiro, que impede a sua empresa de ter margens e que junto com o "não" crescimento (estagflação) mostra que teremos ainda grande desafio nas empresas e no crescimento do mercado.
6. 2023 teremos ainda grandes desafios fiscais. "Fora do teto" significa que as despesas não serão adicionadas na "contabilidade" do país, mas teremos que ter recurso em caixa para o pagamento do "Fora do teto". Como o Brasil não tem dinheiro, teremos que emitir dívida e pagar mais juros, isto vai impactar no custo do empréstimo ao pequeno e médio empresário, assim como na pessoa física. Novamente estamos atuando nas consequências, temos que atuar nas causas (fazer a reforma tributária e administrativa).
7. Os investidores e a sociedade também cobrarão em 2023 uma postura mais ativa das empresas e governos sobre as questões de ESG (Social, Ambiental e de Governança), assim como o cumprimento dos ODSs da ONU de 2030. A conta é simples: se a sociedade vai mal, seu caixa vai mal (pergunte aos bancos com a inadimplência). Mercado de Carbono, inclusão e ações sociais devem também ser pautas estratégicas nas empresas, cada uma fazendo a sua parte. A meta da ONU é 2030, mas, sinceramente, não temos todo este tempo.

Resumindo: Importante para 2023 repensarem a estrutura das empresas (fazer mais com menos), renegociar as dívidas de curto para longo prazo, olhar com atenção o custo do produto/serviço (este controle que vai manter o seu lucro). Giro de estoque é importantíssimo para 2023, assim como a precificação correta do produto (não venda com prejuízo), coloque ESG na estratégia e principalmente, foco nas pessoas certas. Não adianta ter um planejamento espetacular, se a execução é falha.

ENTENDA: Não enxergue o mercado como se estivesse em um Boeing a 40 mil pés de altura, enxergue o mercado como se estivesse em um bimotor a 10 mil metros de altura, pois conseguirá se antecipar a muitas coisas que já estão acontecendo no mercado.

Quero ressaltar que no Brasil existem grandes oportunidades, todos os pontos colocados aqui tornarão a sua empresa mais robusta e você um profissional mais preparado. Quando a oportunidade chegar, e na recessão existem muitas, saberá aproveitá-las, afinal de contas, o Brasil não é para amadores...

COM A DEVIDA VÊNIA.

Sinceramente, não sabia que o STF tinha o poder de resolver sobre o status da despesa de R$ 165 Bi no orçamento, ficando fora do "Teto de gastos", ou seja, não contabilizado como despesa, mesmo sabendo que este valor será pago de toda forma (em finanças temos o ditado: "Não existe almoço grátis" https://lnkd.in/geuNpxhK). Decisão do STF se respeita, sendo assim, gostaria humildemente de sugerir também alguns pontos que poderiam ser resolvidos pelo STF para tornar o Brasil melhor:

1. Poderiam tirar do "Teto de gastos" os salários acima do máximo permitido de R$ 39 mil ou simplesmente acabar com esta opção? (Pesquisa feita pela Frente Parlamentar da Reforma Administrativa: cerca de 71% dos juízes recebem todo mês um salário acima do teto).
2. Poderiam também tirar do "Teto de gastos" os auxílios do judiciário: moradia, pré-escolar, verbas indenizatórias? Também existe a opção de extinção disto tudo. (CNJ: esses penduricalhos custaram R$ 415 milhões à União somente em 2019).
3. Poderiam decidir que os processos no Brasil tenham o trâmite total em todas as instâncias de (dois anos)? Hoje a média é de dois anos e sete meses apenas para a primeira Instância... são quatro. (Esta decisão é para que os empresários tenham rapidez de resposta nos processos judiciários, gerando mais empregos).
4. Poderia diminuir de quatro para duas as Instâncias recursais? (apenas o Brasil tem quatro Instâncias) = Diminuindo o tempo, burocracia e o custo do poder judiciário, aumentando os recursos para o social.
5. Aproveitando que não temos mais que discutir com deputados e senadores sobre o "Teto de gastos", poderiam decidir qual a reforma tributária podemos usar (PEC 45 ou PEC 110)? Poderiam também decidir que a transição em vez de 10 anos seria apenas de dois anos? (O Brasil tem pressa...).
6. Poderiam decidir sobre o uso da PEC 32 (Reforma administrativa)? Assim o Brasil teria uma visão mais competitiva da estrutura do estado e das "entregas" que o servidor público deve fazer ao cidadão.

A justificativa do ministro para a sua decisão é "a garantia da proteção ao plexo de direitos que perfazem o mínimo existencial da população em situação de vulnerabilidade social". Acredito que decidindo os pontos acima, o Brasil teria mais dinheiro, competitividade, maior confiança dos investidores, mais empregos e investimentos para o social.

Minha expertise é em finanças, negócios e estratégia, não é em direito, mas fica aí a minha sugestão.

Com a devida vênia!

XI JINPING

Recebi agora o relatório do Credit Suisse para 2023. Fazendo uma leitura rápida, seguem algumas chamadas do relatório com análises:

1. Teto de gastos não suporta grande parte das promessas de campanha (Grande problema do Brasil, sempre. Nenhum governo conseguiu fazer as reformas tributária e Administrativa. Continuamos atuando nas consequências e não nas causas).
2. Despesas adicionais podem tornar o índice de endividamento insustentável (> Gastos > Endividamento > emissão de dívida > Juros (Investidores e bancos) = < dinheiro para investir. A conta não fecha.
3. Brasil é o emergente que tem uma das altas cargas tributárias. (Sem mais!)
4. Terceiro ano consecutivo com inflação acima do limite superior (< consumo < margens < Lucro < arrecadação de impostos < investimentos) = Empresas e pessoas mais pobres!
5. Selic atingiu pico de 13,75% em agosto de 2022 (> Endividamento das empresas e famílias < consumo < lucro e investimento < empregos) = Morte das empresas e falência do estado.
6. Spread entre juros reais diminuiu ao longo de 2022 (< lucro dos bancos > juros para o consumidor e empresas (afinal de contas: Não existe almoço grátis!). OBS: Risco para alguns bancos devidos ao aumento de provisionamento de inadimplência/PDD nos 3T22.
7. Cenário global será bastante desafiador em 2023 (Traduzindo: < PIB mundial < Exportação < Arrecadação de empresas e governos > Déficit nas contas (Empresas + Governos) = > emissão de dívida > Juros.
8. Projetamos expansão de 0,7% em 2023 e 1,7% em 2024 no PIB do Brasil (PIB entre 1% e 1,5%), até quando vamos nos acostumar com este PIB? Crescimento pífio é diferente de crescimento sustentável.
9. Taxa de inadimplência deve continuar aumentando em 2023 (Traduzindo: Poupança com mais saque dos últimos anos, < Consumo < Lucro < arrecadação) = Ajuste de orçamento (empresas + governo).
10. Ritmo de aperto monetário nos EUA é fator de risco importante (> Juros EUA = > Juros Brasil, para evitar a saída de capital) = < confianças dos investidores e empresários (Brasil e mundo) = Aumento do risco Brasil.

11. Investimentos dificilmente retornarão para níveis da década de 2010 (Já sabemos disso, somos produtivos do portão da fábrica para dentro, e deixamos o lucro do portão da fábrica para fora): Sem estradas, sem sistema ferroviário competitivo, custo alto de frete e burocracia do estado = Separar os homens dos meninos.

12. Estoque de investimentos em carteira recuou US$ 18 bi em 2022 (> Retirada de Investimentos no Brasil = < Qte de dólar no mercado = > Cotação do dólar = >Inflação) = Pobreza (Empresas + Consumidores + Governos).

13. Depreciação das reservas cambiais chegou a US$ 36,6 bi (Roberto Campos... por favor, sem FMI, já temos problemas demais!).

ENTENDA: Lendo o relatório a vontade é de sair do Brasil e montar uma fábrica na China. Temos muito que aprender com o Xi Jinping.

QUAL A SUA ALTITUDE?

Os resultados das empresas 3T22 estão chegando ao fim. A conclusão mais preocupante é que o avião (empresas) está voando a uma altitude cada vez mais baixa, e o pior, teremos turbulência à frente. A pergunta é: sua altitude é suficiente para passar pela crise?

Diminuição da altitude:

1. Lucro das empresas na B3 caíram 39,5% do 3T22.
2. Grande volume de empresas fazendo Follow-on, emissão de Debêntures.
3. Estrutura desnecessária (Confusão de realidade com desejo).
4. Empresas B3 com grande volume de pagamento de despesa financeira.
5. Empresas B3 com impacto no resultado devido à Variação Cambial passiva.
6. Diminuição de lucro ou prejuízo devido à dificuldade de repassar os custos ao consumidor.

2023 – Turbulência à frente:

1. Maior inflação Brasil (ou vocês acham que a "PEC do estouro" vai aliviar a inflação?).
2. Maior inflação mundial (Crise de energia e commodities, devido à guerra da Rússia).
3. Menor PIB China. Desaceleração da economia + Covid + Bolha (Evergrande).
4. Redução do PIB Mundial e aumento de taxas de juros (BR + FED + Mundo) = > WACC.
5. No more "Too big to Fail", o dinheiro para socorrer empresas acabou em 2020.

Piloto experiente:

1. Diminuindo a estrutura (Amazon, Apple, Shopee, FedEX, Huawei, HP) = Menor Custo Fixo.
2. Renegociação da dívida de curto para longo prazo (Materdei).
3. Redefinição do custo do produto/serviço = Maior % de aumento de margem (Ryanair).
4. "Travar" o dólar (Hedge) = Garantir previsibilidade no caixa.
5. Interação das operações (Sinergia) = Fazer mais com menos (Raia Drogasil).
6. Foco no giro do estoque = Venda com margem (Renner).
7. Decisões de Precificação + Agilidade + Desembolso controlado = Lucro (Direcional).
8. Revisão do risco do cliente para crédito = Menor inadimplência (BTG).
9. M&A apenas com sinergia ou estratégia comercial comprovadas (Localiza).
10. Priorizar margem em vez de faturamento = empresa menor e mais saudável (Southwest).
11. Alinhamento de incentivos (Shopee = reduziu variável e salários do primeiro escalão).
12. Retenção ou diminuição de dividendos = Maior caixa e recurso para investimentos. (Arezzo).
13. Core Business: Somente operação com lucro. Foco na "sala de estar" e não "cozinha" (Hauwei).
14. Foco especial na precificação equilibrada do preço do produto (FedEX).
15. Altitude para fazer investimentos em mercado e empresas (Materdei e Localiza).

ENTENDA: Quando o sinal de alerta informa o piloto sobre a perda de altitude, ele puxa o manche e controla a situação. O aumento de altitude nas empresas não é rápido, portanto, aja agora, pois a "Cultura come a estratégia no café da manhã", mas acho que você não tem este problema...

THERE IS NO FREE LUNCH

Temos visto grandes discussões sobre o "Teto de gastos". Vamos analisar de uma forma desapaixonada da política.

Imagine que uma empresa construirá um prédio de 14 andares e só tem dinheiro para fazer 10 andares (orçamento do Brasil hoje). Os outros quatro andares estão fora do orçamento (R$ 600,00 + outras ações sociais). Esta empresa então vai pegar empréstimo no banco (O Brasil vai emitir dívida = Tesouro Direto) e construir o restante. Tanto o Brasil quanto a empresa, se quiserem fazer mais cinco andares, precisarão controlar o endividamento ou ter produtividade na sua estrutura, ou os dois juntos. Os 14 andares são resultado de um orçamento desequilibrado, a consequência é igual para os dois: = Dívida, com impacto no mercado. Pagarão mais juros (Empresa) e aumentará o "Risco Brasil" (País) = pagar mais juros. Não existe "fora do teto", "there is no free lunch", alguém sempre vai pagar a conta.

Quando o "Risco Brasil" aumenta, os investidores cobram juros maiores para não tirar o dinheiro do país (porque se tirarem: > Dólar > Inflação > SELIC > Endividamento (Empresas e governo) < Investimentos (Empresas e governos) < Receita = Prejuízo e orçamento desequilibrado.)

Entendam: O mercado financeiro não é contra a questão social, ele é contra o desequilíbrio das contas (porque o risco de calote aumenta). Com as contas equilibradas, a questão social poder ser levada a muito mais pessoas. Importante entender que a geração de riqueza vem de criação de empregos (apenas se construirmos os últimos cinco andares), as empresas farão investimentos e criarão empregos (< pobreza), levando a uma maior arrecadação do estado.

Perguntas certas (Jim Collins):

1. Por que o estado então não gasta energia na aprovação da reforma tributária? (< Custo para o empresário > Investimentos > empregos > receita para o governo e empresas = < pobreza).
2. Por que não se discute a reforma administrativa? (< Burocracia para o empresário > Empregos > flexibilidade para o estado em tempo de crise) = Estrutura correta para (Empresas + Governos).

3. Regras de encarreiramento do servidor público em geral? Faz sentido uma função do setor público custar quase duas vezes mais do que a mesma função no setor privado?
4. Por que estamos atuando sempre nas consequências e não nas causas? Nenhum governo conseguiu equalizar: Reformas necessárias = tamanho do estado correto = Investimentos = empregos = < pobreza = > retorno para os investidores. (ou vocês acham que o mercado está gostando de ter 60 Milhões de pessoas endividadas? O resultado dos bancos (3T22) vieram com previsão de inadimplência recorde. É ruim para todo mundo.)

ENTENDA: Claro, quem tem fome tem pressa, temos que resolver esta questão do orçamento agora. Mas também não podemos pensar sempre no curto prazo, o Brasil precisa ter um projeto de investimento de longo prazo equilibrado, apenas assim seremos o país do futuro.

FINANÇAS COM RESPONSÁVEIS

Líderes Globais (Empresas, Governos e terceiros setores) estiveram na COP27 para efetivamente chegar a um acordo sobre a questão climática. O resultado foi um acordo genérico e de comprometimento "raso", mais uma vez, os resultados decepcionaram.

Perguntas (Jim Collins)

- Por que o acordo de "perdas e danos" não foi amplamente detalhado com os valores com que cada país deve contribuir? Se todos estão comprometidos com o ambiente, por que então não definir as métricas corretamente?
- Foi colocada na COP27 uma proposta da Índia e da União Europeia de expandir o requisito de todos os combustíveis fósseis (Alemanha já anunciou a volta das usinas de carvão). A negociação não era justamente para diminuir o uso de combustíveis fósseis? (Resultado: Não houve acerto sobre reduções mais rígidas de emissões de poluentes).
- Foi emitida uma declaração expressando apoio à meta global para limitar o aquecimento a 1,5 graus. Alguém por favor poderia me mostrar um plano detalhado dos governos para isso?
- Por que a governanças das empresas multinacionais não tiveram uma participação mais ativa junto aos seus governos na assinatura de um acordo robusto?

Quer mudar alguma coisa? "Money First":

1. Todos os países devem obrigar as empresas a compensar o seu uso de carbono. O mercado de crédito de carbono já está maduro para isto. As empresas que não fizerem serão multadas e não terão direito a linhas de financiamentos.
2. Todos os países devem prestar conta sobre a redução de combustíveis fósseis, se não o fizerem, serão penalizadas em seus blocos econômicos (importação e exportação), podendo ser excluídos da OCDE, cúpula do G20 e G7 e excluídos do sistema de crédito mundial.

3. Todas as empresas devem contabilizar o seu crédito de carbono no balanço, sendo um item auditado. Se a empresa mentir, deve ser tratado como fraude contábil.
4. Todas as autorizações ambientais pelos órgãos públicos (para uma empresa fazer um projeto) devem estar condicionadas a um planejamento de redução de carbono de forma "auditável".

ENTENDA: A COP está fracassando porque está virando um ambiente político, em vez de virar um ambiente de resultados. Conversas e discussões são completamente diferentes de comprometimento (tem que assinar e fazer). Tem muita empresa comprometida, mas os países não estão sensibilizados como deveriam. A questão aqui é o tempo, temos tempo?
Finanças com responsabilidade, mude o fluxo do dinheiro e veja o resultado. Simples assim!

78

CASTELO DE CARTAS

Nas últimas semanas, vimos a quebra da FTX (uma das maiores corretoras de Criptomoedas). Já quebraram Celsius e Three Arrows Capital. Uma das maiores mineradoras de Criptomoedas (Compute North - EUA) pediu recuperação judicial e outras empresas já congelaram os saques (Voyager Digital, Coinflex, Vauld, Babel Finance, Coinloan) e a Genesis e Binance podem estar no "radar".

Perguntas certas (Jim Collins):

- Por que o mercado financeiro (bancos, corretoras e fundos de investimentos) "empacotaram" as criptomoedas como se fossem produtos seguros e venderam como opção de investimentos de longo prazo, não mostrando o real risco destas moedas? (Não é a mesma tática de vender os produtos do Subprime na crise de 2008?)
- Por que os Bancos centrais (BR e mundo) não fizeram a regulamentação destas moedas (isto mesmo... Bilhões de investimentos sem regulamento desde 2008), deixando o investidor exposto a um alto risco, visto a falta das definições das regras financeiras? (BCs, vocês realmente acharam que o mercado iria regular a sua ganância sozinho? Foi isso que aconteceu em 1987, 2000 e 2008?)
- Onde está a CVM que deveria ter regulamentado este processo financeiro e fez apenas um documento informativo n40 de 11/10/2022? Pelo menos a CVM disponibiliza um número 0800 para reclamações, já é um começo!
- As multinacionais enfrentam incertezas fiscais significativas ao investir em criptomoedas (Global Crypto Tax Report" da PwC de 2020). Empresas de capital aberto já acumulam mais de R$ 85 bilhões em bitcoin (e aí investidores B3... como acham que será o resultado do 4T22?)
- Quando uma empresa tem prejuízo, a tendência da ação é cair (existe um raciocínio: causa e efeito no mercado). Alguém por favor poderia me dizer quais sãos as variáveis econômicas que influenciam as criptomoedas? Ou o fator sorte é a principal variável?

- Qual a chance de um produto financeiro ser confiável, se é "lastrado" por um sistema de "mineração" em computador (colocando mais criptomoedas em circulação, assim como faz um banco central ao "imprimir" dinheiro) sendo que não há uma "autoridade" gerenciando o processo? (E todo mundo acha isso normal?)

RESPOSTA: (Oportunidade + Ganância + estupidez) = Criptomoedas. A FTX não quebrou sozinha: é um resultado de anos (desse 2008) de um crescimento de mercado desordenado, com BCs omissos nas regulamentações, com um sistema financeiro que vendeu estas moedas com ética questionável e consumidores querendo lucro fácil.
"Quando o dinheiro vem ao seu encontro, você não faz nenhuma pergunta." Frank Underwood.

Bem-vindo ao mercado financeiro. Não é para amadores!

MONEY NEVER SLEEPS

Os profissionais precisam estar preparados. (Conhecimento + Timing + equilíbrio curto/longo Prazo + margens + estoque + Caixa/Liquidez + Investimentos + oportunidades) = Separar os homens dos meninos.

- Existe ou não risco de uma bolha financeira? Se acontecer e com o comprometimento do endividamento no meu balanço, estarei em risco? Como foi nas outras bolhas? Qual o nível de Alavancagem financeira aceitável?
- Com a recessão global, qual o risco de a SELIC subir? O custo do capital (WACC) impactará o resultado a ponto de diminuir o lucro e ter prejuízos? Como foi nas empresas (B3) no 3T22?
- A análise do seu Fluxo de Caixa te deixa confortável para cobrir os (CF + pagamento de PMT endividamento)? Se a inadimplência aumentar 20%, qual será o impacto no balanço?
- Se a China desacelerar, como será o impacto no Brasil? Como fica a sua produção/logística? Qual o risco da Bolha imobiliária da China "Evergrande"?
- Os auxílios emergenciais irão conseguir elevar o consumo da população a ponto de aumentar o consumo? Até que ponto esta "tensão" do "teto de gastos" pode prejudicar os investimentos e a percepção dos investidores?
- Como a inflação mundial (que está subindo) pode impactar a sua empresa? As ações do Brasil para diminuir a inflação demonstram robustez e confiança para que você possa fazer mais investimentos?
- O que as empresas ao redor do mundo estão fazendo para passar pela crise?
- Qual o risco da variação cambial no resultado das empresas? A volatilidade deve continuar?
- Por que é tão difícil separar desejo de realidade? Até que ponto a política de resultados/incentivos impactam nas decisões das empresas?

ENTENDA: "Money never sleeps, pal", Gordon Gekko. E você, está dormindo? Esperamos vocês (Tubarões e Sardinhas).

ANTES DE INVESTIR, ESTUDE!

Uma empresa faz IPO (oferta primária de ações) para captar dinheiro (expansão + consolidar mercados + oportunidades). Nos últimos dois anos, vimos empresas fazendo IPO para bancar o seu prejuízo e recuperar caixa (propósito errado). Em 2022 não tivemos IPO, cenário não permitiu (> SELIC > endividamento das famílias < Consumo < Lucro < Investimentos). As empresas e o sistema financeiro se adaptaram, o nome disso é = Debêntures (título de dívida emitido por empresas). As emissões de debêntures somaram R$ 205 bilhões em 2022 até setembro, alta anual de 25,6%.

Como funciona o sistema financeiro:

1. Empresas: Sem IPO, não querem pegar empréstimos (> Selic) = Emitir debênture.
2. Bancos: Sem as receitas do IPO, precisam vender as debêntures para o mercado.
3. Investidores qualificados: Fundos e investidores "tubarões" que aplicam em debêntures e sabem como o sistema funciona (ou deveriam).
4. Sardinhas = Classe média que não estuda sobre investimento e compram debêntures.

Perguntas certas (Jim Collins):

- Você compraria uma ação de uma empresa com prejuízo ("queima de caixa" a cada trimestre) ou que não tem perspectiva de futuro? Claro que não, então por que está investindo em debêntures destas empresas? O raciocínio é o mesmo (você está comprando prejuízo disfarçado de investimento).

Regra: Compre Debêntures de empresas com resultados positivos.

Comparação de alguns resultados 3T22 x Debêntures "aprovadas" ou "emitidas" em 2022:

- MRV: Lucro caiu 96,2% (Debêntures de R$ 700 MM).
- TENDA: Prejuízo de R$ 210MM (Debêntures de R$ 200 MM).
- CSN: Lucro caiu 35,5% (Debêntures de R$ 1,4BI).
- ASSAÍ: Queda de 47% no lucro (Debêntures de R$ 600 MM).
- PAGUE MENOS: Queda 80,3% no lucro (Debêntures de R$ 500 MM).

- C&A: Prejuízo de R$ 61MM (Debêntures de R$ 600 MM).
- BRASKEN: Prejuízo de R$ 1,1BI (Debêntures de R$ 1,2BI).
- NATURA: Prejuízo de R$ 559MM (Debêntures de R$ 1BI).
- VIA: Prejuízo de R$ 203MM (Debêntures de R$ 600MM).
- MAGALU: Prejuízo de R$ 146MM (Debêntures de R$ 2BI).

ENTENDA: "Se você está negociando e em 15 minutos você não sabe quem é o otário, então o otário é você". Com o conhecimento de mercado que tem hoje, em que lado acha que estará? Este post é para você, sardinha (Nível 4), quero o seu sucesso, não perca dinheiro, vai estudar!

MERCADO 7 X BRADESCO 1

O resultado do Bradesco (3T22), foi um dos piores da história do banco. Muitas análises foram feitas no mercado, e gostaria aqui de fazer algumas perguntas certas (Jim Collins), pois o resultado e a comunicação do banco me chamaram muito atenção:

1. Por que o CEO não conseguiu verificar o risco de inadimplência do mercado em baixa (leitura de cenários) liberando empréstimos sem uma análise criteriosa que permitisse mais segurança no crédito? Estimativa de PDD de R$ 21 Bi para R$ 27,5 Bi? Onde está a área de risco do banco que liberou R$ 6,5 Bi a mais de perda?
2. O Conselho de administração está de acordo com a "Nota do banco" de que os resultados continuaram fracos por pelo menos mais 3 Trimestres? Isso quer dizer o quê? Que a PDD pode subir de R$ 27,5 Bi para R$ 35 Bi? Que o ROE de 13,5% pode ir a 8%? Que o Lucro Líquido de R$ 5,2 Bi, pode cair a R$ 4,1 Bi? Quem tem ação do Bradesco (Tubarões + Sardinhas) vai esperar mais 3T de prejuízo?
3. Será que o CEO e conselho estão sabendo que o BTG teve lucro de R$ 2,3 Bi (um dos maiores do banco), que o Banco Pine teve lucro de R$ 12,2 Mi, que o Banco Pan lucrou R$ 193 Mi, que a Caixa lucrou R$ 3,2 Bi e XP com lucro de R$ 1,1 Bi? > Inadimplência, > PDD, < Consumo, > Selic, > Risco de crédito são comuns a todos. Agora, mais do que nunca, o mercado está separando os "homens dos meninos". Em qual categoria o Bradesco se encaixa?
4. R$ 1,2 Bi de perda com as operações de tesouraria? O Bradesco é o banco que orienta milhões de clientes neste assunto. Novamente, cadê a área de risco do banco?
5. Podemos entender então que todas as análises, projeções e cenários feitos pelo banco estão errados? Porque se seguissem o que divulgam, não existiria este prejuízo. Devemos ou não acreditar nas projeções do Bradesco?

Não foi o péssimo resultado (acontece e faz parte do jogo), mas a forma de como isto aconteceu. O Bradesco realmente foi surpreendido pelo mercado em 7x1 e os acionistas se perguntaram assustados (como fizeram na copa do mundo): "O que aconteceu? É verdade isso mesmo?". Será que os próximos trimestres serão a Alemanha do Bradesco?

Sugestão para os acionistas

- Façam a substituição do CEO, da equipe de RI e façam a reformulação do conselho (nada pessoal, apenas negócios).
- Cobrem um plano agressivo de corte de despesas e foco em produtos com margens.
- Tire o Bradesco urgente da "zona de conforto".

Se você é acionista do Bradesco e não está concordando, a ações caíram 17% em um dia: Foi gostoso? Vai esperar mais três trimestres para fazer o que tem que fazer hoje?

ENTENDA: Com dinheiro não se brinca, principalmente neste nível.

BEST IN CLASS

90% dos resultados das empresas (B3) (3T22) vieram com prejuízo ou < lucro. Importante entender o que as empresas com resultados positivos fizeram.

- Raia Drogasil (Integração das operações). Lucro > em 30,4%. Possui 2.620 farmácias, aumento de 206 em comparação a 2021. (Logística + Controle de estoque e Giro) = > Market Share e > Caixa.
- Renner: Lucro > em 50%. Coleção inverno/verão acertada (oportunidade de valor para o cliente) e experiência de compra (Localização + Giro de estoque = Valor para o cliente = > Margem).
- Direcional Engenharia: Lucro > em 35,8%. Lançamentos de imóveis estratégicos e resultados no segmento de baixa e média renda (Precificação + caixa controlado = Lucro líquido).
- BTG: Lucro > em 28%. Avanço nas linhas de empréstimos, consolidação do banco digital para o varejo (Ajustes de produtos na crise de forma responsável = Lucro).
- Materdei: Lucro > em 35%. Investimentos em hospitais/atendimento com margens robustas. 80% da sua dívida será paga em cinco anos. (Controle do prazo de dívida e < WACC = > Fluxo de Caixa)
- Arezzo: Lucro > em 25,7%. (Qualidade na execução). Nas lojas abertas há mais de um ano, vendas > em 33%. (Execução = Disciplina = Vantagem Competitiva).
- Localiza: Lucro < 27% (Aproveitar as oportunidades). Precificação correta, < custo fixo e produtividade nas operações = Caixa/Liquidez = Oportunidades = Comprar a Unidas. (Todos os outros índices vieram positivos, até o 1T23 a localiza recupera este caixa, porém com maior Market Share e sinergia = >Lucro).
- A Southwest Airlines (EUA), lucro > em 33% e Raynair (Irlanda), Lucro > em 11%. Cultura de Baixo Custo e atuam em trechos com maiores margens (Fazer mais com menos + posicionamento = Margem + Lucros).

ENTENDA: "O bom é inimigo do ótimo. A grandeza não é uma função das circunstâncias, é em grande parte uma questão de escolha e disciplina conscientes." Jim Collins.

TURBULÊNCIA + LUCROS MENORES = NOVO NORMAL

Os resultados da B3 estão demonstrando que 2023 será muito complicado. As empresas não estão conseguindo (ou postergando) as tomadas de decisões necessárias para um agravamento da crise, e novamente, tem muita empresa confundindo desejo com realidade.

Realidade mundo e Brasil:

Excesso de dinheiro no mundo pelo custo baixo histórico e inflação puxada pela questão energética, forçarão os BCs do mundo a aumentarem cada vez mais os juros, diminuindo o PIB Global. BCBR vai aumentar a Selic para evitar a fuga de capitais (Fluxo cambial), para evitar a alta do dólar (que impacta a nossa inflação). O custo do dinheiro (WACC) vai aumentar, as empresas terão < lucro, < investimento < emprego < consumo, aliado a > inadimplência e endividamento das famílias, com < investimento público + volatilidade e turbulência Global = Separar os homens dos meninos.

3T22 - Resultados que chamaram a atenção:

- Ambev: Queda no lucro de 13,9%.
- Santander: Queda do lucro de 23,5% (> Projeção de inadimplência).
- Vale: Queda no lucro de 18,7%.
- Marcopolo: Queda de 56% no lucro.
- GPA (Pão de Açucar): Prejuízo triplicado no 3T22.
- AES: Queda no lucro de 76,1%.
- Tim: Queda de 54,9% no Lucro Líquido.
- Morgan Stanley: Queda de 30% no Lucro Líquido.
- GE: Lucro líquido cai 19%.
- HSBC: Queda de 46% do Lucro Líquido.
- Goldman Sachs: Queda de 43% do Lucro Líquido.
- Warren Buffet: Prejuízo de U$ 2,7 Bi no 3T22.

Analisando os balanços 3T22, seguem os impactos em comum:

1. Caixa (Liquidez): Muitas empresas contrataram demais ou mantém uma estrutura grande sem necessidade. (>CF = >NCG).
2. Variação Cambial: Sem travar o dólar "Hedge", as empresas foram impactadas no resultado e no caixa (>VC = <Caixa).
3. Despesa Financeira: Com estrutura desnecessária e < consumo, será necessário > NCG e pegar dinheiro caro (> SELIC), impactará cada vez mais o lucro. Muitas empresas reportaram > Faturamento e < Lucro, devido a Desp. Financ.
4. Aquisições erradas: Compra de outras empresas pagando caro e sem estudo de sinergia = >NCG (>M&A = >Risco na crise).
5. Empresas continuam trocando faturamento por margem. (> venda com prejuízo = Insolvência).

Perguntas certas (Jim Collins):

1. A Inadimplência + PIB te deixa confortável com a projeção do Fluxo de Caixa para 2023 (CF + CV +Investimentos)?
2. Como ficará a sua margem com < consumo, < PIB, visto a dificuldade de repasse de preços?
3. Até que ponto o custo do dinheiro (Desp. Financ.) vai impactar o seu caixa e o seu resultado?

Empresas Best in Class: Raia Drogasil, Renner, Direcional Engenharia, Localiza, BTG, e principalmente a CIA Aérea de baixo custo Ryanair (lucro recorde, mesma linha da Southwest, que também teve lucro). Regra de ouro: Façam caixa em 2023 para aproveitar as oportunidades em 2024.

ENTENDA: Não confundam desejo com realidade.

NO ONE LIKES A CRY BABY

Recebi muitas mensagens perguntando qual será o cenário futuro. Importante termos uma análise "desapaixonada" do impacto das novas políticas econômicas em nosso segmento específico e Brasil.

Alguns pontos que me foram perguntados:

1. A volatilidade continuará grande (maiores taxas de juros no mundo e menor PIB mundial) e a questão doméstica, sem definição da nova equipe econômica.

Empresa: Verificar o risco da variação cambial nos negócios (travar o dólar) e não fazer nenhum endividamento no curto prazo.

2. Não teremos mais privatizações, existe uma tendência da manutenção ou aumento do tamanho do Estado. (> Estado > Custo da máquina = < Investimentos).

Empresa: Analisar o Budget para 2023 com relação aos investimentos. (Pay Back < 12 meses)

3. Não teremos reforma tributária (50,9% contra 49,1% = sem negociação). Negociações pontuais podem acontecer, mas a reforma tributária simples, justa e com menor impostos não vai acontecer.

Empresa: Revise toda a área tributária (créditos que podem ser usados), analise os regimes especiais atuais e verifique a oportunidade de novos incentivos. Tenha uma equipe de advogados tributários para orientações e use a tecnologia a seu favor.

4. Não teremos reformas administrativas (50,9% contra 49,1% = sem negociação), com o Estado do mesmo tamanho ou maior (> ministérios), a burocracia tende a aumentar.

Empresa: Tempo vale dinheiro, revisem os prazos do planejamento e estrutura necessária para os investimentos. Até tudo estar definido, teremos seis meses de incertezas (falta de retorno do Estado).

5. Mercado consumidor: PIB Brasil crescerá no ano 3% e em 2023 Brasil e mundo terão grandes problemas.

Empresa: Entender a prioridade de investimentos do próximo governo. Verifique como a sua empresa será afetada por estas ações.

6. Infraestrutura: Vamos ter que acompanhar como o novo governo pensa a questão do teto de gastos e responsabilidade fiscal.

   Empresa: Se depender de investimentos governamentais para alavancar o seu negócio, melhor fazer um orçamento conservador e esperar os próximos dois meses.

7. Inflação e SELIC: Tendem a aumentar, as taxas de juros continuarão aumentando no mundo e para conter a saída dos investimentos no Brasil, o BC aumentará os juros. (> Selic > Taxa do dinheiro = < Consumo < Menor lucro < Empregos), se o próximo governo não tiver dinheiro para investir, os empregos não serão criados.

   Empresa: Atenção à precificação dos produtos, repassar a margem ao consumidor ficará ainda mais difícil. Importante a gestão dos custos (Fixo e Variável) e a compra inteligente do estoque (> Giro com > Margem).

8. Ética / Corrupção: Não são empresas fazendo negócios com empresas, são pessoas fazendo negócios com pessoas (Ética = Decisão pessoal). É com você.

> **ENTENDA:** Agora é trabalhar, fazer análises e tomar decisões, o desafio está colocado e será grande. "No One likes a cry baby" - "Ninguém gosta de um bebê chorão" - Gordon Gekko.

EVERGRANDE...PRAZER!

Estamos assistindo com mais frequência as notícias da Evergrande, e como seus problemas financeiros impactam a China e o mundo, com risco de uma bolha financeira. Estamos prestando menos atenção a esta situação, mas não deveríamos (Empresas e Governos).

Apresento aqui a Evergrande:

1. Maior incorporadora imobiliárias da China. Faz parte do Global 500, maiores empresas do mundo em receita. Fatura U$ 360 BI ou R$ 1,9 Trilhão = Petrobras (R$ 462 Bi) + Vale (R$ 452 Bi) + Ambev (R$ 237 Bi) + Itaú (R$ 235 Bi) + Bradesco (R$ 188 Bi + Santander (R$ 131 Bi) + BTG (R$ 129 Bi) e BB (R$ 100 Bi) juntas...
2. Acumula dívidas no valor de U$ 300 bilhões (R$ 1,61 trilhão) = 23% do nosso PIB. (Agro Brasil representa 27% do nosso PIB)
3. Representa 2% do PIB chinês, no Brasil seria 28% de representatividade no PIB.
4. Uma folha de pagamento com 200.000 funcionários = Itaú (99 Mil) + BRF (96 mil)
5. Tem 800 empreendimentos e metade está paralisada por falta de caixa, as ações já perderam 90% de seu valor, as agências de classificação de risco rebaixaram seu crédito para *títulos podres*. (Apenas uma questão de tempo até quebrar definitivamente e impactar o mundo, concordam?)
6. Endividado no valor de mais de US$ 300 bilhões ou R$ 1,5 Trilhões = Portugal.

Quando uma bolha estoura, temos a diminuição do crédito, a falta de confiança dos investidores e consumidores, a perda expressiva de arrecadação (Governos) e vendas (empresas) e um desastre na bolsa de valores com perda de valor das empresas e moeda desvalorizada = < Lucro, < Investimentos < Empregos e < Lucro novamente.

Aconselho fortemente que as empresas façam um planejamento respondendo as seguintes perguntas:

1. Se a Evergrande quebrar, o que acontece com o meu segmento específico e com os índices da empresa? Como posso ajustar a empresa rapidamente?
2. Se a minha inadimplência aumentar 30% e eu não reduzir custos, como fica a liquidez? Se a minha margem cair 15%, como fica o DRE?
3. Consigo refinanciar rapidamente a minha dívida de curto para longo prazo?

ENTENDA: Evergrande é o maior risco que temos hoje, saiba medir os riscos...

DESAFIOS

Estamos cada vez mais assistindo um mercado desafiados para 2023. Neste exato momento as empresas estão fazendo os seus planejamentos e este é um momento que exige grande maturidade, conhecimento do mercado coragem nas ações.

Mundo hoje:

1. Cada vez mais conectado, com processos e economias interligadas e dependentes.
2. As empresas precisam encontrar a melhor maneira de lidar com um número crescente de desafios.
3. Mundo Complexo, Turbulento, Tecnológico e Disruptivo.

Perguntas certas (Jim Collins):

1. Com relação ao Dólar (alto e com tendência de alta), como fica a sua estrutura de capital, o seu custo do produto e a sua margem?
2. Seu planejamento (Budget) reflete um desejo (sonho) ou um equilíbrio entre realidade e crescimento sistemático?
3. Como a questão internacional (blocos econômicos) pode interferir na sua matéria prima, importação e exportação?
4. Com os BCs ao redor do mundo aumentando os juros, o BC do Brasil vai acompanhar esta tendência? Como fica o custo do dinheiro (WACC) na sua empresa?
5. Se voltamos à economia pré-pandemia, por que as empresas e os consumidores têm menos dinheiro? (Faço uma comparação entre Selic, Dólar e inflação pré-covid e hoje)
6. A Deflação que assistimos hoje é sustentável ou por causa de ações pontuais? Esta deflação irá diminuir o endividamento das famílias para 2023?

RAY DALIO

Realmente espero que no 3T as empresas tenham feitos ajustes para manter os resultados (EVA>0 e LL>0)

Mercados:

- Selic continua alta 13,75% (Recessão global forçará o aumento da Selic) (> Custo WACC).
- Dólar continua alto R$5,16 (Vocês fizeram a 'trava" do Dólar ou conseguiram desenvolver fornecedores locais?).
- Apesar da criação de empregos, as famílias continuam endividadas e o consumo baixo (Vocês analisaram o giro de estoque e as margens?). Ou seja, vender menos, mas vender bem.
- Inflação, a PEC do ICMS diminuiu o preço dos combustíveis, mas não o preço dos alimentos, dessa forma, a confiança na economia continua comprometida.
- Recessão Global fez as commodities diminuírem de preço, dessa forma as empresas que dependem das commodities irão apresentar os mesmos lucros do 2T22?
- Você está sentido nos resultados da sua empresa (< Inadimplência > LL) devido ao impacto de todos os auxílios socias?

Algumas empresas no 2T22 fizeram movimentos:

1. FedEX - Fechará 90 escritórios, cancelamento contratações e projetos, e aumento dos preços dos produtos (em média 6,9%).
2. Huawei – Redução ou fechamento de negócios, ajuste de estrutura e diminuição de investimento.
3. Shopee – Fechamento de operações, alinhamento de remuneração variável, foco no caixa e menor endividamento.
4. Várias Startups ao redor do mundo (Ebanx, Kavak, Facily, Vtex, Favo, Quinto Andar, Loft, Olist, LivUp, Sum Up) fizeram desligamentos. (Foco no caixa) Tesla, Netflix, Meta já estão ajustando as suas estruturas.

Com certeza teremos "ilhas de excelência" no Brasil, Renner, Arezzo, Direcional Engenharia, e espero que os movimentos das empresas brasileiras estejam alinhados com a tendência mundial (90% dos CEOS do EUA estão se preparando para a recessão 2023).

A capa do jornal do Financial Times hoje diz muito sobre a expectativa do mercado, Brasil e Mundo. Os movimentos que têm feito nas suas empresas te deixam seguros/preparados para 2023?

ENTENDA: "Someone Will Get Hurt": Investor and analyst warn on rising market stress

CREDIT SUISSE - CRISE DE CONFIANÇA

O maior temor que pode existir no mercado financeiro se chama "Crise de confiança".

É quando o mercado não acredita mais na recuperação da instituição financeira (tendo caixa ou não), fazendo o banco ter sérios problemas. A mesma coisa aconteceu com o Lehman Brother em 2008, quando o banco quebrou. Se as operações financeiras já eram conectadas em 2008, imagina agora em 2022. Estamos falando do Credit Suisse, um dos maiores da Suíça e do mundo. A quebra deste banco será um "castelo de cartas" e pode gerar grandes problemas mundiais.

Black Swan (para todos os bancos)

- Aumento das taxas de juros e menor lucro.
- Aumento da provisão de inadimplência.
- Recessão mundial (gerando menos negócios).
- Desvalorização das ações.
- "Falta de confiança" do mercado e liquidação dos bancos.

Decisões erradas (Credit Suisse)

- 2014: Declarado culpado (EUA) por ajudar clientes dos EUA a evadir impostos (US$ 2,6 bilhões).
- 2017: Após Investigação, pagou US$ 5,3 bilhões em multas por vender títulos lastreados em hipotecas.
- 2021: Perdeu US$ 4,7 bilhões na operação da Archegos Capital Management, LP.
- 2021: Perdeu US$ 3 bilhões na Greensill Capital. Empresa emprestava dinheiro para outras empresas pagarem seus fornecedores e, na sequência, empacotava as dívidas em títulos financeiros (securitização) para revender a investidores. (Mesma coisa do sub prime....)

Consequências (Credit Suisse)

- Os "CDS – Credit Default Swaps", isto é, o custo (Seguro) contra um default do banco, subiram a níveis inéditos. (> risco de colapso = > Juros aos investidores para não tirar o dinheiro do banco).
- O mercado está precificando o risco de PL negativo (se o banco vender tudo, ainda assim não consegue pagar a sua dívida).

- Ações saíram de US$ 26,85 para US$ 10,64. (Bear Stearns chegou a U$ 2,00 na crise de 2008)

Solução (Credit Suisse)

- O BC da suíça pode garantir os passivos desconhecidos depois de uma fusão.
- Fusão do banco UBS. (Mesmo caso do Bear Stearns quando foi socorrido e de depois vendido para o JP Morgan por menos de 7% do valor de mercado).
- Cisão das operações de private bank e wealth management (rentáveis), e venda da área de investimentos (prejuízo) por um preço bem abaixo do mercado. (Cortar um braço para que a "doença" não se espalhe pelo corpo).
- Diminuição da estrutura (Demissões em massa).

Três coisas podem estourar a bolha financeira de 2022/2023

- "Crise de confiança" – Bancos
- "Evergrande" – Colapso imobiliário da China
- Aumento das taxas de juros desenfreadas em 2023.

Entre os seus maiores acionistas estão Harris Associates (Chicago), Qatar Holding (Catar), Dodge & Cox (São Francisco) e BlackRock (a famosa...). E aí, pessoal, ninguém viu o que estava acontecendo no banco?

ENTENDA: Este problema do Credit Suisse é uma das piores notícias que poderíamos receber. Incompetência, falta de gestão, negacionismo e decisões erradas acontecem em qualquer lugar do mundo, seja em países de terceiro ou primeiro mundo, nunca se esqueça disso.

QUAL O SEU TIMING?

Importante estarmos atentos ao "Timing" das decisões, será a grande diferença para as empresas no período da crise. (Execução correta = Saber o que fazer + coragem e firmeza para decidir + momento certo "Timing + Execução).

Ações efetivas de algumas empresas para se preparar na crise.

Shopee: Prejuízo operacional passou de U$ 578 MM para U$ 648 MM no 2T22.

1. Encerramento das operações da Argentina, Espanha e Índia (Manter operações apenas lucrativas/Liquidez)
2. Redução de quadro em alguns países, Chile, Colômbia, México, Tailândia, Indonésia e Vietnã (Menor custo fixo e menor NCG).
3. Viagem apenas de Classe econômica (Cultura de menor custo).
4. Líderes da CIA não irão receber nenhuma compensação de custo prazo (Alinhamento de remuneração variável para resultados sustentáveis/Longo Prazo).
5. Meta global é atingir um fluxo de caixa positivo entre 12 a 18 meses (Foco na liquidez para passar o período de recessão e fazer investimentos depois da Crise, inclusive no Brasil).
6. Menor dependência do capital externo. (Gerando Caixa operacional para assumir a operação com autossuficiência.)

Huawei: Queda de 52% no lucro no primeiro semestre.

1. Mudança do foco para buscar escala, garantindo lucros e fluxo de caixa. (Escala para comprar matéria-prima com preços menores, garantindo menor NCG e conservando a margem)
2. Os negócios marginais serão reduzidos e fechados. (Irá fechar ou vender as operações não lucrativas).
3. "Pessoal excedente" seria transferido para equipes de reserva. (Desligamento para diminuir a estrutura). Entenda: Melhor diminuir a estrutura agora e passar pela crise (2023) de forma sustentável, do que manter a estrutura "inchada" e correr o risco de a empresa acabar no curto prazo.

4. Empresa não vai "desistiria completamente" de investimento em alguns países. (Tomada de decisão em detrimento da recessão de 2023).
5. Diminuição de investimento e expansão para manter o ritmo de negócios apropriados. (Priorizando margem e não faturamento).

FedEX: Lucro por ação caiu 21% no trimestre encerrado em agosto, a receita e-commerce (EUA) ficou US$ 300 milhões abaixo das projeções e na Ásia/Europa resultado US$ 500 milhões abaixo do previsto.

1. Fechará 90 escritórios (sendo cinco corporativos), cancelamento de novas contratações e projetos, e diminuição de voos (Reduzir o Custo Fixo e diminuir NCG).
2. Taxas do FedEx (Express, Ground e Home Delivery) aumentarão em média 6,9% em Jan 2022. (Manter as margens)

"No passado, focamos primeiro no crescimento e, às vezes, no crescimento a qualquer custo. Esta não foi uma abordagem errada, pois as condições globais estavam repletas de oportunidades na época, mas agora que as condições globais mudaram, nós também devemos nos adaptar. Hoje temos uma base sólida de dinheiro, com uma posição segura, no entanto, podemos facilmente extinguir esta base se não formos cuidadosos." CEO da Sea Group (Shopee).

"Temos a sobrevivência como prioridade fundamental" Fundador Huawei Ren Zhengfei

"O impacto das medidas na linha custo atrasou a queda no volume e as despesas operacionais permaneceram altas em relação à demanda, eliminar os custos rapidamente é minha prioridade. Queremos sair na frente", disse o presidente-executivo Raj Subramaniam, Presidente e CEO e membro do Conselho de Administração da FedEx Corporation

ENTENDA: Qual é o seu Timing...?

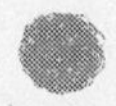

MONEY NEVER SLEEPS

Gestão de recursos não é uma coisa fácil, exige conhecimento, timing, paciência, saber "enxergar" as oportunidades e, principalmente, saber qual valor aplicar (Risk Management). Tivemos hoje a notícia que o fundo TT Global Equities da empresa TT Investimentos perdeu em 2022 86,6% (80 MM para 9 MM) do seu valor e que uma operação de compra de venda de opções foi a responsável pelo maior % desta perda. O Fundo possui três cotistas, Arminio Fraga e dois sobrinhos (Antônio e Arthur Fraga Bahia). O que chama a atenção é a carta de Arthur Fraga Bahia explicando a operação.

Pergunta para o Arminho Fraga (Tio)

1. "Montei uma operação arriscada". Arriscada não exige uma gestão de risco, sendo definido o valor do capital do fundo a ser investido, a fim de diminuir as perdas?
2. "Até uma semana atrás, a operação estava caminhando bem". Efetivamente, o que quer dizer isso? No mercado financeiro não existe "combinar com os russos", não deve existir uma estratégia de entrada e de saída (limitando as perdas) caso a operação não saia como esperado?
3. "Para sair da operação, tive que alavancar o fundo por alguns dias". Esse limite de alavancagem não deveria ser controlado? O senhor permitiu que na regra do fundo o risco fosse elevado a ponto da insolvência?
4. "O nosso custodiante resolveu tirar toda a margem que haviam dado um dia antes". O Fundo TT Global Equities sabe diferenciar investimento de aposta (sorte), ou seja, o desastre poderia ter acontecido antes?
5. "Estou escrevendo esse e-mail com muito pesar no coração". O que é isso, um fundo de investimento ou uma escola primária? Entende-se que um gestor de fundo deva ter a maturidade, conhecimento, inteligência emocional e firmeza para assumir os prejuízos de forma profissional. "Nobody likes a crybaby", Gordon Gekko.
6. "Tudo o que eu juntei até meus 34 anos se foi." Os outros cotistas do fundo devem aceitar a perda porque o gestor perdeu o seu dinheiro também? Ou seja, perda coletiva "dói" menos?

7. "Espero que um dia consigam me perdoar pelo meu erro." O Fundo fez uma análise de conhecimento técnico e psicológico para que o gestor possa assumir a gestão? Ou o "perdão" será a estratégia utilizada para justificar o prejuízo?
8. Arminho Fraga (Tio), como acha que ficará a sua credibilidade perante os conselhos, analises e entrevistas em jornais e revistas depois disso? O seu fundo negligenciou todas as análises de risco.

Recado para os investidores: Leiam todas as regras do fundo em que investiu, se aconteceu com a TT, pode estar acontecendo com o seu dinheiro sem você saber (Ligue também para o gestor do seu fundo).

ENTENDA: Que fique a lição: Nunca delegue a gestão do seu dinheiro a ninguém, estude, analise e acompanhe os investimentos e resultados. Este fato é uma das maiores lições para os investidores e clientes. Tem muita gente fazendo investimento sem o conhecimento correto.
"Não existe almoço de graça." Autor: Sr. Prejuízo.

SHARK IS COMING...

Volatilidade e incerteza serão a base do Mercado em 2023. O desafio de manter as margens e o lucro estão cada vez maiores, importante agirmos estrategicamente:

Mercado Curto Prazo (seis meses)

- BCE elevou os juros em 0,75% em Out e Goldman eleva previsão para altas do FED em Set e Nov. (Possibilidade do BC Brasil aumentar a Selic para 14%.)
- Moedas - Euro (Europa), Libra (Inglaterra), Yen (Japão) e Yuan (China) com desvalorização.
- Mark Mobius e Michael Burry advertem que o mercado ainda não atingiu o fundo.
- Morgan Stanley prevendo o S&P 500 em 3400 PTS no 4T e Black Rock prevendo um PIB dos EUA menor para 2023.
- Aumento da inflação mundial e Opep diminuindo a produção de petróleo.
- China desacelerando (economia) e empresas demitindo para ajuste de caixa (Mercedes, Shopee...)

Mercado Médio Prazo (12 meses)

- China, Índia e Rússia – Novo bloco econômico. (U$ não entra)
- Bolha imobiliária da China.
- 2023 com PIB negativo em vários países.
- Os bancos Brasileiros foram os únicos que projetaram PIB Maior.

Resultado 2023: Continuaremos com dólar alto, baixo consumo, endividamento alto (CPF e CNPJ) e Bear Market.

As empresas agora se preparam para o orçamento de 2023, importante ter em perspectiva alguns pontos:

1. Não confunda desejo com realidade (Oportunidades + Segmento específico + Macroeconomia mundo + Visão fria “desapaixonada” + Priorizar operação lucrativa + Tempo certo = Recurso no lugar certo).
2. Investimentos apenas com 80% de certeza de Payback < 12 meses e TIR que permita a remuneração do capital do acionista.
3. Implemente EVA para produtos e projetos.

4. Seja "duro" com aumento de custos, ficar "pesado" em 2023 fará toda a diferença no Caixa.
5. Se tiver dívida, renegocie (Longo Prazo) - PMTs menores em 2023.
6. Fluxo de caixa: Separe a NCG de operação "correntes" e faça outra análise de NCG para os investimentos/projetos, vai conseguir medir o risco de Caixa se os projetos não conseguirem evoluir.
7. Margem: Priorize investimentos em produtos que gerem margem suficiente para pagar o banco (Endividamento) e gerar caixa.
8. Inadimplência: Faça uma projeção com inadimplência de 20% maior e veja se consegue sobreviver sem ir aos bancos.
9. Evite cortes: Investimentos em produtos que geram margens, corte de pessoas excelentes (estará oferecendo para os concorrentes) e não corte em treinamentos.
10. Contrate uma empresa para rever todas as oportunidades tributárias. (Se já não o fez)
11. Se realmente encontrar oportunidade em um mercado específico, empresa e produto, acelere, mas tenha certeza (verifique a execução e os números).

ENTENDA: Orçamento bem feito/criterioso é a maior ferramenta que poderá ter em 2023, poderá analisar a performance e fazer ajustes com tempo hábil, e neste mundo, adaptação rápida às situações de mercado fará toda a diferença.

"Você só descobre quem está nadando pelado quando a maré baixa."
Warren Buffet

ALTÍMETRO - ÍNDICE MAIS IMPORTANTE

O altímetro no avião tem a capacidade de medir a altura da aeronave em relação ao solo. Nas empresas é a mesma coisa, Liquidez, WACC, NCG, valor investido do estoque, inadimplência fazem o "avião" ganhar ou perder altitude. Quando um avião está perigosamente perto do solo, os instrumentos emitem sinais. Nas empresas, é necessária uma visão dos "fatos e dados" e "decisões corretas" (tempo certo) para que a empresa possa ganhar altitude. Na última semana verifiquei várias notícias de que os bancos estão prevendo um aumento do PIB. Vamos analisar:

Leitura do Cenário (Mundo):

- BCE e FED com perspectiva de aumento de juros.
- Risco de menor PIB da China (e possível crise setor imobiliário).
- Temos ainda uma grande quantidade de dinheiro no mundo (Inflação).
- Crise de energia da Europa (Principalmente Alemanha).

Leitura do Cenário (Brasil):

- Endividamento alto das famílias (78%) e baixo consumo das famílias.
- Cambio continua alto (R$ 5,16).
- Brasil – Continuamos com risco fiscal (Menores investimentos).
- Não confunda diminuição do preço do combustível (diminuição ICMS) com controle de inflação. Se duvida disso, passe pelo supermercado e verifique o preço dos alimentos.

Você é o piloto do avião, precisa pilotar da turbulência e controlar a altitude:

CEO/CFO/Conselho/Acionistas

1. O Consumo das famílias está refletindo positivamente em seu resultado, a ponto de fazer novos investimentos?
2. O Dólar a R$ 5,16 torna a sua empresa competitiva ou aumenta o risco de prejuízo pela variação cambial? (Deduzindo aqui que não "travou o Dólar")
3. O Custo Fixo está ajustado para este momento (Recessão) ou está pesado? Se quiser aumentar a altitude agora, o peso está adequado?
4. Com a Selic a 13,75%, como fica a estrutura de capital, você tem Margem de contribuição (repasse aos clientes) suficiente para conseguir Lucro Líquido e manter Fluxo de caixa positivo?
5. O valor de sua inadimplência permite uma segurança na NCG?
6. Os investimentos aprovados em Nov/2021 (Orçamento 2022) já estão com resultados positivos? Ou estão aumentando o peso do avião?
7. Sua equipe é de alta performance ou prefere ter pessoas medíocres?

ENTENDA: Não defina a sua estratégia em notícias pontuais, verifique todo o contexto. Você não está indo do RJ/SP, está atravessando o oceano para a Europa, cuidado para não ficar sem combustível no meio do caminho.

CHINA, TEMOS QUE APRENDER COM ELES!

China deve ser estudada no detalhe, o Brasil e o mundo se preocupam com os riscos da dependência em termos de negócios e tecnologia. Responda a seguinte pergunta: Imagine que você é um investidor e tem U$ 100 MM para montar uma fábrica e tem que escolher entre a China e o Brasil.

- Tamanho do mercado (Habitantes): Brasil: 250 Milhões, China: 1,4 Bilhão.
- Carga Tributária: Brasil: 33%, China: 25%
- Carga Trabalhista: Brasil: Custo nominal do salário + 80% encargos – China: (Custo nominal do salário + benefícios (negociado).
- Complexidade Tributária: Brasil: Altamente complexo (443 mil normas editadas em 2021, site https://ibpt.com.br/estudos), China: Imposto sobre Valor Agregado (IVA) e Imposto sobre o consumo (https://santandertrade.com/pt/portal/internacionalize-se/china/ambiente-empresarial)
- PIB – Brasil: Entre 2011 e 2020 cresceu em média 0,3% aa (FGV). China: Entre 2011 e 2020, crescimento médio de 7%. (Brasil e China tinham o mesmo PIB em 1990. Hoje PIB Brasil: U$ 1,4 Trilhões, PIB China: U$ 17 Trilhões)
- Tecnologia – Brasil: Foco no agronegócio. China: Altamente tecnológica com um dos maiores investimentos em P&D do mundo.
- Educação – Brasil: Pouco foco em tecnologia e na fluência em inglês. China: Escolas tecnológicas e com inglês fluente entre as crianças.
- MOD: Brasil: Dificuldade em encontrar profissionais preparados. China: MOD qualificada, principalmente geração "Z".
- Segurança Jurídica: Brasil: Democracia e leis estabelecidas. China – Comunismo: A China não aceita a jurisdição da Corte Internacional de Justiça e o judiciário não é independente. Entenda: Se houvesse graves problemas de segurança nos negócios, vocês acham que a Apple e outras multinacionais estariam fabricando na China?
- Retorno dos Impostos: China: Sócia de todas as empresas (mas devolvem o dinheiro em infraestrutura e mercado competitivo), Brasil: Também é sócio de todas as empresas (Duvida? Olhem no fluxo de caixa o imposto que pagamos ao governo) e sem retorno em infraestrutura e ambiente competitivo.

- Moeda – Brasil: Real não é influente no mundo. China: Yuan cada vez mais influente no mundo.
- Tecnologia: Brasil: Precisa importar componentes (Globalização passiva), China: Exporta tecnologia e é autossuficiente. (Globalização ativa).
- O dinheiro produtivo mundial escolheu a China, o dinheiro especulativo (Selic a 13,75% e que não gera empregos) escolheu o Brasil. A China é consequência, a causa é a nossa falta de compromisso nos últimos 30 anos (Brasil) e fazer as reformas de impacto (e não adjacentes) para tornar o Brasil competitivo.

Pergunta estratégica Brasil: O que podemos fazer para que o dinheiro produtivo venha para o Brasil?

Pergunta estratégica Investidor: Sua decisão é abrir fábrica no Brasil ou na China?

ENTENDA: A questão aqui não é ideológica (e eles têm graves problemas), mas econômica. Duvida? Olhe para a sua cozinha, 80% do que está lá é feito na China, mas poderia ser feito no Brasil.
"Seja resoluto, não tenha medo de sacrifícios e derrube todas as dificuldades para a vitória." Mao Tsé-Tung

OPORTUNIDADES

O mundo depois do Covid ficou mais complexo. Os investidores globais estão descobrindo que o lucro líquido é a melhor forma de medir os negócios, a agilidade na tomada de decisão é a grande diferença entre lucro e prejuízo. Temos uma volatilidade muito maior nos mercados. Temos um volume de informação nunca visto e uma necessidade de estarmos conectados e alinhados com as novas tendências mundiais, e isto tudo em tempo real. Mas neste mundo volátil e complexo também temos grandes oportunidades a serem aproveitadas:

1. Empresas que cuidam do Caixa/liquidez, depois da crise, terão a oportunidade de fazer aquisições de outras empresas de forma responsável, fazendo da sinergia de processo, produtos e mercado um diferencial na operação e incremento de resultados. Hoje estamos vendo empresas com problemas juntando a suas operações como se isso fosse a solução (Problema + Problema = Problema em dobro).
2. Para quem consegue pensar estrategicamente sem perder o foco na operação, fazer a conexão (Informação + Direcionamento + Execução) aumentando o portfólio de perguntas inteligentes (e não de respostas), fazendo da equipe um diferencial e da "atitude firme" uma fortaleza, tem grandes oportunidade na carreira, pois entrega valor.
3. Para os países (que descobriram a sua real dependência da China), existe uma grande oportunidade de fazer uma política de reindustrialização com bases tecnológicas, buscando uma atitude ativa (e não passiva) da globalização.
4. Várias oportunidades de entregar valor foram identificadas (Resultado + Valor + lucro). Ifood, Amazon, Apple, Mercado Livre, Alibaba, Shopee e outras fizeram a sua diferenciação em mercados já existentes. Como está a sua análise do mercado? Sua empresa apenas responde de forma passiva aos concorrentes ou analisa o ponto de inflexão?
5. Temos um mercado de 250 Milhões de habitantes, porém com um mercado em baixa, mas devemos pensar em perspectivas de três anos. Mesmo assim, hoje, assistimos a algumas ilhas de excelência em alguns segmentos (Veterinário, por exemplo).

ENTENDA: O ponto aqui é que temos no mundo e no Brasil grandes desafios, mas temos que treinar a nossa mente para enxergar em uma perspectiva diferente. (Oportunidade = Atualização + Conhecimento de mercado + Visão de mundo + "timing" + coragem + execução + resiliência), portanto, oportunidade não se espera, se cria.

"As grandes oportunidades na vida devem ser aproveitadas. Nós não fazemos muitas coisas, mas quando temos a chance de fazer algo certo e grande, nós temos que fazer, e fazer numa escala pequena é quase um erro tão grande quanto não fazer absolutamente nada. Você não vai ter quinhentas grandes oportunidades na vida."
Warren Buffet

GOVERNANÇA - PETROBRAS

O quanto a Governança Corporativa está consolidada nas empresas (públicas e privadas) para que ela possa se resguardar de pressões de mercado, econômicas e políticas? Governança significa que uma empresa possui um conjunto de regras e controles que garantam aos acionistas e a sociedade transparência e conduta ética em todas as áreas da empresa, e principalmente, que as regras e decisões sejam respeitadas e os erros corrigidos.

Oito novos nomes foram aprovados para o Conselho de Administração da Petrobras. Mas o que chama atenção é que dois destes nomes foram rejeitados pelo "Conselho de Elegibilidade", que tem a função de verificar a conformidade dos processos de indicação e de avaliação dos administradores, o conselho de administração validou a decisão do "Conselho de Elegibilidade". Os nomes foram rejeitados por conflito de interesse. O resultado deste processo (Governança) não foi aceito pelo acionista majoritário da Petrobras e os nomes continuaram e serem indicados para o conselho, e aprovados (Não estou entrando em questões políticas aqui).

Perguntas à Petrobras:

1. Como é garantido aos investidores que a empresa não sofrerá pressão política em suas nas decisões estratégicas, demonstrado pouca transparência?
2. Por que a decisão do Comitê de Elegibilidade não foi aceita? Podemos afirmar então que as outras áreas de controle da empresa têm a mesma dificuldade de autonomia e controle?
3. Como a reputação da Petrobras fica perante a sociedade se os controles internos podem ser superados por vontade política, como demonstrar que os riscos corporativos são controlados?
4. Como será a integração e o compromisso do conselho, se dois membros foram rejeitados pelo motivo mais complicado de todos: Conflito de interesse, ou seja, as decisões tomadas podem não ser favoráveis a empresa. (A CVM tomará alguma medida disciplinar ou comunicado aos acionistas de que dois membros do conselho da Petrobras foram aprovados, mesmo com fortes indícios de conflito de interesse?)

5. Como será a postura perante aos investidores internacionais? Muitos fundos de investimentos têm a Governança como premissa para os investimentos?

Devemos tomar este exemplo para garantir que a Governança seja robusta nas empresas, pois a pressão econômica e política são dois fatores que podem desvirtuar a empresa de sua estratégia.

ENTENDA: Slogan da Petrobras: "O desafio é a nossa energia". Sugestão é mudar para: "O desafio é colocar mais energia em nossa Governança". Acho que define melhor a cultura da empresa.

CHINA... POR FAVOR, NÃO "QUEBRE"!

Praticamente todas as multinacionais estão operando na China. Desde a época dos tigres asiáticos (década de 1990), a abertura comercial (e não política), aliada aos baixos custos de produção e investimentos em infraestrutura, tornou a China a segunda maior economia do mundo. Em 1990 o Brasil tinha o mesmo PIB da China, agora temos 1/3 disso.

Hoje saíram dados preocupantes da economia Chinesa, e isto, sim, é uma notícia de impacto, pois o mundo ainda não se recuperou do Covid (diminuição do PIB mundial), da Guerra da Rússia (aumento dos preços das commodities), da Inflação (excesso de liquidez), e agora a desaceleração da China (menos consumo). O problema é que todos os dados da economia da China vieram abaixo do esperado: Indústria, comércio e setor imobiliário. Consequência é que o BC da China reduziu a taxa de juros para estimular a economia, a taxa de juros caiu 10 pontos, a 2,75%.

Como nos prepararmos para este cenário:

1. Se você é indústria e compra da China, importante entrar em contato com o seu fornecedor e verificar a entrega. A própria China tem problemas com matéria-prima internamente.
2. Procure fornecedores nacionais ou na América Latina. E.U.A, Japão, Alemanha e Coréia do Sul são países tecnológicos que podem ser uma alternativa. Se não tiver opção, negocie um contrato anual com o fornecedor chinês, com multa de não fornecimento e ajuste de preços (mas cumpra a meta de compra).
3. Este ano já tivemos lockdown (política "Zero Covid") em Shenzhen, Xangai e Pequim. Taiwan prejudicada com manobras militares (efeito Pelosi). A maioria dos containers do mundo passa por estas cidades, assim, procure um agente logístico internacional e procure outras rotas (Plano B). Planeje as compras com antecedência, o custo marítimo já é alto, mas trazer de avião é entregar a sua margem para a CIA Aérea.
4. O Dólar tende a subir, pois os investidores procuram menor risco (Fluxo Cambial) alocando nos E.U.A. Assim, é muito importante fazer o Hedge (Trava) do Dólar (previsibilidade no Fluxo de Caixa).

5. B3 terá uma correção forte se este desaquecimento da China continuar, somos um país exportador de commodities e com a demanda fraca mundial, as empresas terão menor lucro. Como estas empresas têm uma parcela grande no "índice B3", podemos esperar mais turbulência. Investidores: Renda fixa neste momento, por favor.

Black Swan: A Construção Civil da China piorou com a diminuição das vendas de casas (30% menor), os chineses não estão pagando as prestações (inadimplência), Evergrande e outras empresas de construção Civil estão com problemas. Quando esta "bolha" estourar, devemos estar preparados com a trava do Dólar e opções logísticas, além de não ter empréstimos em Dólar.

ENTENDA: A "temperatura" está aumentando, importante nos prepararmos.

PRAZER SOU A INFLAÇÃO.

Uma geração inteira de gestores está enfrentando os efeitos da inflação em suas empresas. Com certeza, não foi ensinado este desafio em profundidade nas escolas de negócios (apenas como marco histórico).

A inflação compromete as margens, diminui o consumo e provoca incerteza/volatilidade nos mercados. A consequência é o aumento dos juros e o enfraquecimento da economia. Especificamente depois do Covid (Descasamento entre oferta e demanda + Guerra Rússia), os preços dos combustíveis subiram, assim como os custos da logística, o que traz ainda mais desafios aos gestores.

Tenho conversado com profissionais que vivenciaram o período de inflação do Brasil, divido com vocês alguns pontos:

1. Estoque - A inflação deprecia mais rapidamente o estoque, assim, foco total nos produtos de giro rápido e que gerem margem (Diminui NCG).
2. WACC (Custo do Capital) – Diminuir o endividamento ao máximo e renegociar os empréstimos anualmente. O alongamento da dívida foi muito citado. Para empresas em âmbito global, os empréstimos feitos no exterior foram uma opção (taxas menores).
3. Repasse de Margens – Um desafio repassar as margens em períodos de inflação alta, pois o poder de compra está comprometido e, com economia em baixa, o medo do desemprego aumenta, assim, a gestão dos custos é a diferença entre margem positiva e prejuízo. Ajustar a estrutura (preciso ter uma empresa com este tamanho agora?), priorizar segmentos (Premium), oferecer ao mercado produtos com maior margem (administrar o faturamento e garantir o custo fixo).
4. Crédito – Seja muito mais rigoroso com o crédito (Inadimplência + Juros altos = Menor liquidez). Utilizem o seguro de crédito e reforcem a garantia. A área comercial vai querer vender (e este é o papel deles), mas as vendas devem ser saudáveis.
5. Capex - Priorizar investimentos com PayBack de curto prazo, importante ajustar a TIR (Taxa interna de retorno), pois a inflação "deprecia" o resultado com o tempo.

6. Fluxo de Caixa – Fornecedores (alongar prazo de pagamento), maior agressividade na inadimplência, para PDD (foi citado maior desconto da dívida para receber).
7. Core Business – Venda de ativos que não são o DNA da empresa (permite caixa e maior foco no que é essencial)
8. IPO – Complicado em um mercado em baixa. A inflação deixa a empresa mais barata (Qual o sentido de um IPO na crise para os acionistas?).
9. Debênture – Terá que entregar uma rentabilidade alta, pois a Selic está em crescimento. Faça uma projeção de fluxo de caixa e verifique o impacto dos juros no resultado e garanta que o recurso será usado para gerar valor.
10. Contabilidade – Devem refletir "no detalhe" os centros de custos corretos. Cuidado com a empresa com lucro contábil e sem caixa.

Acrescento no período pós-Covid:

11. Trava do Dólar – Previsibilidade do fluxo de caixa.
12. Fornecedores Estratégicos – Negociar meta anual para diminuir preços.
13. Logística – Previsibilidade da demanda para trazer tudo marítimo (ainda que seja caro).
14. Lucro Líquido – EBITDA é importante, mas não o colocar como meta principal.
15. Estrutura Horizontalizada – Agilidade de decisão na inflação faz diferença.

COMUNICAÇÃO É TUDO!

Muito importante como a empresa se comunica com os consumidores, sociedade e investidores. Esta comunicação ainda é mais estratégica em momentos de crise.

O presidente do conselho de Administração da Magazine Luiza disponibilizou um vídeo esta semana em que faz o seguinte comunicado:

"Sei que aprovar crédito é muito difícil, principalmente nesse momento de crise. Quero te dar uma notícia: seu crédito já está pré-aprovado no Magazine Luiza. É só procurar uma de nossas lojas, procurar o vendedor, até mostrar esse filme para ele. E vai ser no carnê, lembra daquele carnê gostoso? Vá o mais rápido possível em uma de nossas lojas, por favor."

Respeitamos a Luiza Trajano pela sua trajetória, mas vale, neste momento, alguns questionamentos:

1. "Por favor" - Verifique quais lojas estão tendo lucro e feche as que tenham prejuízo, não adianta ter escala se não tem lucro (A varejista reportou prejuízo líquido de R$ 161 milhões).
2. "Por favor" – Verifique o nível de endividamento da sua empresa e o impacto na conta (Desp. Financeira), muito do seu "pedido" ao cliente vem da perda de caixa/liquidez.
3. "Por favor" – Verifique o estoque (produtos de baixo giro) e analise quais ações podem ser feitas, mas por favor, não venda com prejuízo.
4. "Por favor" – Verifique toda a sua estrutura de MKT/Comercial, para evidenciar valor aos consumidores (Magazine tem uma das entregas mais rápidas do mercado, por que não enfatizar isso?).
5. "Por favor" – Verifique com a sua equipe financeira uma comunicação em que explique as ações aos investidores (em detalhes) de como a Magalu está preservando o caixa e garantindo as margens. Muitos investidores perderam dinheiro. As ações do Magazine Luiza desabaram 67,59% no primeiro semestre de 2022.
6. "Por favor" – Verifique junto aos seus diretores como está o mapeamento dos concorrentes e a defesa dos novos "players", Shopee, Amazon... e como será a estratégia de mercado.

7. "Por favor" – Verifique com os seus fornecedores uma extensão maior de pagamento (ajustando o fluxo de caixa), a Magalu tem "influência" para isso.
8. "Por favor" – Verifique toda a estrutura de pessoal. Faça as seguintes perguntas: A empresa é horizontal? Nossa estrutura atual permite agilidade? Preciso desta estrutura agora?
9. "Carnê Gostoso"? – Qualquer financiamento hoje (Selic 13,25%) é pesado para a empresa e para o orçamento das famílias, principalmente com alta da inflação e incerteza de empregos, realmente estas seriam as melhores palavras neste momento?
10. Crédito – Em um momento em que a inadimplência está alta (até para os bancos), é necessária uma "reanálise" mais aprofundada do crédito. Realmente a pessoa tem condição de pagar ou este risco está sendo terceirizado para as empresas de cartão?

Realmente, a forma como foi feito o vídeo irá trazer o resultado pretendido no longo prazo? A Magalu passou a sensação de que está desesperada.

Sugestão de um novo texto:

"Neste momento de crise, queremos você, consumidor, perto da gente. Mantemos o seu crédito e o seu sonho de ter os nossos produtos, e você escolhe a forma de pagamento, pode ser até através de carnê. Tem uma loja perto de você, nossos vendedores terão prazer em atendê-los. 'Por favor', vamos juntos ajudar o Brasil a passar por este momento difícil. De quem sempre acreditou em vocês: Luiza Trajano."

ENTENDA: Que fique o ensinamento, comunicação na crise é estratégico (poder das palavras) e um erro pode agravar ainda mais uma situação difícil.

Sucesso a Trajano e ao Magalu, o Brasil precisa de vocês!

MERCADO DE BEAR MARKET, O QUE FAZER?

Temos um desafio grande pela frente, importante saber gerir as empresas em um mercado em recessão (e acrescento: pré-Bolha Financeira). Todos estão sentido no bolso (física e jurídica) os impactos dos juros altos e da falta de consumo. Muitas pessoas entraram em contato, assim, segue (de forma consolidada) as "Decisões de Impacto" que considero essenciais:

Pessoa Física:

AÇÕES – A não ser que você seja um mega investidor (Ray Dalio) e esteja vendido a descoberto (apostando contra o mercado), aconselho vender tudo (o melhor prejuízo é o primeiro). O mercado vai cair ainda mais e 99% aplicam sem saber o que estão fazendo. Existe também a questão psicológica. "Todo mundo tem capacidade mental para ganhar dinheiro com ações, nem todo mundo tem estômago." (Peter Lynch)

RENDA FIXA – Importante para preservar o patrimônio, fundos atrelados ao IPCA e ao Dólar devem ser considerados. Não apliquem em fundos multimercados.

IMÓVEIS – Os juros vão continuar aumentado e as prestações já estão altas demais para a maioria dos brasileiros; as devoluções de imóveis cresceram muito, este será o próximo setor a ser afetado (Construção Civil). Sendo direto: não compre imóveis financiados agora.

Decisões estratégicas - Preservar o caixa:

- DÓLAR (Travar) – Teremos mais seis reuniões do FED este ano, os juros irão subir e o Dólar vai desvalorizar (trabalhem com o dólar acima de R$ 6,00 e Selic acima de 15% aa), estou alinhado com o Max Mustrangi. A variação cambial acaba com o caixa rapidamente.
- ENDIVIDAMENTO – Diminuir. Com os juros altos, o peso do endividamento no resultado das empresas será mortal.
- INADIMPLÊNCIA - Revisar a política de crédito, importante vender com margem, mas principalmente receber. Usar o seguro de Crédito.
- PRECIFICAÇÃO – Não venda com prejuízo, busque novos nichos e priorize produtos com maiores margens.
- CUSTOS (Fixo e variáveis) - Encontre o ponto de equilíbrio para manter as margens.
- NCG/Fluxo de Caixa – Renegociar com os fornecedores, ajustar o PMR (Prazo médio de recebimento) e PMP (Prazo médio de pagamento).

Decisões estratégicas - Sobrevivência:

ESTRATÉGIA: Identifiquem empresas com produtos e mercados complementares e que esteja com problema de caixa. (Oportunidades)

- EVA/VEA – Analisar o real resultado da empresa sem distorções. "Não recorrentes".
- LIQUIDEZ - "Não existe almoço grátis". Existe caixa através de empréstimos/debêntures (alta Desp. Finan.) ou liquidez através de margem, ciclo financeiro, gestão de custos e Lucro Líquido. Qual almoço a empresa quer pagar?

Índices Estratégicos

- O Lucro líquido é mais importante do que o EBITDA.
- Maior faturamento não é sinônimo de maior lucro.
- Não adianta vender com lucro e não receber (inadimplência).
- WACC (Custo do dinheiro) x Alavancagem Financeira.
- Fluxo de caixa x Custos fixos e variáveis.

ENTENDA: "Regra número 1: nunca perca dinheiro. Regra número 2: nunca se esqueça da regra número 1." - Warren Buffett

100

VOCÊ SABE LER OS FATOS RELEVANTES?

1. Juros altos (EUA + Brasil) 2023 = 2024 (> impacto no caixa).
2. Dólar Brasil (>4,90 e <5,30) = 2024 (> pressão dos custos).
3. Inflação Brasil 4,68% = 2024 (calcule a sua própria Inflação).
4. 71 mm de endividados = 2024 (< poder de compra).
5. Empresas com problemas de caixa = 2024 (< liquidez).
6. Melhor segmento em 2023 = Reestruturação de dívida.
7. PIB 3% (2023) = 2024 (Compre ingresso do Agro).
8. RJ Recorde em 2023 = 2024 (Rambo 2).
9. Demissões 2023 = 2024 (Tamanho correto da empresa).
10. Debêntures 2023 = "tapar" buraco ou construir pontes?
11. 84% dos adultos não comprou nenhum livro em 2023 = 2024 (respostas simples e fáceis para problemas complexos).
12. Déficit dos países crescendo 2023 = 2024 (a conta chega).
13. Tributos Brasil hoje (34%) = 2024 = 27,5% + cancelamento da subvenção do ICMS + sem JCP + sem dividendos + equipe de transição = 39%.
14. IA 2023 = 2024 (Alguém vai fazer melhor que você).
15. Poucas oportunidades 2023 = 2024 (A barra subiu).
16. Dinheiro não aceita desaforo 2023 = 2024 (The same).
17. Fatos e dados 2023 = 2024 (Nos confrontarão).
18. Lifelong Learning 2023 = 2024 (Lifelong Learning + Plus).
19. Tubarão ou sardinha 2023 = 2024 (Sua escolha).

ENTENDA: Tenha uma visão estratégica (Brasil + Mundo + seu segmento específico) + pensamento independente = maior vantagem competitiva que você pode ter, na carreira e na vida.

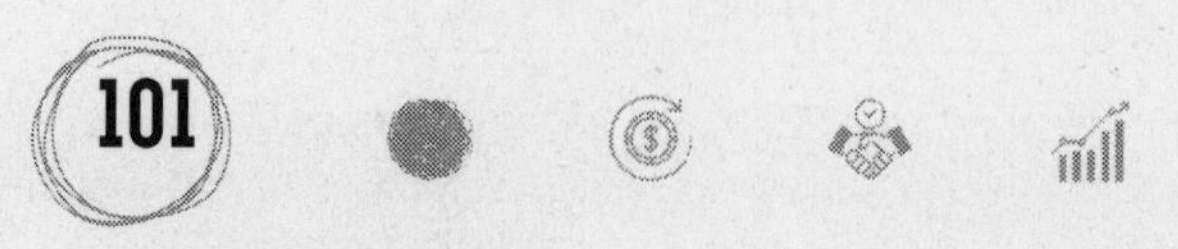

A FESTA É PRIVADA

Tecla SAP: 2023 não foi um ano fácil. Em janeiro tivemos o problema das Americanas, a maior empresa de varejo do Brasil com o "rombo" de R$ 20 Bi. Em três semanas, a ação da empresa se desvalorizou 99% e entrou em Recuperação Judicial. Não tínhamos visto, até esse momento, nenhum movimento parecido com este no Brasil. 2023 também foi marcado pelo aumento de déficit dos países, no Brasil com uma previsão de estourar o orçamento em R$ 177 Bi, (> Risco para os investimentos, < pontuação de confiabilidade pelas agências de Classificação de Risco, > Selic, > Dólar, > Inflação e < investimento em Infraestrutura). Nos EUA, o aumento do Déficit fiscal impacta o relacionamento com o congresso, que precisa aprovar novos gastos, e eles sabem mais do que ninguém "There is no Free Lunch". A Evergrande (maior empresa imobiliária da China) foi esquecida este ano e é um dos maiores riscos para 2024. A empresa acumula dívidas de U$ 340 bilhões (R$ 1,7 Trilhão) = Petrobras (R$ 471 Bi) + Vale (R$ 301 Bi) + Ambev (R$ 205 Bi) + Itaú (R$ 243 Bi) + Bradesco (R$ 140 Bi) + BTG (R$ 124 Bi) e BB (R$ 135 Bi) juntas... 1T/24 teremos uma definição a solvência da empresa, o impacto é mundial, no seu dia a dia = < Crédito, > Dólar > Inflação. Mesmo com o Desenrola em 2023 (Negociação de Bilhões) tivemos a segunda pior Black Friday do país, o consumo diz respeito à confiança e não temos muita hoje. As ações do varejo tiveram grande desvalorização e as empresas, sem saída, fizeram demissões em massa, sabem a importância da geração de caixa. Mesmo com o incentivo das compras dos carros, tem montadora (GM) que abriu o plano de demissão voluntária. Nos EUA, o Citibank, um dos maiores bancos daquele país, também fez o mesmo movimento. O desemprego está em 7,8%, será que estamos realmente gerando mais empregos ou as pessoas estão fazendo "bicos"? (Tivemos em 2023 2,7% Mi de criação de pequenas e médias empresas). Terminamos 2023 com 71 Milhões de brasileiros endividados (> endividamento de longo prazo desde 2020), e com o maior número de empresas em Recuperação judicial em 2023 (+ de 1000 empresas).

ENTENDA: A grande pergunta é: Onde está a previsão do PIB de 2023 de 3%, ou melhor, por que (se realmente se confirmar o 3%) a sua vida e as das empresas não estão melhores? Por um único motivo, esta festa é privativa, é do Agronegócio, que utiliza a cotação do Dólar (>4,90 e < 5,30) para exportar, melhorando a balança comercial do país, mas impactando o mercado interno, sendo sentido mais pela indústria. Ou você compra ingresso para a festa do Agro, ou vai ter que comer cachorro quente. 2024 irá demandar dos profissionais conhecimento aprofundado + atitude, além de resiliência (capacidade de engolir sapo de forma estratégica). Esteja confortável na turbulência, esta é a única certeza.

2023 - PARA COLOCAR EM UM QUADRO.

Tecla SAP: Ano de 2023, para colocar em um quadro.

1. Americanas, fraude (R$ 40 Bi). O crédito "secou" durante o ano. Única regra que importa da RJ: Ou você entra no plano de recuperação ou espera 20 anos para receber 80% da dívida = Plano aprovado (quando diz respeito a dinheiro, todo mundo tem a mesma religião).
2. 71 MM de endividamento (80% no cartão de crédito, 450% aa) = Segunda pior Black Friday. = Brasil, mostra a sua cara! (Cazuza!)
3. Dólar (< 4,85 e > 5,30) = impactando o custo das empresas.
4. 2,7 MM de novas empresas e desemprego em 7,8% = Bico (Desenrola ainda não desenrolou).
5. Inflação (12 meses) a 4,68% = Está com mais dinheiro?
6. Inadimplência recorde (89%) das empresas (R$ 125 Bi) = Vixi 1!
7. Volume recorde de Recuperação Judicial = Com viés de alta.
8. Sem IPO e emissão de Debêntures / Follow-on para "tapar buraco".
9. Áreas que mais cresceram = Estruturação de dívidas.
10. Sales and Leaseback e fundos especiais = Última saída.
11. Demissões em massa = Fintechs e dinossauros.
12. < SELIC: 11,75% ou a 9% = Impacto no caixa é o mesmo = Cadê a produtividade?
13. Juros no mundo continuarão altos = Desejo é diferente de realidade.
14. PIB Brasil = Agro (Camarote), indústria e serviços (Geral).
15. 49° no ranking de inovação. Pisa = matemática (379 pontos), 93 pontos abaixo da média da OCDE (472 pontos). Leitura foram 410 pontos (66 pontos) abaixo da média da OCDE (476 pontos). 85% dos adultos não compraram nenhum livro em 2023. Brasil 9° na economia mundial = sustentável?
16. Reforma tributária aprovada = IVA (Não sabemos).
17. Investidor descobriu 1 = rentabilidade é melhor que faturamento.
18. Investidor descobriu 2 = produtividade para geração de caixa = separa os homens dos meninos.

19. B3 subindo = Mercado sendo mercado. (Realidade "diminuída").
20. Varejo = Tanque na reserva. Próximo posto = 300 KM.
21. Carro do ano BYD (China) = 1990 tínhamos o mesmo PIB = Aprendemos alguma coisa?
22. Profissionais qualificados = Diamante raro.
23. Inteligência Artificial = Cinto do "Batman".
24. Déficit Fiscal = R$ 177 Bi e OCDE: Déficit Brasil/PIB (2024 = 80% e 2047 = 90%): Apostar no futuro ou fatos e dados?
25. PIB de 3% e < Arrecadação = Matemática Quântica ou falta de inteligência?
26. Fitch e S&P > Rating Brasil: BB = Vixi 2!
27. Emendas: R$ 53 Bi. Investimentos (LDO) para 2024: R$ 9 Bi = Todo asfalto leva ao congresso.
28. Zanin e Dino na suprema corte = Supremacia "Bourne" ou supremacia política?
29. COP 28: Biden e Xi Jinping não foram, tinham outra agenda.
30. ESG = Não colocaram ainda o "G" na frente.
31. 10% ganharam dinheiro = 90% ganharam experiência.
32. Cash is King = Inegociável (mas esquecido).
33. Dilma eleita economista do ano = 2023 explicado.

ENTENDA: É muito "melhor" estar errado coletivamente do que certo individualmente. Tenha um pensamento independente = seu > ativo. Única conclusão de 2023: O Brasil "realmente" não é para amadores.

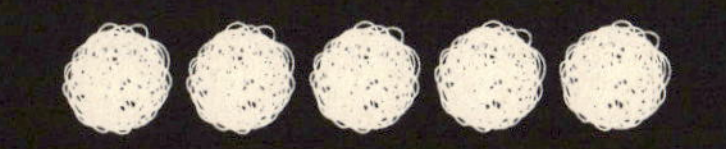

TEXTOS ESTRATÉGICOS

SAIBA SEPARAR RUÍDO DE INFORMAÇÃO

Notícias mais relevantes dos últimos 30 dias.

1. Inadimplência de longo prazo é a > desde 2020.
2. Investimento estrangeiro < 43%.
3. Recuperação judicial bate recorde do 3 Tri/23.
4. Gol contrata consultoria para aumentar a liquidez.
5. Bancos com problema de margens.
6. Spofy cortará 1.500 e Telefônica 5.100 (funcionários).
7. JPmorgan para investidores = Lucro 2024 será menor.
8. Projeção PIB 2023 de 3% = Agro (A festa é privativa).
9. Reforma tributária: > Exceção = > IVA = < lucro.
10. Mesmo cortando custos, LL das empresas diminui.

ENTENDA: Os juros continuarão altos (EUA e Brasil), impactando o caixa das empresas (Juros), assim, fundamental ter uma operação que gera caixa positivo (produtividade). Você não consegue isso vendendo com prejuízo (sem margens) e impactando a sua liquidez com um estoque errado (< Giro e < Margens) = > NCG. Debêntures, follow-on e empréstimos apenas irão postergar o problema de caixa, e a conta chega mais "pesada". Foque no custo do seu produto (Dólar > 4,90 e < 5,30 = > custo) e no ciclo financeiro = dinheiro na hora certa. Mesmo com o desenrola e "< Inflação" tivemos a segunda pior Black Friday (< poder de compra), preste atenção no Ticket Médio e no mercado em que está inserido (> Margens). Esqueça o Ego, assuma que está errado e aja rápido (foque nas causas), ajuste a regra do variável (> Alavancagem financeira = < Bônus). Tenha as pessoas certas e implemente as ações (> Impacto) e tenha o tamanho correto da empresa (Geração de caixa). Escala e investimentos apenas com Fluxo de caixa projetado (margens e Lucro Líquido), e cuidado com o M&A (dois Fiats 147 não são uma "Toro"). Apenas duas alternativas, ou faz certo e aproveita as oportunidades ou vira estatística (Recuperação judicial = Cash is King).

LINHAGEM UNIVERSAL: SHOW ME THE MONEY

Tecla SAP: Falar a "linguagem" do dinheiro é fundamental para vender qualquer projeto e desconsiderar isso é um erro grave. Existem duas "forças" poderosas nas empresas, "Cash is king" e "Show me the money". Você pode achar que o certo/justo é o seu projeto ser aceito pelo apelo Social, Ambiental, Governança, produtividade interna ou novas oportunidades, mas a verdade é a seguinte: o mundo não é justo. Se quiser convencer, terá de falar a "linguagem" do dinheiro.

ENTENDA: As empresas estão sem caixa/liquidez (endividamento + recuperação judicial + agressividade na arrecadação + cenário 2024 complicado). Resultado: as empresas estão muito mais seletivas.

1. Demonstre que o seu projeto pode ajudar a empresa a ser mais sustentável, pegando dinheiro com taxas menores (BNDES, por exemplo), ou remunerando menos o investidor (Debêntures). Esta diferença é o dinheiro do seu projeto. (Cash is king).
2. Mostre em quanto tempo a empresa recupera o dinheiro. (Show me the money).
3. Nada de 30 slides: no máximo sete slides. (Tempo é dinheiro).
4. Mostre como o projeto melhora o produto ou comunica melhor a cultura da empresa para o consumidor, aumentando as vendas. (Imagem positiva é lucro).
5. Entenda a estratégia e o mercado da empresa para oferecer um projeto que realmente faça sentido na geração de caixa. (Dinheiro que gera valor).
6. Mostre como o projeto pode engajar os funcionários no melhor atendimento ao cliente. (Clientes insatisfeitos = menor Lucro/prejuízo).
7. (30%) História e (70%) Fatos e dados (Medir riscos/oportunidades).
8. Converse com quem decide (Timing é tudo).
9. Ninguém quer um escândalo de imagem (Mostre seriedade, contas auditadas e relatórios).
10. O projeto gera um impacto positivo (Propósito + imagem + lucro) ou é uma commodities? = Prioridade de atenção.

ENTENDA: Única pergunta que merece ser respondida: Você sabe falar a "linguagem" do dinheiro?

SEM MEDO DA CONCORRÊNCIA!!!!

Tecla Sap: Sua competição é com a líder de mercado mundial (que possui dinheiro, escala e produto consolidado), e, mesmo assim, você consegue superá-la (vendas e margens) com um produto similar e com uma estrutura menor, mas principalmente pressionando seu concorrente ao erro, agindo nas suas falhas, buscando novos mercados, e alinhando a imagem do produto ao consumidor e ao lucro. Foi isso que a Pepsi conseguiu sobre Coca nos anos 80.

ENTENDA: Perguntas certas (Jim Collins):

1- Com as informações detalhadas do seu concorrente, você consegue "enxergar" uma vantagem competitiva que permita > a participação de mercado? = Oceano azul temporário.

2- A burocracia da sua empresa "trava" as oportunidades? = Qual o "peso" do acelerador e do freio na sua cultura?

3- O tamanho da sua estrutura/empresa permite que todos estejam fora da "zona de conforto" procurando soluções certas (e não simples) para aproveitar as oportunidades? = Pressionar o concorrente.

4- O consumidor realmente entende a vantagem competitiva na mensagem do seu produto/serviço? = Risco de irrelevância.

5- Você consegue enxergar oportunidades em cada ação do seu concorrente? = Apanhar, aprender e revidar de forma estratégica.

6- Quais os "pesos" de equilíbrio (pesquisa de mercado/representantes comerciais/fatos de dados) para a sua empresa "sentir" o mercado? = Investimento correto.

7- Qual o nível de maturidade da sua equipe para tomar decisões com pouca informação? = Separa os homens dos meninos.

8- Qual o real objetivo do produto, preço, margem, mercado, imagem e MKT? = Diferença entre Lucro e Ego.

9- Naquela época, o tempo de resposta já era fundamental, imagine hoje (menos Tecnologia, menos imagem nas redes sociais, menos Concorrentes e mudança do consumidor) = Sua execução é analógica em um mundo digital?

Livro para CEO, CFO, Conselho e principalmente para quem gostar de uma “boa briga”, para quem sabe apanhar e bater de forma estratégica.

LEIA OS CENÁRIOS E CONVERTA EM AÇÕES!!!!

Tecla SAP: Recorde em 2023 de RJ (966 empresas). Projeção de > PIB (3,3%) e arrecadação diminuindo (< lucro empresas). Déficit fiscal (Jan a Out = R$ 97 bi), mesmo com ações para aumentar a arrecadação. Inflação (2023) em 3,75%, porém o consumidor não sente > poder de compra. Brasil é a "bola da vez", mas os investimentos estrangeiros diminuíram 77% na B3. Dólar (>4,90 e < 5,30) torna o Custo Brasil mais alto. SELIC 12,25% e o ritmo da baixa é incerto (não cumpriremos a meta fiscal). 71 milhões de endividados (maioria no cartão de crédito 450% aa). Desemprego diminuiu para 7,8% e temos 2,7 Milhões de novas empresas em 2023 (93,7% microempresas), a verdade é que as pessoas estão desistindo de procurar emprego. Poucos segmentos estão crescendo e todos os outros com problemas. Resultado: Não está fácil para ninguém.

ENTENDA: Foque seu tempo nas ações em que possui controle.

1- Tamanho correto da empresa = Adaptação.
2- Corte de custos = Equilíbrio no Caixa.
3- Mercado Premium = preservar as margens.
4- Trava do Dólar = Previsibilidade.
5- Endividamento (AF) = Apenas se for estratégico.
6- Estrutura de capital correta = PL Positivo.
7- Leitura de cenários = Apenas com Fatos e Dados.
8- Execução correta = Vantagem competitiva.
9- Crédito ao Cliente = Seja seletivo.
10- Ciclo Financeiro = Dinheiro na hora certa.
11- Inadimplência = Negociação agressiva.
12- Não venda sem margens = > NCG
13- Estoque certo = < Caixa.
14- Fluxo de caixa operacional positivo = Sobrevivência.
15- Pessoas excelentes = Empresas excelentes.
16- Bônus alinhado = Índices de longo prazo.
17- Estrutura horizontal = Agilidade nas decisões.

18- DRE é importante = mas foco na liquidez.
19- Alongue a dívida = Tempo estratégico.
20- Venda produtos de maiores Margens = Caixa.
21- Cuide da Cultura = "come" a estratégia no café da manhã.
22- Mais seletivo com investimentos = lucro.
23- "Escalabilidade" sem liquidez = Prejuízo.
24- Timing é tudo = Nunca esqueça os "Russos".
25- Budget 2024 = Seriedade.
26- Mundo conectado = Novos mercados/Oportunidades.
27- Custo do produto x qualidade = Equilíbrio nas Margens.
28- Sistema tributário robusto = Diminuir riscos ocultos.
29- Ações sustentáveis (ESG) = Lucro responsável.
30- Dinheiro não aceita desaforo = Cash is King
31- Busque a excelência = é uma escolha.

O piloto do avião não controla o vento, mas controla sua pilotagem na turbulência (indicadores que estão sob seu controle): faça o mesmo.

O BRASIL NÃO É PARA AMADORES!!!

Tecla Sap: A Shein (Chinesa) anunciou em Abr/23 a fabricação de suas roupas no Brasil, gerando 100 mil empregos em 3 anos = Magalu (38 mil) + Via (50 mil) + Marisa (10 mil) juntas, continuando com a política de preços baixos. O “Custo China” < o “Custo Brasil”. Resultado: Os preços da Shein estão aumentando (perdendo competitividade). Alguns itens vendidos no Brasil (Pesquisa BTG) são 29% mais caros do que nos EUA, sendo a operação Brasil uma das mais caras mundialmente. De oito itens selecionados, quatro (50%) já estão no mesmo preço dos concorrentes, com apenas cinco meses de operação.

ENTENDA: Este é um grande exemplo de como o “Custo Brasil” tira a competitividade das empresas em âmbito mundial. Vamos ajudar a Shein na adaptação ao Brasil:

1- Não abra lojas físicas, o varejo está nos smartphones.

2- Venda apenas produtos de maiores margens. (Caixa/Liquidez).

3- Cuidado em nacionalizar a fabricação de 85% dos produtos. Use a alíquota zero de importações até U$ 50. Entenda que este programa pode acabar = > pressão por arrecadação.

4- Cuidado com a criação da rede de 2 mil fabricantes (O Brasil não tem a escala da China).

5- Os incentivos terminarão em 2032. (A diferença da margem é a sua meta de produtividade).

6- Dividendos e juros acumulados serão tributados sem a diminuição do IRPJ, assim como o cancelamento da JCP. (Foco na margem).

7- Transição tributária (velha/nova) regra será de 50 anos. (Tenha uma estrutura robusta tributária).

8- Apenas R$ 9 Bi de investimento Brasil/2024. (Precisará de um Capex alto).

9- Juros no Brasil (12,75%) > China (4,2%). Cuidado com a estrutura de capital.

10- Faça a precificação correta dos produtos. (Carga Tributária: Brasil: 33% / China: 25%).

11- PIB Brasil = Média 0,3% aa (2011 a 2022) / PIB China: Média 7% (2011 a 2022). Tenha um orçamento realista para o Brasil.

12- Implemente centros de distribuição em grandes cidades. Em 2032, o pagamento de impostos será no destino, e não mais na origem.

13- Crie a “Universidade Shein”, temos sérios problemas de MOD qualificada.

14- Não temos um partido único, temos 32 partidos, isto quer dizer que todas as regras podem mudar amanhã. (Se prepare para turbulência constante).

15- Cuidado com os descontos de 85%, escalabilidade sem margem = Prejuízo.

16- Empresas brasileiras de varejo estão implementando o "Cross Border", também para ter o benefício da isenção de U$ 50. (Busque produtividade, a competição vai aumentar).

O Brasil não é para amadores. Desejo sucesso.

EVERGRANDE = IMPACTO MUNDIAL GRANDE!!!

Tecla SAP: A Evergrande (> Incorporadora imobiliária da China) entrou com pedido de falência nos EUA. Esta semana tivemos a notícia de que o presidente do conselho foi colocado sobre vigilância (preso em casa), e que as negociações das ações foram canceladas em Hong Kong. As ações já desvalorizaram 98%. A empresa acumula dívidas de U$ 340 bilhões (R$ 1,7 Trilhão) = Petrobras (R$ 471 Bi) + Vale (R$ 301 Bi) + Ambev (R$ 205 Bi) + Itaú (R$ 243 Bi) + Bradesco (R$ 140 Bi) + BTG (R$ 124 Bi) e BB (R$ 135 Bi) juntas... têm mais de 1.300 empreendimentos e 200 mil funcionários. As agências de risco rebaixaram seu crédito para títulos podres (prejuízo de US$ 4,15 bi = R$ 20,7 Bi). Outras incorporadoras seguiram o mesmo caminho: Kasia, Shimao Group e Country Garden. Quando a bolha "estourar", o mundo inteiro será penalizado. Acha que estou exagerando? Se pergunte: Se a Petrobras perdesse 98% do seu valor, com dívidas de R$ 20,7 Bi, o presidente do conselho preso em casa e as ações canceladas na B3, o que acha que aconteceria com o mercado Brasileiro?

ENTENDA: Quando a "bolha" estourar, os impactos serão:

1. O Crédito mundial vai "secar": Esqueça Debêntures, Follow-on e Investimento estrangeiro. (Se a sua empresa está se movimentando com relação a isso, é melhor acelerar o processo).

2. O dinheiro mundial será levado para os EUA (< Riscos e > Juros) = > volatilidade cambial. Está achando o dólar alto a R$ 5? Pode trabalhar com ele a R$ 7. Travar o dólar (Hedge) é fundamental.

3. A Inflação vai aumentar devido ao aumento do dólar, impactando o custo das empresas e tirando o poder de compra dos consumidores. < Venda e prejuízo. Mais do que nunca, busque produtividade agora.

4. A economia vai estagnar, os governos irão "injetar" dinheiro, aumentando o déficit público. (Esqueça o ajuste das contas públicas) = > Selic.

5. Impacto enorme nas importações da China. Agro, Mineração e Siderurgia serão afetados, assim como a B3 (Hoje 115 mil pontos, esperem 85 mil pontos), com uma perda enorme para os investidores.

Quando alerto para prestarem atenção (selecionarem) notícias de maior impacto, é disto que estou falando. Pouquíssimas pessoas e empresas estão atentos à bolha imobiliária da China. É só uma questão de tempo; esteja com liquidez, será o seu "Bunker".

PRIORIZE AS AÇÕES DE IMPACTO.

Tecla SAP: Acabou < custo do dinheiro (devido ao excesso de liquidez). No pós-Covid temos inflação alta (> Custos/empresas e < poder de compra/consumidores), levando os BCs ao aumento das taxas de juros (muitas empresas que eram lucrativas devido aos juros baixos agora têm de buscar produtividade). Com inflação alta, temos menor consumo e menor lucro (No 2T/23, as empresas B3 apresentaram (Lucro < 34,7%), e (Ebitda < 25%.). Os governos estão com maiores Déficits fiscais (> "pressão" por arrecadação). Temos 71,5 mi de Brasileiros inadimplentes e os juros em 12,75% (o endividamento é > no cartão de crédito = 450% aa). O desenrola negociou R$ 20 Bi, mas a dívida impactante está nos CNPJs, que não têm desenrola (o prejuízo das empresas explica a equação: > PIB e < arrecadação). O crédito foi impactado pela quebra das Americanas (bancos conservadores). O Dólar está em R$ 4,98 com viés de alta (investidores tirando dinheiro do Brasil e China, levando para os EUA). SVB, Signature Bank e Credit Suisse quebraram e estamos com risco de "bolha" (Setor imobiliário/China). Guerra da Rússia e stress EUA/China podem ainda impactar inflação e ruptura logística. Resultado: Empresas com < Geração de caixa < Lucro ou prejuízo. As empresas têm feito Debêntures, Follow-on, Sales and Leaseback, negociação com fundo que compram dívidas, vendas de ativos e demissões em massa, esqueça IPO. Mesmo assim, a RJ no Brasil cresceu 55% comparando com 2022. Segmentos estão se consolidando (não necessariamente com sinergia) e outros com problemas (Varejo). Existem oportunidades, fundos (Brasil e mundo) com muito apetite para investir, mas estão mais seletivos, e as empresas se perguntando: Como medir os riscos tecnológicos, obter crescimento "saudável", obter lucro/liquidez e manter a vantagem competitiva?

ENTENDA: “Foque” em ações de > impacto. Depois do Covid, o tempo ficou mais “curto” para gerar resultados (Execução certa é tudo).

1- Diminua os custos dos produtos = > Margens.

2- > critério para liberar crédito = < Inadimplência.

3- Mantenha as pessoas excelentes = > Assertividade na execução.

4- Fluxo de caixa operacional positivo. = > Liquidez.

5- Alongue os vencimentos da dívida = > Previsibilidade.

6- < Custo Fixo (Empresa menor, mas lucrativa não é vergonha).

7- Estoque certo = < NCG.

8- Busque vantagem competitiva em segmentos “premium” = Lucro

9- Não “troque” debêntures e Follow-on por produtividade = Morte.

10- Responda: Qual tecnologia acabaria com a minha empresa? = Riscos.

Os amadores não conseguem entender cenários complexos. A pista de pouso pode sumir rapidamente, você tem que elevar o seu nível profissional (ou vai perguntar para o ChatGPT?).

COERÊNCIA POR FAVOR!

Foi publicada no jornal Valor a matéria sobre o perfil dos conselhos de administração (Preocupados com questões ESG e requisitos de experiência). O que mais me chamou atenção foi o aumento da remuneração dos conselhos em 25% (2021/2023). Vamos então fazer as perguntas que a matéria não fez:

1. É coerente um aumento de 25% de remuneração quando 65% das empresas B3 tiveram prejuízo ou queda de lucro em 2022? Qual é o critério do comitê de remuneração para estes aumentos?
2. Retirando os resultados da Petrobras e Vale, o Ebitda das empresas caíram 1,5% (2T23). Em um momento em que as empresas estão precisando de caixa, tem sentido aumentar a remuneração do conselho?
3. Os funcionários, principalmente a equipe que está diretamente com o cliente (que fazem as coisas acontecer), tiveram um aumento de remuneração de 25%? Como alinhar a cultura "Que come a estratégia no café da manhã"?
4. Como explicar, dentro da Governança das empresas, que o conselho teve uma > remuneração de 25%, enquanto as empresas tiveram uma queda de 41% nos lucros, em bases anuais?
5. Como explicar um aumento de 25% para os acionistas, com a maioria dos preços das ações caindo na B3, com um perda de valor absurda para o investidor?

Segue a minha sugestão para o acionista:

1. Conselheiros devem ter 15% de remuneração no curto prazo e 85% em opções de ações entre cinco e 10 anos. (Obriga o conselho a pensar no longo prazo|).
2. Tem muitas empresas aumentando faturamento e Ebitda à custa de > endividamento. (Defina a % de endividamento para diminuir a remuneração do conselho).
3. Proibido qualquer aumento de remuneração do conselho se a empresa apresentar prejuízo.

ENTENDA: Ações de curto prazo podem elevar o resultado no balanço (M&A, Debentures, Follow-on, Sales and Leaseback) melhorando o faturamento e o EBITDA, mas não resolvem o problema no médio e longo prazo se as ações de estruturação não acontecer, gerando caixa positivo. Com Juros, Inflação, Dólar e Inadimplência altos, a liquidez é o nome do jogo, aumentar a remuneração do conselho em 25%, demonstra um desalinhamento das métricas de remuneração de curto e longo prazo. O conselho deve alinhar a estrutura de capital saudável, responder à pergunta: "como ganhamos dinheiro aqui?" (Pergunta poderosa, tem muita gente que desconhece como a empresa ganha dinheiro), alinhar os desafios tecnológicos e de cenários para crises e oportunidades, e principalmente, gerar Ebitda, lucro e caixa (sem ajustes por favor). O papel do conselho é preservar a empresa no longo prazo (não é corrida de 100 metros, é maratona). Minha última pergunta: onde estão os resultados positivos das empresas para aumentarem a remuneração dos conselhos em 25%?

NO MORE EASY MONEY

Juros baixos foram e são usados pelos bancos centrais para impulsionar a economia. Foi assim em 1929, 1974, 1987, 2000, 2008 e 2020.

ENTENDA: Sempre que os governos (BCs) injetam dinheiro na economia e baixam os juros (muitas vezes negativos), estão gerando as bases para a próxima crise. Com juros baratos, as empresas não se preocupam com caixa ou margem como deveriam (porque os juros dos empréstimos não "pesam" no fluxo de caixa). Este excesso de liquidez gera uma falsa sensação de segurança no mercado (Solidez + crescimento acelerado). O caixa não é tratado como rei neste jogo, até 2020. Os investidores, vendo os juros aumentarem e as empresas com prejuízo, pediram o dinheiro de volta (para aplicar no títulos dos EUA), e perguntaram: Como está a busca de produtividade da empresa para gerar caixa com inflação e juros altos?, e este continua sendo e sempre será o seu maior desafio como profissional.

1- O consumidor está sem dinheiro (Inflação). A área mais importante da sua empresa é Compras. Muitas vezes, você não conseguirá repassar a margem para o cliente, reduzir o custo do produto é fundamental para manter as margens. Você tem muito mais controle sobre as despesas do que sobre as receitas. Vender com prejuízo é focar apenas no faturamento, quanto mais vender, mais rápido vai quebrar.

2- A consequência de Inflação, Inadimplência e juros altos é que a empresa vai diminuir de tamanho. Liquidez é o nome do jogo (<Ciclo Financeiro e <NCG). Venda operações deficitários ou que não são o DNA da empresa, ajuste os seus custos (produtos e estrutura). Melhor uma empresa menor para 70% dos funcionários, do que uma empresa falida para 100% dos funcionários.

3- Investimentos: Alguém consegue hoje uma rentabilidade acima da Selic (13,25%)? Foque no Payback (Tempo que terá o seu dinheiro de volta) e seja mais seletivo em fazer investimentos.

4- Inflação e Juros altos tornam o custo do dinheiro muito maior. Custo da inadimplência hoje (13,25%) é muito maior que o custo da inadimplência a (2%), assim, tenha muito critério para quem vai vender e use o seguro de crédito para operações grandes (que impactam substancialmente o seu caixa).

5- Endividamento: Diminuir a dívida emitindo Debêntures a custos altos sem um objetivo estratégico é um erro grave.

6- Vantagem competitiva: Aproveite este momento para buscar um mercado com > diferenciação. Qualquer outra coisa é commodities (vai brigar por preço).

7- O que está acima do seu "Pallet" não é produto, mas dinheiro. Juros e inflação "corroem" este produto. Processo Comercial (Vender com Margem + Financeiro + Compras + Estoque) é fundamental para gerar caixa.

Frase de Lagarde hoje: "Transformação econômica global corre o risco de alimentar a inflação". Produtividade é diferente de Juros baixos, separa os "Homens dos meninos".

QUAL NÍVEL DE GLOBALIZAÇÃO QUEREMOS TER?

Esta semana recebemos a visita nas fábricas no Vice Presidente Geraldo Alckmin e toda a sua equipe do Ministério da Ciência e tecnologia. Vieram analisar a nossa estrutura e equipamentos depois de uma reunião no MDIC aonde discutimos pontos importantes para a Indústria Brasileira.

Diretrizes importantes:

- Tecnologia/ Globalização: Precisamos escolher em que nível de globalização queremos atuar (Globalização Ativa = Planejamento + Produção + Tecnologia + MOD Qualificada + Mercado interno e Exportação) = Produtos de valor agregado ou (Globalização Passiva = Importamos os Iphones, não geramos empregos e tecnologia) = País sem produtos de valor agregado.

  (Fazemos Monitores de hospitais, Raios X, Mamógrafos, Ultrassons. Quando você está no aeroporto e tem que passar a sua bolsa no Scanner? Sim, também sai tudo daqui, assim como outros equipamentos para exportação. Estamos em 80 países).
- Produtividade: Nossas fábricas são "clean", extremamente organizadas, limpas, analisamos constantemente os processos e temos um cuidado especial com os novos produtos que serão lançados ente 2024 e 2030. Verificamos todos os índices financeiros, principalmente a Margem, Alavancagem Financeira, Custos, Inadimplência, LL e Rentabilidade dos acionistas, além do Ciclo Financeiro que impacta no Caixa.
- Cultura: Não gostamos de Burocracia (o simples funciona, que é diferente de simplório), queremos o cérebro das pessoas e não o tempo, incentivamos todos a pensar a fábrica de forma completa (onde o meu trabalho impacta no resultado desta estrutura?), trabalhamos com objetivos bem definidos e não gostamos do "gerúndio" = Fazendo, Tentando (O foco é no resultado).

ENTENDA: A competição em alto patamar eleva a nível das empresas, do país e dos profissionais. Entregamos uma pauta para o Vice presidente e MDIC com este conceito (O Brasil precisa pensar a indústria de forma estratégica). Estamos em uma "janela importante de três anos". EUA, China e Europa com problemas na economia; podemos entregar alimentos, mas também podemos entregar produtos agregados pelo simples motivo: nosso ambiente empresarial é configurado com uma das maiores cargas tributárias e trabalhistas do mundo, com escassez de componentes tecnológicos brasileiros, alta volatilidade do dólar e juros dos últimos cinco anos, mercado complicado (tem 10 anos que o Brasil cresce o PIB em apenas 1%), com dificuldade nas margens, inadimplência, ruído político mais alto que o normal e falta de profissionais altamente qualificados. Se empresas conseguem dar certo no Brasil, conseguem dar certo em qualquer lugar do mundo (o Brasil é a melhor "escola de negócios" do mundo). Na verdade Harvard, Stanford, MIT, Wharton, Kellog é que deveriam vir aprender com a gente. Esta visita foi importante para a empresa, cultura e valorização da indústria nacional.

Existem dois pilares do Seals (Marinha dos EUA): "O último dia fácil foi ontem" e "Na dificuldade, entregue mais excelência".

SABE TOMAR DECISÕES COM O AR RAREFEITO?

Receita > que a despesa, Venda com Margens, Controle das despesas, Inadimplência controlada e Fluxo de caixa operacional positivo. Parece simples, mas muitas empresas não estão conseguindo atingi-las. O número de recuperação judicial no Brasil chegou a 593 pedidos no primeiro semestre/22 > 52,1% em relação a igual período de 2022.

1. Demissões em massa 2023: SalesForce (70 mil funcionários), Amazon (18 mil funcionários), Google (12 mil Funcionários), Microsoft (10 mil funcionários), IBM (4 mil funcionários), Goldman Sachs (3,2 mil funcionários), 3M (2,5 mil funcionários), Ford (3,2 mil funcionários), PayPal (2 mil funcionários), Philips (6 mil funcionários), SAP (2,8 Mil funcionários).
2. Resultados principais empresas B3 2T23:

   Movida: Aumentou o prejuízo em 82,1% comparando com o mesmo período 22.

   CVC: Aumentou o prejuízo em 76,1% comparando com o mesmo período 22.

   Renner: Lucro < 36% com relação ao mesmo período de 22.

   Bradesco: Lucro < 35,8% com relação ao mesmo período de 22.

   Santander: Lucro < 45,6% com relação ao mesmo período de 22.

   Petrobras: Lucro < 47% com relação ao mesmo período de 22.

   Vale: Lucro < 77% com relação ao mesmo período de 22.

   Azul: Prejuízo < 21,4% com relação ao mesmo período de 22.

   Marisa: Aumentou o prejuízo em 82,1% comparando com o mesmo período 22.

   Gerdau: Lucro < 50% com relação ao mesmo período de 22.

   Hapvida: Lucro < 8% com relação ao mesmo período de 22.

   Gafisa: Aumentou o prejuízo em 200% comparando com o mesmo período 22.

   Natura: Lucro < 4,6% comparando com o mesmo período 22.

   Votorantim: Lucro < 98%% comparando com o mesmo período 22.

   Magalu: Lucro < 123% comparando com o mesmo período 22.

   VIA: Lucro < 32% com relação ao mesmo período de 22.

   B3: Lucro < 4,3% com relação ao mesmo período de 22.

   Localweb: Lucro < 13% com relação ao mesmo período de 22.

ENTENDA: Um alpinista sabe que quanto mais alto, mais o ar é rarefeito, as decisões devem ser tomadas de forma rápida para não morrer (Decisão certa no tempo errado = zero). Nas empresas é a mesma coisa: quanto mais alta a hierarquia, mais as decisões devem ser pensadas de forma estratégica com fatos e dados, com equilíbrio e com um plano de execução claro, principalmente sobre as ações de impactos. O Mercado está turbulento, complexo, em recessão, e a "pressão" está aumentando. Postergar decisões difíceis + não ter estratégicas = Insolvência. "Cada um dos grandes líderes sentia-se confortáveis ao levantar as pedras e olhar as coisas desagradáveis e dizer quais eram os fatos. Se não confrontarmos a dura realidade dos fatos, eles nos confrontarão." Jim Collins.

Você está levantando as "pedras desagradáveis" da sua empresa?

DECISÕES CERTAS...SEMPRE!

Recebi a mensagem abaixo. Saber que estamos gerando impacto positivo na vida das pessoas é o reconhecimento mais gratificante. Vamos apertar a tecla SAP:

1. "Sou dono de uma consultoria de pequeno porte focado em tratamento e reuso de água. E tomei uma série de decisões internas baseadas nas suas percepções e as de outros"

   SAP: Esteja conectado, saiba separar ruídos de informações de qualidade. Seus ativos mais importantes são a atenção (foco) e o tempo (execução). Leia, estude e se atualize conversando com várias pessoas e depois ajuste as ações de acordo com a sua meta (pessoal e empresarial). Use as informações como uma "teia de aranha", e fique com as mais valiosas para você.

2. "Não sou do mercado de investimentos e uma visão tão pragmática quanto a sua e autoconsciência que desenvolvi que ainda sou "sardinha" nos fizeram já no 2T23 garantir 88% do faturamento de 22 com uma lucratividade expressiva (>55% - vendemos serviço)"

   SAP: Seja Sardinha ou Tubarão, de qualquer tamanho de empresa, cuidar da lucratividade (55% > Caixa) e aumentar o faturamento (88% > Market Share) traz grandes benefícios para a empresa, pois terá capacidade de crescer de forma orgânica, com menor endividamento e de forma equilibrada.

3. "Basicamente 'segurarmos' o caixa controlando despesas e vendendo para quem pode pagar e tem consciência do nosso valor como empresa!"

SAP: Descrição perfeita de responsabilidade empresarial. Gerar caixa segurando as despesas vai proporcionar um Fluxo de Caixa Operacional Positivos (Receita > Despesa) e buscar produtividade (Fazer mais com menos). Vender para quem pode pagar com margem de (55%) = Segmentar os clientes, escolhendo receber com margens ao invés de faturar em escala (sem analisar cada cliente), gerando Inadimplência e PDD (Itens que estão prejudicando algumas empresas grandes). Vender para quem tem consciência do valor = Precificação correta + Maiores margens + Entrega de valor para o cliente + Posicionamento de mercado + Continuação de resultado no médio e longo prazo.

ENTENDA: Vivemos em um mundo altamente conectado, sua imagem e análises são escaláveis nas redes sociais, portanto, você precisa definir o seu propósito. O meu é entregar informações de qualidade que possam contribuir nas decisões estratégicas. Quanto mais compartilho conhecimento, mais conhecimento é oferecido a mim pelos leitores, quanto mais material sobre finanças/economia posto de forma comentada (Apresentações), mais material recebo dos leitores. Quanto mais analiso notícias complicadas (Brasil + Mundo + Riscos), mais recebo mensagens de reconhecimento no privado. Você receberá mensagens de pessoas que discordam de você, e é muito importante escutá-las, mas o foco é mostrar a sua visão de mundo e não mostrar que está sempre certo. O mundo é fluido, saiba aprender, evoluir e fazer ajustes.

Sugestão: Entreguem análises e conteúdos relevantes em tudo o que fizerem.

REINVENTE A RODA... SÓ UM POUQUINHO!

Vantagem Competitiva = 99% é uma Commodities que já existe, pensada de uma forma estratégica, que permita maior precificação e maior margem. Esqueça todo o resto.

Vantagens Competitivas – Empresas:

- Amazon: Venda de livros (Commodities) / Preço baixo e foco no cliente (Diferencial).
- Localiza: Carro (Commodities) / Serviço personalizado (Diferencial).
- Direcional: Construção Civil (Commodities) / Qualidade com baixo custo (Diferencial).
- Materdei: Hospital (Commodities) / Serviço de alta qualidade (Diferencial).
- Apple: Celular (Commodities) / Produto excelente (Diferencial).
- Mcdonald's: Hamburger (Commodities) / Ambiente agradável para comer o hamburger (Diferencial).
- Starbucks: Café (Commodities) / Se sentir especial em tomar este café (Diferencial).
- Google: Internet (Commodities) / Simplicidade de busca (Diferencial).
- Arcelor Mittal: Minério (Commodities) / Poder de escala mundial (Diferencial).
- Southwest Airlines: Empresa aérea (Commodities) / Empresa aérea de baixo custo (Diferencial).

Vantagens Competitivas – Profissionais:

- Ayrton Senna: Piloto (Commodities) / Excelência (Diferencial).
- Mike Tyson: Lutador (Commodities) / Efeito surpresa (Diferencial).
- Bernardinho: Técnico (Commodities) / Conseguir "tirar" o melhor dos jogadores (Diferencial).
- Messi: Jogador (Commodities) / Dominar a bola em espaço de ½ metro (Diferencial).
- Jim Collins: Livro (Commodities) / Transformar estudos em lições práticas para empresas (Diferencial).

- Jack Welch: CEO (Commodities) / Estratégia + meritocracia certa + resultado (Diferencial).
- Piloto de avião (Commodities) / "Sully" que pousou um avião no rio Hudson (NY) em 2009 (Diferencial).
- Julio Damião: Post Linkedin (Commodities) / Saber transformar o complicado em simples e em uma linguagem que todos entendem (Diferencial).

ENTENDA: Muita coisa do que você faz é Commodities. Faça modificações estratégicas e transforme em Vantagem Competitiva = o que as pessoas lembram e por que estão dispostos a pagar mais por isso, mesmo com muitos concorrentes (seja empresas ou profissionais). Vantagem Competitiva é como estar em uma competição de ciclismo: Bicicleta (Commodities), com competidores (Commodities) e com o mesmo percurso (Commodities). O que diferencia um competidor para ultrapassar o outro é o "tempo" da estratégia, enxergar o "cenário" correto dos concorrentes, diferencial humano + Disciplina, cultura correta, confiança no produto, aplicação tecnológica e estratégia financeira robusta. Se fizer isso estará um passo à frente dos concorrentes (suficiente para liderar). Se estiver três passos a frentes, estará no "oceano azul" (Open AI = Chatgpt / Netflix / Linkedin / Ferrari / Amazon / Google e Microsoft).

Pense nisso quando começar a semana: O que me diferencia de uma Commodities?

PRINCIPAL CONCEITO: NÃO CRIE JACARÉ NO QUINTAL!

Finanças

- Cuidado com o Ebitda ajustado. (Sempre que você ajusta alguma coisa no seu carro é porque algo não está bem).
- Tenha como meta Ciclo financeiro correto. Ideal = (Receber antes de pagar. Ex.: Empresas de seguros e planos de saúde).
- Se a empresa não estiver rentabilizando o acionista acima da Selic, ele pode vender ou fechar a empresa e ir pescar! (Ele não vai dividir o peixe com você).
- Custo de Oportunidade: Medir os impactos financeiros de uma decisão não tomada, ou pela decisão certa feita em tempo errado.
- Investimento: Payback (mede risco) + TIR (mede rentabilidade) + VPL (mede valor). A sua maior prioridade é o medir o nível de assertividade de execução da sua empresa. Muitas vezes, fazer simulações bonitas em Excel + PPT comprovam apenas que a "astrologia" existe.
- Lucro econômico (Custo de oportunidade) é mais realista do que lucro contábil.
- Liquidez é apólice de seguro contra ineficiência e decisões erradas. Saiba medir e agir para que esta apólice não suma.
- Defina a margem e a forma de pagamento para o comercial. Desafie o comercial a uma venda estratégica (Com margem + recebimento + vantagem competitiva).
- Cuide da liquidez: Os juros mais caros são cobrados sobre o dinheiro que você não possui. (Tem muito tubarão no mercado que sabe "sentir" o cheiro de sangue... principalmente depois da Americanas).
- Endividamento = Dívida líquida/Ebitda. Apenas você sabe o quanto de caixa a sua empresa gera, busque o equilíbrio no seu caixa.
- As cláusulas de "pé de página" são as mais importantes do contrato.
- Vantagem competitiva = Diferenciação que gera maior preço e margem. Qualquer outra coisa é commodities.
- O Estoque está disfarçado de produto, mas na verdade é dinheiro com outra forma.

- Estrutura de capital = Se certa, é gasolina aditivada. Se errada, é peso extra.
- Uma única meta: Fluxo de caixa operacional positivo.
- Lucro contábil não é liquidez, e não troque faturamento por dívida.
- Inadimplência: Retirar os motores do avião comercial em pleno voo e torcer para que ele plane. Avião comercial não é planador.
- Foque na sua "sala de estar" e não na "cozinha", feche operações que geram prejuízos.

ENTENDA: Profissional

- Ninguém cria jacaré no quintal, resolva os problemas de maior impacto primeiro.
- Em tudo que fizer: 10% de passado e 90% de futuro. (Passado é Risk Free, o futuro pode ser construído) Foque seu tempo nisso.
- Seja inteligente: Fale o necessário de forma estratégica.
- Tenha uma lista do que "não fazer" (Peça ao piloto do avião para fazer um "looping" e veja a resposta").
- Poder de síntese. (Saiba explicar o seu projeto no elevador).
- Saiba transformar o complicado em simples.
- Foque sua mente em fazer as perguntas certas e não nas respostas. (Causa e efeito).
- Tenha como referência "Fatos e Dados". (Deixe as suposições para os amadores).
- Resiliência. (Engolir sapo de forma estratégica).

UFA!!!! LIQUIDEZ...

Finalmente recebi um documento em que a Liquidez é prioridade.

Definindo as prioridades da área financeira (> Impacto):

1. Entenda a estratégia da empresa (Como as decisões comerciais, logísticas e tributárias impactam no caixa).
2. Aumentar as margens: Precificação correta dos produtos (Não vender com prejuízo).
3. Custos (CF + CV): Busca de oportunidades (Tem muito dinheiro na mesa ainda nas empresas) para redução do custo do produto.
4. Estoques: Compra e giro correto (Alinhamento com o comercial + Fornecedores estratégicos).
5. Ciclo Financeiro: Foco no recebimento (< Tempo) e negociação com os fornecedores (> prazo para pagar) e alinhar o custo do estoque corretamente (Giro com produtos com margem) = < NCG.
6. Estrutura de Capital: Indiferente de qual instrumento usar (Debêntures, Follow-on, Sales and Leaseback, Empréstimos, antecipação de recebíveis) verificar como será o impacto no caixa. (Conta Desp. Financeira).
7. Budget e KPI: Orçamento como parâmetro correto de medição de resultado (Meta x Real) e definição de indicadores estratégicos.
8. Tax: Tem muita empresa com crédito tributário e não sabe ou pagamento imposto errado.
9. Acuracidade Contábil: Todos os números nos lugares corretos.
10. Fluxo de caixa operacional positivo = Caixa/Líquidez.

Com uma empresa financeiramente saudável, poderá:

1. Aproveitar as oportunidades do mercado (M&A / Novos mercados / Investimentos).
2. Trazer cada vez mais profissionais excelentes.
3. ESG: Ações corretamente estruturadas.
4. Aumentar o Market Share e consolidar a vantagem competitiva.
5. > Abertura com os bancos e contratação de operações menos onerosas.
6. > Poder de compra com os fornecedores (> Qualidade da Compra < Custo do produto).
7. Definir a estratégia da digitalização e investimento em tecnologia.

ENTENDA: Quem vem primeiro, o ovo ou a galinha? Não tenha dúvida, empresa saudável financeiramente é a prioridade, todos os outros pontos serão desenvolvidos (em maior ou menor grau) a partir disso.

(No Money = No company).

SEMPRE TEM ALGUÉM GANHANDO!!!... É VOCÊ?

Quem ganha com a crise? Se a bolsa de valores é um sistema de "soma zero", para alguém ganhar R$ 1 MM, alguém tem que perder R$ 1MM. Quem efetivamente ganhou na crise de 2008 quando foi "transferido" bilhões de dólares de perdedores para ganhadores? Sempre me fiz esta pergunta. Acabei de ler o livro "Trend Following" que responde esta pergunta. O autor foi atrás das pessoas que ganharam e o que elas fizeram, as respostas são surpreendentes.

Todos utilizam uma metodologia chamada Trend Following (Seguindo Tendência), ou seja, existe uma diferença entre você achar que está certo, e o que o mercado efetivamente faz.

Tecnicamente, eles pensam da seguinte forma:

1. Não espere análises detalhadas, basta ver que há algo de errado.
2. Não imagine que ação que estava cotada no passado a R$ 50 está barata agora a R$ 30.
3. Não contrarie a tendência do mercado. (Sua opinião não interessa, você não consegue mudar a direção da onda do mar).
4. Não busque vantagens, busque alertas.
5. Se você não pode arcar com perdas, não pode operar.
6. Dinheiro só serve para marcar o placar, é o processo que importa.
7. "Só existem duas coisas: Preço e especulação. Projeções (análise fundamentalista) é uma projeção de futuro. Não queremos adivinhar o futuro, seguimos a tendência do mercado."
8. Operam duas a cinco vezes por ano, em cada mercado mundial. (Esqueça a diversificação semanal).
9. Os preços, não os investidores, prevêem o futuro.

Psicologicamente, eles pensam da seguinte forma:

1. A dura realidade é que você é o responsável pelas decisões que toma pelo seu dinheiro, não o mercado.
2. O mercado é um lugar brutal. Quer um amigo? Compre um cachorro.
3. O mercado não o conhece e jamais o conhecerá. Se você ganha, alguém tem de perder. A Lei da sobrevivência do mais apto o incomoda? Não participe do jogo de soma zero.

4. Volatilidade dos mercados não é um problema, como você lida com isso é.
5. "Elegância é para alfaiates", belas fórmulas podem causar problemas no mundo real. Mantenha tudo simples.
6. Inteligência mediana é suficiente para entender o sistema, o desafio mais importante para ganhar dinheiro é a Inteligência Emocional.
7. Não evitam fazer uma pergunta cuja resposta não os agradará. Não fazem perguntas idiotas e não aceitam respostas idiotas.
8. A melhor medida das suas intenções são os resultados. (Fato e dados sempre).
9. Não há atalhos. O trabalho envolve uma guerra de trincheira lenta e dolorosa.

ENTENDA: Sardinha, quando você compra ações, é com esta turma que está lidando. O mercado não quer saber se tem conhecimento ou não, se está planejando ou apostando, se está ganhando ou perdendo, o que interessa é o resultado, e pensar em resultado (conhecimento + emocional + atitude + riscos + pensamento independente) é o mais alto nível de evolução intelectual. "Certa vez, ele (sardinha) acidentalmente deixou cair uma faca afiada e ficou contemplando ela girar do ar, até que terminasse espetada em seu sapato. Perguntei (tubarão): Por que você não tirou o pé? E ele (sardinha) respondeu: Estava esperando que ela voltasse a subir". Sem mais!

MAIS UM DIA DE LUTA...SEMPRE!

"Tubarões" e "Sardinhas", vamos para mais um dia de desafios:

1. Equilíbrio entre faturamento, Margens, Custos, Ebitda, Lucro líquido, ROE e ROIC com o objetivo de passar pela crise, aproveitar as oportunidades, remunerando os acionistas de forma correta.
2. Alinhar, motivar e passar segurança para a equipe comercial, precificando corretamente o produto/serviço, oferecendo condições de pagamento aos clientes de forma a não gerar inadimplência e também proporcionar condições para a próxima venda.
3. Desafio na estrutura de capital, o objetivo é aumentar a liquidez, diminuir a % de endividamento, tomar muito cuidado para não trocar faturamento por dívida, escolher corretamente as opções que estão na "mesa". Debêntures, Follow-on, Sales and Leaseback. IPO e aumento de capital (OFF!). Cuidado: Lucro contábil não é caixa.
4. Mercado batendo pesado com crédito, bancos pedindo mais garantias, juros altos prejudicando o resultado (conta juros depois do Ebitda), impactando no fluxo de caixa (liquidez) com a linha (empréstimo + Juros). Desafio alongamento das dívidas (bancos estão "abertos" a isso) pois não querem aumentar a inadimplência.
5. Simulações com os desafios das novas regras fiscais/Reforma tributária, como fica margem da empresa depois de 2033 quando os incentivos fiscais terminarem? Realmente o CBS e IBS irão simplificar e diminuir a carga tributária?
6. Travar o Dólar quando da importação (Brasil, precisamos ter 35% de custos para importar (Impostos + Logística)???). Trava do Dólar (Preço do produto + Custo da trava "NDF") permite previsibilidade no fluxo de caixa, mas coloquem esta conta no preço, não podemos perder a margem.
7. Foco total na inadimplência (tem muita gente querendo ser financiado por você), temos que ser agressivos neste ponto. Quando exportar, recebimento antecipado, por favor. Diminuição do custo do produto/serviço é fundamental, as margens estão aí. Analisar o custo fixo (Objetivo: Fluxo de caixa operacional positivo).

8. Negociação com fornecedores estratégicos Brasil e exterior (Meta + Custos + estratégia + competitividade), o alinhamento correto vai te garantir nas crises (como em 2020), trate bem os seus fornecedores.
9. Cuide o máximo da cultura (Comunicação + respeito + escutar + administrar expectativas), afinal de contas, "A cultura come a estratégia no café da manhã". Execução correta é fundamental.
10. Durante o dia, continuar entendendo o cenário (Brasil + Mundo + Segmento específico), melhorar profissionalmente a cada dia, conversar com as pessoas, "sentir" o mercado, uma das tarefas mais difíceis no Brasil hoje.
11. 90% do dia é você com o espelho, seu melhor feedback.

ENTENDA: Sabem por que o Muhammad Ali foi o melhor boxeador do mundo? Não é porque sabia bater, mas porque sabia "não apanhar". O mercado é duro, vai querer te bater 21 vezes; precisamos fazer igual ao Ali, ter "jogo de cintura".

NÃO FOI O ICEBERG QUE AFUNDOU O TITANIC!

Titanic 1912: Receberam 21 alertas de Iceberg, sete deles no dia em que afundou, mas o navio nunca desacelerou. O capitão cancelou o treinamento da tripulação. Os oficiais erraram a rota da navegação em 21 KM. Quando da batida, o capitão não parou o navio, apenas desacelerou, deixando entrar mais água. A tripulação, sem experiência e comunicação, espalhou pânico. Resultado: 1.601 mortes. O Iceberg não foi a causa, mas a consequência de decisões erradas da tripulação.

Business 2023: As empresas receberam alertas (Iceberg= falta de liquidez) à frente depois de 2020: > Inadimplência, > Custo do dinheiro > Inflação > cotação do Dólar < PIB Países e < Margens. Poucos profissionais preparados para lidar com a inflação, ter lucro com margens baixas, equilibrar a estrutura de capital, e traçarem ações corretas, ou seja, estão errando a rota (21 Km). Quando da batida (LL das empresas B3 no 1T/23 < 18,8%), em vez de parar e medir realmente os riscos, preferiram ficar jogando a culpa nos juros, em vez de focar na liquidez (Fluxo de caixa operacional positivo). Preferiram a emissão de instrumentos financeiros, não para expansão, mas para pagar dívidas: (Debêntures, Follow-on, Sales and Laseback e empréstimos), ou seja, estão trocando faturamento por dívida, a água continua a entrando! O pânico (Bancos e empresas) se espalhou com a Americanas e com a falta de crédito. Resultado: > número de RJ desde 2018 e nos EUA dos últimos 12 anos. Os juros não são a causa, mas a consequência de decisões erradas das empresas.

ENTENDA: Nos próximos dois anos ainda teremos (Juros altos, > Inadimplência, < Consumo, < Arrecadação < PIB Países, < Margens, estrutura de capital cara, > Ruído no mercado e < Crédito). Li ontem que o varejo fechou 100 lojas, então que fechem 500 e aprendam com o mercado livre. Apenas um resultado pode tirar da rota do Iceberg (Liquidez produzida pela sua operação e não por empréstimos).

1- Renegocie os juros da dívida/alongue os vencimentos. (Tempos para consertar o "casco").

2- Diminua os custos dos produtos e custos fixos. (Diminuir o peso do navio).

3- Revisão do "Score" do cliente. (Diminuir a velocidade de forma estratégica).

4- Análise do LL + ROE + ROIC. (Medir o quanto de água já está dentro do navio).

5- Mantenha as pessoas excelentes. (Saber o que fazer nas crises).

6- Lucro contábil não é caixa. (Não meça o tamanho do iceberg, mas a água que já entrou).

7- Em tudo o que fizer, lembre: Dinheiro não aceita desaforo. (Pare de reclamar!)

Por causa do submergível (Bilionários), recebi esta frase: "O Titanic nos ensina que voltar ao passado pode ser arriscado demais", vamos mudá-la: "O Titanic nos ensina que voltar ao passado e não aprender sobre negligência, falta de qualificação, medição errada dos riscos e pânico pode ser arriscado demais para as empresas no futuro". A única pergunta que fica é: Você já viu o seu iceberg?

TODO DIA SAI UM "BOBO" E UM "ESPERTO" DE CASA.

Abrindo uma exceção sobre os posts de finanças técnicos para falar de um assunto que me chamou muito a atenção. Fiquei surpreso com a pesquisa da CVM/ANBINA, que mostra que quase metade das pessoas cairia (será que não já caíram?) em golpes com investimentos financeiros.

1. Se você aplica na renda fixa e consegue uma rentabilidade de 10% aa, não seria estranho uma pessoa te oferecer uma rentabilidade de 10% am (120% aa)? Como assim?
2. Se esta pessoa conseguiu 120% aa, por que ela precisa do seu dinheiro?
3. Será que você tem uma sorte especial, uma vez que este investimento chegou apenas até você? O mercado financeiro (que não tem "bobo") já não estaria atento a este produto com esta rentabilidade?
4. Converse com o seu assessor de investimento ou mesmo o gerente do banco, na terceira pergunta já saberá que é uma fraude.

ENTENDA: Compreenda: Em finanças e na vida, não existem atalhos, as pessoas preferem julgar pelas aparências (produtos e pessoas) do que entrar no detalhe sobre assuntos importantes. Você perderá muito dinheiro querendo ser "o mais esperto da sala". Faça investimentos de acordo com o seu perfil, use os juros compostos para aumentar o seu capital paulatinamente. Entenda os produtos financeiros para arriscar, senão estará fazendo uma aposta. Aposta = prejuízo.

ACOSTUME-SE COM A TURBULÊNCIA!

Dividindo com vocês as principais lições do livro que acabei de ler: Thriving on Chaos (Prosperando no Caos) – Tom Peters. A pergunta inteligente (Jim Collins) é: Você vai morrer, passar pela crise ou prosperar na crise?

1. Incertezas e crises são oportunidades para as empresas, desde que tomem decisões acertadas.
2. Companhias excelentes estão constantemente buscando evoluir e mudar. A ênfase é na incerteza e em "blindar" os pontos fracos, principalmente com relação aos concorrentes.
3. Não ofereça uma diferenciação exagerada do produto se o seu mercado não exige isso. Busque mercado com maior valor agregado, em que você pode vender com preços maiores, e não se esqueça da diferenciação dos serviços (pós-venda) ao cliente.
4. Quanto mais investimentos em qualidade, mais os custos devem baixar. (Improving quality saves money, wrong quality costs money that doesn't add value).
5. Reveja toda a estrutura da empresa, o que funcionou no passado pode não funcionar no futuro. Use a simplificação, esqueça soluções mirabolantes (que ninguém entende).
6. Principalmente nas crises, a estratégia deve abranger toda a sua cadeia de suprimentos e fornecedores estratégicos. (Negociação de preços, prazos de pagamento e entregas no prazo podem salvar as empresas na crise, além de gerar uma vantagem competitiva).
7. Full-Time Involvement – Todos devem entender o momento de crise e o que é esperado em termos de resultados, custo e tempo. (Não demita os funcionários excelentes).
8. Fast-Learning Organization – Decisões rápidas, estrutura enxuta e execução simplificada é o maior diferencial na crise. (Move forward on the basis of hard facts and quick testing, not speculation).
9. Lidere pelo exemplo: principalmente nas crises, toda a empresa estará observando a conduta dos diretores, CEO e Conselho. É uma das ferramentas mais poderosas para diminuir a incerteza dentro da empresa. (Equipe confiante na crise é diferencial). Crie o sentido de urgência.

10. Tenha certeza que os índices financeiros refletem a verdadeira situação da empresa, o mercado vai te cobrar alguns números que necessariamente não são importantes no momento de crise. Não jogue para a plateia e entenda o seu jogo.

ENTENDA: "The difference between yesterday and today is dramatic" - Tom Peters.

QUEM VAI TE SALVAR?

America´s Cup

Importante analisar corretamente os fatos e dados, os riscos no mercado ainda estão muito altos. Seguem as perguntas inteligentes:

Dólar: Vocês acham que o Dólar está baixando devido à regra fiscal? Ou porque os juros estão altos e os investidores internacionais estão colocando dinheiro aqui? (U$ 12,5 Bi de fluxo cambial positivo no 1T23). Entenda: Quando os juros começarem a baixar, o que acham que vai acontecer com o Dólar? A tendência é de subir.

Margens/Prejuízos: Temos ainda 79% de inadimplentes, dificultando o lucro das empresas. Entenda: O arcabouço fiscal exige um aumento de receita de R$ 150 Bi, as empresas tributadas repassarão estes impostos para os consumidores (ou vocês acham que as empresas irão absorver estes impostos?), serão R$ 150 Bi a menos de poder de compra que será retirado da sociedade para o estado. Teremos ainda < poder de compra > inadimplência. Tivemos um recorde de RJ no 1T23 (Brasil e EUA), 2T23 teremos ainda muitas RJ de empresas grandes.

Regra fiscal/Reforma tributária: A volatilidade e o stress destes dois assuntos ainda nem começaram. O "jogo" começa quando o congresso analisar as duas propostas, e espero que façam mudanças. Regra fiscal: Vocês conhecem alguma estratégia de sucesso que não contemple um tamanho de empresa/estado menor, quando da redução da receita? Estão forçando demais na arrecadação e esquecendo as despesas. Reforma tributária: Vamos realmente ter um imposto único? (Já combinaram com os Russos – Governadores e prefeitos?) Todo mundo vai pagar o mesmo imposto? Já imaginaram se esta reforma não passar, o stress que vai ser no Dólar, PIB e confiança do empresário?

Juros: Se o problema realmente são os juros, por que as construtoras tiveram recorde de venda de imóveis do 1T23, sendo que 95% são feitos por financiamentos? Por que as operadoras de viagens bateram recorde de embarque em 2022 se 90% das viagens são financiadas? Respondo: O problema não são os juros, mas a ineficiência das empresas, que por anos tiveram resultados positivos devido ao dinheiro "barato". Escolheram o faturamento em vez das margens positivas, analisaram o EBITDA e esqueceram o endividamento. Escolheram operações deficitárias ao invés de fluxo de caixa positivo/liquidez. Os juros altos levantaram o "tapete" da ineficiência. Juros é consequência, e não causa. Temos apenas um mês de inflação estabilizada, os juros não irão baixar agora.

ENTENDA: O mundo não é mais linear, não existem respostas simples. Precisamos fazer as conexões de vários fatores (Causas e efeitos), não confunda "ruído" com informações de qualidade. Na America's Cup, quando um barco começa a "fazer água", o capitão chama o resgate e todos se salvam. Quem vocês acham que irão salvar as empresas no mundo empresarial? Deixo para vocês responderem.

Vamos com muita inteligência!

LUCRO: REGRA UNIVERSAL NO MUNDO INTEIRO.

Sorry?

Axel Lehmann pediu desculpas (Sorry!) aos acionistas do Credit Suisse na última reunião de acionistas. Lehmann era responsável pela Governança, pelo comitê de riscos, membro do comitê de controle de crimes financeiros e membro da auditoria independente. (2021-2022)

Respeitosamente, gostaria de entender quais itens são referentes ao pedido de desculpas:

1. O pedido de desculpas é pelo colapso do investimento do CS na Greensill (2021), empresa financeira britânica de empréstimos que faliu, deixando um prejuízo ao banco de U$ 10 Bi?
2. Ou o pedido de desculpas é sobre a perda de U$ 4,7 Bi relacionada às negociações com a Archegos Capital Management?
3. Será que o pedido de desculpas é pela falta de confiança nos números do banco, que identificou "fragilidades materiais" em seus relatórios financeiros dos últimos dois anos?
4. O pedido de desculpas é porque, desde março de 2021, as ações do banco desvalorizaram 80,41%? (Acabando com economias de PF + CNPJ?)
5. O pedido de desculpas é pelo governo Suíço (e seus contribuintes) serem obrigados a gastar o equivalente a ¼ do PIB do país (209 Bi) para socorrer o banco?
6. O pedido de desculpas é pela perda de valor do banco (U$ 7,4 Bi, sendo comprado por U$ 3,2 Bi) = Perda de U$ 4,2 Bi + 36 mil empregos?
7. O pedido de desculpas é pela declaração do CEO Ulrich Korner (19/03/23): "Somos um banco com importância global. Isto significa que operamos nos mais altos standards no que diz respeito a capital, financiamento e liquidez"?
8. O pedido de desculpas são para os fundos de investimentos que tiveram prejuízos, pois a Finma (CVM da Suíça) determinou que US$17 Bi dos Títulos de Nível 1 (AT1) do banco fossem reduzidos a zero?

9. Será que o pedido de desculpas é pelas inúmeras multas aplicadas ao banco por falta de transparência em suas relações comerciais? (Onde estava a política de Conflito de Interesses?)

10. - O pedido de desculpas é pela alta remuneração do CEO, diretores e Conselho de administração, que saem desta história milionários, mesmo deixando o banco quebrado?

ENTENDA: Certo é certo em qualquer lugar do mundo. O CS demonstrou durante anos uma inconsistência de conduta, falta de confiança nos números "fragilidades materiais", um negacionismo de seus gestores sobre a real situação do banco, levando a perdas bilionárias + 36 mil empregos. Que sirva de lição: Como líderes nas empresas, temos uma grande responsabilidade, muitas pessoas pagarão pelos erros de decisões equivocadas. Temos uma grande oportunidade de aprender com os erros do Credit Suisse e também das "Americanas".

Para você que se "espelha" no primeiro mundo e acha que lá tudo é certinho: Sorry!

O MUNDO ESTÁ ALÉM DO EBITDA!

Welcome to the new market challenges

1. O mundo está mais incerto: O que aconteceu com as Americanas, SVB, Signature Bank, Credit Suisse, será cada vez mais frequente. Entenda: O mundo está muito mais conectado, sua operação local e global será impacta em algum grau em logística, suprimentos, crédito, financiamentos, margem e custos. Sua segurança chama-se liquidez.
2. O mundo está mais caro: Os juros ainda continuarão altos. Entenda: Os custos dos serviços/produtos estão cada vez maiores, está complicado repassar esta diferença para o consumidor (que está endividado). Você precisa diminuir os seus custos fixos rapidamente (GM, Hyundai e Stellantis já anunciaram férias coletivas, próximo passo são as demissões), a Amazon anunciou mais 9 mil desligamentos (27 mil no total) e também diminuir o custo dos serviços e produtos.
3. Estrutura de capital está em Risco (< Liquidez): Nenhuma empresa está fazendo IPO e a maioria está com dificuldade de caixa/liquidez. Entenda: Aumentar faturamento financiando a operação com Debêntures, sem uma eficiência operacional (FC Positivo) é a receita para a insolvência. Apenas um Follow-on em 2023 (Assaí). Os acionistas não estão aportando recurso nas empresas. O maior risco é o Patrimônio Líquido 'virado".
4. O mundo está mais inflacionado e com menos consumo: Os BCs do mundo escolheram combater a inflação (mantendo ou aumentando os juros – BCE e FED). Entenda: A inflação vai cada vez mais diminuir o consumo, sua precificação e posicionamento no mercado (venda com maior valor agregado) é fundamental para manter ou aumentar as margens.
5. O mundo está além do EBITDA: O que vem depois do Ebitda? Depreciação e pagamento de juros (exatamente o maior problema das empresas hoje). Entenda: Não adianta ter faturamento e EBITDA positivo e apresentar prejuízo. ROE, ROIC, Margem de Contribuição, EVA, % de endividamento, % Liquidez e PL positivo são indicadores fundamentais neste novo mundo.

6. Bem-vindo ao mundo com risco de falta de Governança: Diretores das Americanas e o CEO do SVB venderam ações antes da quebra. CVM: verifique quais ações de empresas, neste momento, estão sendo vendidas a um patamar "fora da curva", são estas empresas que apresentarão problemas. Entenda: Depois das Americanas, SVB e CS, temos uma dúvida enorme sobre a transparência das empresas.
7. Bem-vindo ao mundo com oportunidades para quem tem liquidez: UBS comprou o CS por U$ 3,25 Bi, o banco valia U$ 8 Bi. Entenda: Muitas empresas durante este período de recessão estarão com crise de liquidez, e para quem tiver caixa, será o maior momento de acrescentar mercados e empresas concorrentes ao portfólio.

ENTENDA: A pergunta não é se os juros irão baixar ou aumentar, mas se a sua empresa vai conseguir agir corretamente para se manter em um aquário menor (< PIB < Consumo < Margens < Crédito) e com tubarões brancos cheio de cicatrizes, estão prontos?

SABE MEDIR OS RISCOS?

Juros ou Inflação?

Ainda estamos sentindo o impacto dos juros altos na economia, o combate à inflação tem sido uma preocupação dos Bancos centrais ao redor do mundo, mas aqui vai uma provocação: Juros baratos com mais inflação seria a solução para o crescimento da economia?

2023 está nos mostrando:

1. O mundo está caro, está acabando o ciclo de juros baratos. As empresas precisaram ter resultados positivos sabendo administrar os juros altos. Novamente, a "barra subiu" (Juros nos EUA em Março de 2020 eram 0,25%, hoje estão em 4,75%. No Brasil tivemos o aumento de 2% para 13,75%), em outros países tivemos o mesmo movimento, e a inflação continua subindo.
2. Enquanto os bancos não apurarem os prejuízos em seus balanços dos títulos federais, teremos ainda muitos bancos com problemas de liquidez e, sim, no Brasil seremos impactados. Não acredito em "quebra" de bancos por aqui, mas em uma escassez maior de crédito, impactando o PIB e os lucros das empresas.
3. Especificamente no Brasil, os combustíveis aumentaram 3,4%, o Santander anunciou o segundo aumento dos juros imobiliários, ainda não temos a regra do Arcabouço fiscal, estamos ainda com políticas expansionistas nos gastos, o governo tem que pagar mais juros de curto prazo (Tesouro Direto) para "rolar" a dívida, assim como as empresas têm que pagar mais juros em suas Debêntures (esqueçam IPO).

Existe uma diferença nas empresas entre administrar juros e inflação.

Juros:

- Renegocie a taxa da dívida e alongue os vencimentos (Curto para Longo Prazo).
- Reveja o custo do produto (Manter ou aumentar a margem, está cada vez mais difícil repassar ao consumidor.)
- Diminua os custos fixos, tenha um fluxo de caixa operacional positivo para que não precise ou diminua a necessidade de empréstimos. (Tem muitas empresas pegando empréstimo a juros altos ou fazendo mais Debêntures, aumentando a NCG para manter o faturamento sem margem. Esta conta não fecha).

Inflação

- Imaginaram ter de administrar o aumento do preço dos produtos de 15%/20% todos os meses?
- Pensem no consumidor, com inflação mais alta, cada vez mais ele terá menos dinheiro para consumir. Se as margens estão apertadas hoje, imaginem com inflação alta? (Inflação Brasil dos últimos 12 meses com 5,60% já não está fácil para ninguém...).
- Fornecedores, mercado financeiro, toda a cadeia se adaptando à corrosão da inflação. (Sugestão: Conversem com profissionais mais experientes que vivenciaram estes períodos altos de inflação).

ENTENDA: Juros altos é péssimo, assim como inflação alta é devastador, mas com os juros você consegue colocar a "vassoura" na porta para ele ir embora, a inflação é um elefante da sala, você não consegue tirar sem quebrar a parede. Pense nisso! Mesmo com a quebra do SVB, a projeção é de aumento dos juros nos EUA, parece que ninguém quer o elefante na sala.

GOVERNANÇA, PARA ONTEM!

Governança, por favor.

Estou vendo uma quantidade grande de casos de problema de Governança. Entenda: Esta área está diretamente ligada a ética, lucros, marca, cultura e ações ESG. Negligenciar isso é um erro grave.

Seguem os casos recentes e as principais perguntas que o mercado faz:

1. Americanas: Rombo de R$ 20 Bi. Mercado: Quais são as análises e autonomia do Conselho de Administração e conselho Fiscal? Como a política de remuneração influencia nas decisões de curto prazo em detrimento de longo prazo? Como é o sistema de auditoria (interna e externa)? Como os problemas são corrigidos? Quais são as "travas" para identificar o conflito de Interesses? Resultado: 90% de desvalorização das ações e recuperação judicial.
2. Salton, Aurora e Garibaldi: Mercado: Precisa de denúncia e imprensa para verificar que um fornecedor que colhe uva tem a prática de trabalho escravo? Como é o controle de contração e auditoria de fornecedores? Os Preços dos produtos refletem ou não uma política ética das empresas? Resultado: Crise de imagem (pelo menos pediram desculpas e fizeram o TAC), mas cuidado, não existe segunda chance para este tipo de caso.
3. Magalu: Mercado: Existe então uma denúncia envolvendo problema de Bonificação em que se concretizando, distorce o resultado líquido, reduzindo a dívida com fornecedores e distorcendo os números corretos? Onde está a auditoria interna e externa, pois são 3,5% do valor total de compras da empresa? Em se concretizando, quem garante que é só isso? Resultado: Ação chegou a cair 11% e existem muitas respostas que o mercado está esperando.
4. Silicon Valley Bank (*SVB*): Mercado: Como o CEO Greg Becker vendeu o equivalente a US$ 3,6 milhões em ações do banco na semana anterior à sua falência? CEO e diretores vendendo grande quantidade de ações em curto período de tempo (também Americanas) não deveria ser um sinal de problema? A SEC e a CVM (agora com a ajuda da IA) não deveriam enxergar estas distorções? Resultado: SVB e Americanas quebraram.

5. CVM. Mercado: Ainda estamos aguardando a reposta. As empresas listadas no índice ISE da B3 possuem controles consistentes para que o investidor, bancos, empresas e fundos de investimentos possam fazer a aplicação de forma confiável nestas empresas? Resultado: Silêncio.

ENTENDA: Se pesquisarem, encontrarão uma quantidade enorme de "cases" de problema de Governança, principalmente envolvendo distorção de remuneração x resultado, fraudes, multas por pagamentos indevidos, falta de controles internos e relacionamento com fornecedores de forma inconsistente, refletindo na marca e na parte financeira das empresas. A Hierarquia das letras ESG está errada, deveria ser GES. (Governance) forte que reflete conduta ética e "travas" para o desafio que o (Environment) nos oferece todos os dias, tendo como consequência a implantação sustentável do Social = ambiental + igualdade + respeito + sustentabilidade.

Existem ações que as empresas podem fazer em crises e recessões (Diminuir custo fixo, ajuste do custo do produto…) mas para falta de Confiança (Governance) em empresas, mercados ou governo é tsunami. Cuidado com isso!

TSUNAMI A VISTA

Gostaria de agradecer as 23 mil visualizações do post "2023 - Tsunami à vista". Este conteúdo "consumido" em apenas um dia de publicação demonstra a preocupação de CEOs, CFOs, fundadores de empresas e do mercado financeiro sobre as ações de impacto para passar pela crise em 2023.

Principais "pilares": (Empresas)

1. Caixa é Rei (nunca se esqueça disso).
2. Renegociação da dívida de curto para longo prazo.
3. Redefinição do custo do produto/serviço = Maior possibilidade de manter as margens.
4. "Travar" o dólar (Hedge) = Garantir previsibilidade no caixa e defesa da variação cambial.
5. Interação das operações (Sinergia) = Fazer mais com menos.
6. Foco no giro do estoque = venda com margem.
7. Revisão do risco do cliente para crédito = menor inadimplência. (Usar também seguro de crédito).
8. Priorizar margem ao invés de faturamento = empresa menor e mais saudável.
9. Alinhamento de incentivos. (Variável/bônus deve refletir o real desempenho da empresa).
10. Retenção ou diminuição de dividendos = maior caixa e recurso para investimentos.
11. Core Business: Somente operação com lucro. Foco na "sala de estar" e não na "cozinha".
12. Foco especial na precificação equilibrada do preço do produto.
13. Controle do Custo Fixo = Nadar com mais oxigênio.
14. - KPI Estratégico: Fluxo de caixa Operacional para pagar os (CF e CV) + Alavancagem Financeira (Dívida Líquida / EBITDA) < 2,5x = > Caixa/Liquidez.
15. Seu orçamento (Budget) é a ferramenta mais importante. (Altitude do avião).
16. Contrate um escritório tributário para analisar as oportunidades.
17. Mantenha a estrutura horizontal = Rapidez nas decisões.

Principais "pilares": (Profissionais)

1. Pensamento estratégico (Mundo + Brasil + segmento específico) = Riscos e oportunidades.
2. Calma = Quanto maior a "pressão", mais calma.
3. Comunicação correta com a equipe = Dialeto (todo mundo deve entender a situação).
4. Resiliência = "Engolir sapo" de forma estratégica.
5. Coragem para tomar as decisões (agora... nos próximos cinco min.).
6. Liderança = acompanhe a sua equipe. (Exemplo + Propósito) = Alto desempenho.
7. Inteligência emocional – Alinhar os cenários diários na direção correta da estratégia/execução.

NO MORE "TOO BIG TO FAIL"

Agradeço as mais de 42 mil visualizações do post (Debêntures). Mais de 430 CEOs e 210 CFOs leram o post, além de profissionais ligados a finanças (Any Time!).

Alan Greenspan (Ex CEO do FED) listou alguns erros que empresas/bancos fizeram na crise 2008:

1. 2008: O endividamento faz diferença no impacto da bolha. (2022/2023: A Maioria das empresas B3 estão alavancadas, precisando "rolar" a sua dívida através de debêntures).
2. 2008: Default por contágio: liquidez desaparece da noite para o dia. (2022/2023: Maior impacto no PDD dos bancos (3T22) e empresas com menor lucro ou prejuízo).

2023/2024 Recessão/Bolha Financeira:

(> Excesso de dinheiro no mundo devido a < Taxas de juros = > Investimento em empresas (priorizando faturamento e não margens). Agora com o mercado em baixa (Impacto Covid e Rússia) as empresas estão "inchadas / prejuízo" e sem caixa. Com o custo do dinheiro alto (> SELIC > WACC), precisam "rolar" a dívida através de debêntures (balanços já estão comprometidos). Bolha estourando (Credite Suisse / Evergrande / outra coisa) a liquidez vai secar (a música vai parar!!) e as empresas não terão como "rolar" mais as debêntures ou não conseguirão fazer Follow-on. Em três meses estarão sem caixa (empresas + bancos) = crise maior que 2008.)

KPI Estratégico: Fluxo de caixa Operacional para pagar os (CF e CV) + Alavancagem Financeira (Dívida Líquida / EBITDA) < 2,5x = > Caixa/Liquidez.

Obs.: AF de algumas empresas B3: Marcopolo (8,4), CVC (103,3), BRF (7,9), MRV (5,8), Natura&CO (3,6), Lojas Marisa (14,0), Azul (21,4).

Fluxo de caixa Operacional (Como os CEOs do mundo estão se preparando):

1. Amazon – Demissão de 10 mil trabalhadores.
2. Apple: Conservadorismo nas contratações.
3. Shopee: Demitiu 10% dos empregados nos últimos seis meses.
4. FedEX – Fechamento de 90 escritórios, cancelamento contratações e projetos.

Alavancagem Financeira < 2,5x

1. Renegocie os juros da dívida (Banco + Debêntures).
2. Alongue o prazo da dívida (Pagar > 80% da dívida entre 2025/2027).
3. Follow-on: Empresa (B3) oferecem mais ações no mercado para equilibrar caixa e endividamento. (Maiores Follow-On de 2022: BRF (5,4 Bi), Equatorial (2,7 Bi), Alpargatas (2,5 Bi), Eneva (4,2 Bi).

ENTENDA: Na crise, os acionistas não irão cobrar EBITDA, o mercado vai cobrar que você sobreviva.
Um agravante: os estados não têm mais dinheiro para socorrer as empresas (2008), foi tudo usado no Covid (2020), dessa forma foi retirado a "rede de proteção do circo" (ou vocês acham que a PEC de transição de 175 Bi contempla dinheiro para socorrer empresas?) = No more "Too Big To Fail".

FINANÇAS COM RESPONSABILIDADE

Projeto IBEFVerde foi lançado com o objetivo de direcionar a questão de ESG em finanças. Tem muito "ruído" no mercado e muitas empresas usando o discurso apenas como "ponte" para demonstrar à sociedade e aos investidores um discurso que não se sustenta no logo prazo. Em finanças, já tivemos vários bancos e fundos de investimentos (ao redor do mundo) questionados sobre a seriedade de suas posições sobre ESG em investimentos. Desta forma, quando se posicionar (Profissionais e empresas), que seja sério, com responsabilidade e auditável.

Perguntas certas (Jim Collins)

1. Como fazer a conscientização, demonstrando que o lucro das ações e ESG não são separadas, mas sim complementares?
2. Existem ações de ESG para uma empresa que não tem caixa/Liquidez?
3. Qual a prioridade dos índices operacionais em detrimento do ESG?
4. ESG é uma pressão da sociedade ou um modelo de negócio complementar (tendência) que pode elevar o nível da empresa?
5. Qual a importância do ESG na estrutura de capital e na cultura da empresa?
6. Um fornecedor que não é sustentável é caro ou barato? Qual a chance deste fornecedor continuar estratégico no longo prazo?
7. Quanto custa um cliente não comprar o seu produto?
8. Como minha empresa pode se adequar às normas ESG (quais perguntas responder?)

ESG na prática

1. Comece pelas oportunidades mapeadas (ações de pequeno porte, mas de forma consistente).
2. Ajuste a estrutura de capital aos benefícios de ser sustentável (tem muito dinheiro no mercado a taxas competitivas para quem demonstra ações sustentáveis, por menores que sejam.)

3. Não existem opostos (Finanças e ESG), cada decisão tem a sua prioridade e o seu tempo.
4. Comunique corretamente para sociedade (importante o seu consumidor saber os seus resultados e também saber as ações de ESG, ele vai fazer a conexão e continuar comprando de você).

ENTENDA: Seja transparente com a sua "Maturidade ESG", ESG é para empresas e profissionais sérios.

29    

RAY DALIO

Recebemos a notícia de que Ray Dalio deixou o controle da Bridgewater Associates. Com certeza ele vai continuar escrevendo livros e se dedicar a passar o seu conhecimento. Ele é um dos pouquíssimos Titãs do mercado financeiro.

Para quem não o conhece, apresento Raymond Thomas Dalio:

1. Fundou (1975) a maior e mais lucrativa gestora de *hedge funds* do mundo, com cerca de US$ 140 bilhões sob gestão e 1.500 funcionários
2. A estratégia de "*risk parity*", ou "paridade de risco", foi usada para medir os riscos (30% em ações de empresas grandes + 15% em títulos à médio prazo (7 a 10 anos) + 40% em títulos à longo prazo (20 a 25 anos) + 7,5% em diversas commodities +7,5% em ouro).
3. Passou a desenvolver teorias econômicas (Ciclos das crises), e com isso, desenvolveu um sistema de previsão de movimentos de altas e baixas. (Livro the Changing word Order). Sua gestora de fundos teve retorno negativo somente em três anos, desde a sua criação.
4. Em 2011, foi publicado o livro Princípios de Ray Dalio, com milhões de cópias vendidas.

Independência – Tenha pensamento crítico / independente

Diversificação – Para reduzir o risco (< 80%), é preciso ter 15 investimentos diversificados.

Taxa de juros – Entenda profundamente das taxas de juros e suas consequências.

Venda – Com os ganhos em ações, venda e faça o reinvestimento dos lucros.

Inflação – Entenda o poder da inflação e como ela afeta diretamente seus investimentos.

5. Em 2018, Ray Dalio lançou o livro *Principles for navigating Big Debt Crises*. Explica como as crises funcionam e como devemos lidar com elas.

Em 2022 se posicionou a descoberto (esperando a queda do mercado) em U$ 9 Bilhões de Euros (R$ 46 Bilhões de reais), ele é um dos poucos investidores que faz o que fala. Este é um grupo raríssimo de investidores. Ray Dalio / Warrem Buffet / Paul Tudor Jones / Peter Lynch / Ed SeyKota.

ENTENDA: "Seguir bons princípios é uma forma eficiente de lidar com a realidade." Ray Dalio.

ESG EM FINANÇAS - DINHEIRO QUE GERA VALOR.

Ontem foi realizado o Lançamento do IBEFVerde, projeto criado em Minas que teve a aprovação do Conselho nacional do IBEF, virando um projeto Brasil. O objetivo é esclarecer e colocar as prioridades corretas sobre ESG em finanças, o lançamento teve um público espetacular (CEOs, CFOs, investidores e gestores de fundos entre outros), realmente o mercado está carente de uma definição de como pensar estrategicamente ESG.

Premissas importantes:

1. Empresa Saudável: Não existem ações sustentáveis de ESG para uma empresa que não tem caixa. Principalmente com o mercado em recessão, as prioridades na estratégia é como passar por este período. Não perca o foco na liquidez, WACC, Margem, Custos e EVA.
2. Governança – Garanta operações produtivas, lucrativas, transparentes e com ética. Irá verificar que, no decorrer no processo, ações de S e E serão analisadas, mas de uma forma equilibrada.
3. Custo do Dinheiro: Existe muito dinheiro "colocado na mesa" com taxas menores para a empresa que comprovar que possui ações ESG (em menor ou maior grau). Isto é um grande diferencial, as empresas estão com prejuízo devido aos custos dos empréstimos (Brasil perde apenas para Rússia, Turquia e Argentina). Braskem, Suzano, Klabin emitiram debentures com taxas diferenciadas (sustainability-linked Bonds), economizando milhões. Sim, sustentabilidade é lucrativo, use isso com inteligência.
4. Certificação: Baixe os manuais da certificação internacional (GRI, CDP, TCFD, SASB), a B3 disponibiliza um check list (índice ISE). Estudem, verifique o que a sua empresa pode fazer neste momento, comece om ações pequenas, mas de longo prazo. Com o tempo, estas ações serão incorporadas na cultura da empresa, mas de forma responsável.
5. ESG é para profissionais e empresas sérias: A pressão da sociedade é grande, todos devem ter ESG, mas existe muita confusão. Todos os dias vemos empresas em "Greewahing", ou seja, não comprovando o que realmente indica que faz. Não faça isso; se não tem ESG maduro na empresa, seja transparente, o mercado (Investidores + Consumidores) irão te penalizar financeiramente.

- Tesla foi expulsa do índice ESG S&P 500.
- Gestora DWS (Deutshe Bank – Alemão) teve a polícia dentro do escritório, pois comunicava que fazia investimentos em fundos ESG, e não era verdade.
- Brasil é campeão em fraudes e temos de manipulação ESG (Pesquisa PWC)

6. Finanças com responsabilidade: Sim, estamos preocupados com as diferentes formas de desigualdade e questões ambientais, mas existe uma forma correta de devolver isso para sociedade sem perder o foco nas finanças e nos índices financeiros das empresas.

Agradecimentos

- Henrique Paim (Direcional Engenharia): Uma das poucas empresas que efetivamente entende o valor do dinheiro, dos riscos do mercado e de como mostrar e usar (Finanças + ESG) de forma inteligente. Não surpreende o resultado positivo e aqui destaco o Lucro líquido.
- Carlos Braga (Referência): Professor da FDC, conselheiro (da prática do mercado) nos brindou com uma aula do mercado ESG em finanças.
- A todos os presidentes do IBEF pelo apoio e confiança.
- A toda a diretoria de Minas por acreditar que podemos direcionar e esclarecer melhor o mercado.

ENTENDA: Finanças é coisa séria, ESG é coisa séria, não sejamos displicentes.

A CULTURA "COME" A ESTRATÉGIA NO CAFÉ DA MANHÃ

As mudanças no mundo dos negócios ficaram mais rápidas nos últimos 10 anos, porém, depois do Covid 19 a incerteza aumentou muito. Está muito mais complexo fazer uma análise de cenário e traçar as ações a partir isso. Cultura empresarial é fundamental para que a empresa possa identificar o cenário de forma correta, não adianta fazer um plano consistente, com objetivos bem definidos, se as ações estiverem em choque com a cultura vigente da sua organização. Nada vai dar certo se a cultura da empresa não favorecer a execução do que você está pensando.

Exemplos de uma cultura errática:

- Kodak: A empresa se "fechou" para a gestão de riscos, concorrentes e novos produtos. Em 1975, **Steve Sasson** (engenheiro da Kodak) criou a primeira câmera digital, mas a cultura rejeitou a ideia. O resultado, todos os conhecemos. (Ego + Poder + Negacionista + arrogância = morte)
- Blockbuster: A cultura não permitiu identificar que as mídias digitais e **streaming** seriam o principal concorrente. (Excesso de confiança originada pelo sucesso + negação do risco = morte)
- BlackBerry – Dominava o mercado de celulares corporativos. Com o iPhone em 2007, a empresa ainda insistiu nos celulares de "tecla", buscou uma bala de prata "Blackberry Passport" e uma novo presidente "Super homem". Cultura não é corrida de 100 Metros, é maratona. (Corrida pela salvação + busca indisciplinada pelo crescimento = morte)
- Natura: O excesso de confiança, e a falta de ação perante fatos e dados destruíram o valor da empresa. As ações "derreteram" e um novo CEO assumiu com o objetivo de nova alocação de capital. (Reestruturação se mudar a cultura = Morte)

CEO, CFO e Board, faça a seguinte pergunta:

1. O excesso de confiança no sucesso está deixando a sua empresa arrogante?
2. Se existisse uma outra empresa, exatamente igual à sua, como conseguiria se diferenciar rapidamente?
3. A busca "desenfreada" pelo crescimento está omitindo a margem, Ebitda, Lucro Líquido e Liquidez?
4. Quem é no seu segmento a "Câmara digital, Streaming ou Iphone" que pode de tirar do mercado?
5. Como está medindo o risco do seu negócio, ou sua cultura é negacionista?
6. Sua cultura analisa fatos e dados ou busca um CEO (Super Homem) ou uma bala de prata?
7. Sua cultura preza pelo longo prazo ou curto prazo? (Alinhamento de remuneração variável).
8. Seu conselho fala o que é necessário ou a reunião parece uma confraria de amigos para fumar charutos?
9. Sua cultura permite que pessoas medíocres subam na hierarquia com maior poder de decisão?
10. Sua cultura preza por respostas erradas e rápidas para problemas complexos, ou preza pelas perguntas certas?

ENTENDA: O mercado está mais complexo, as tecnologias estão mais rápidas e acessíveis, processos que eram "valor" hoje são "Commoditties", a única certeza é saber navegar na incerteza, e apenas a cultura correta permite isso.

"Sem um capacete, óculos de proteção e *earphones* antirruído, seria simplesmente impossível navegar. Dependemos muito da comunicação para navegar com precisão e toda a tripulação deve estar completamente sintonizada com o que está acontecendo no barco e fora dele. O fato de termos uma força coletiva capaz de passar por problemas, chegar a uma solução e seguir em frente sempre foi um dos pontos fortes." Glenn Ashby – Vencedor da America's Cup (Emirates Team New Zealand)

CUIDADO COM O MIKE TYSON

O maior risco para as empresas é confundir desejo com realidade. A inflação continua alta, o mercado continua em baixa, os juros é um dos maiores do mundo, China e EUA com problemas na economia (Recessão), Europa com problema de demanda e consumo e não existe a opção de repassar os custos aos consumidores. Resultado: No 2T de 2022 o lucro das empresas B3 caiu 45%. As empresas tomaram o primeiro "soco". Como as empresas podem reagir:

Decisão 1 – Leitura correta do mercado

- Análise do mercado: (Causa dos problemas + Segmento específico + Macroeconomia Brasil e mundo + Visão fria "desapaixonada" + Priorizar operação lucrativa + Tempo certo + Firmeza = Decisões acertadas).

Decisões 2 - Sobrevivência:

- Fluxo de caixa: Como está o Fluxo de Caixa para o segundo semestre? Se o resultado for "furo de caixa", tome as decisões "agora". Diminua a NCG e endividamento (WACC). Lucro contábil não é caixa.
- Faturamento x Margem: Priorize a operação/produtos que são lucrativos (MC e EVA), não confunda escalabilidade com lucro, se tiver prejuízo na venda, quanto mais vender, mais rápido irá quebrar.
- Inadimplência – Analise a política de crédito para os clientes, receber no prazo correto é fundamental para o Caixa. Use o seguro de Crédito. (PDD)
- Agilidade: Decisão certa no tempo errado é prejuízo do mesmo jeito. A empresa deve ser horizontal, sem burocracia e com as pessoas treinadas e com autonomia para decidir.
- Estoque: Muito importante o giro de estoque (com margem), controle isso no detalhe, muito do caixa das empresas está no estoque.
- Tamanho da empresa – Diminua o custo fixo senão estiver tendo lucro, não fique preparado para um futuro que pode custar caro agora. Novamente: Não confunda desejo com realidade.
- Core Business – Venda ou terceirize toda a operação que não faz parte do "DNA" da empresa. Priorize a sua "sala de estar" e não a "cozinha."

Decisões 3 - Oportunidades: (Com liquidez poderá):

- Avaliar investimentos estratégicos.
- Verificar empresas com fundamentos, porém sem caixa para aquisições.
- Mais investimento no "Core Business" aumentando a vantagem competitiva.
- Vantagem com fornecedores.

ENTENDA: Você está com o Mike Tyson na sua frente e já tomou um soco, vai ficar parado?
"Foco agora é no Fluxo de Caixa para sobreviver durante a Crise", Fundador da Huawei (China)

BARBATANA DE TUBARÃO!

Tenho visto nestas últimas semanas notícias sobre a melhora da economia e que teremos uma retomada rápida dos mercados. Importante interpretar estas notícias com os fatos e dados para não incorremos em falsas leituras, levando a decisões erradas.

Emoções: Não façam leituras de mercado baseados em emoções ou em notícias de um único segmento. Muitas vezes "filtramos" a notícia que queremos ver e não analisamos todos os dados para construir uma tendência de mercado. Entenda: Todos os dias comece como uma folha em branco (mas com uma referência do passado recente) e analise a partir disso. Esqueça a "caixa", ela não existe, hoje é tudo muito imprevisível, turbulento e rápido, emoções te deixam sem parâmetro de altitude (Avião).

Política: Todos nós temos as nossas convicções, mas tenha uma visão "desapaixonada". Tenha foco apenas nas ações propostas e executadas dos governos e nas implicações para a sua empresa e mercado.

Causa e Efeito: Analise tudo por causa e efeito. Problema do descasamento de (oferta de demanda) e (produção) pós Covid foi a causa da Inflação mundial, e teve como consequência: aumentos dos juros, custo alto do dinheiro, menor liquidez, menor consumo, PIB menor e Dólar desvalorizado. Com fatos e dados é possível fazer um direcionamento mais assertivo sobre o mercado.

Comparando as notícias positivas com o que realmente ainda estamos vivendo:

1. "Choque" de demanda e produção ainda continuam e inflação ainda será um problema.
2. Todos os países aumentaram os juros e o problema de liquidez aumentará.

- Os bancos tiveram grandes lucros porque o custo das as empresas (Desp Financ.) se traduzem em receitas para os bancos, e todos eles provisionaram valores maiores de inadimplência em 2022.
- As empresas da B3 que estão tendo lucro estão ligadas às Commoditties.
- Pouquíssimas construtoras tiveram lucros superiores a 2021, a maioria diminuiu o Lucro ou teve prejuízo.

- Empresas de Varejo continuam com grandes problemas (Magalu, Via, C&A), algumas já estão conseguindo entendo o cenário e se posicionar (Renner). Mas, no geral, o consumo diminuiu.
- Incentivos fiscais: Preço da Gasolina caiu devido à diminuição do ICMS (Estados) sendo compensado pelo Governo Federal (não estou entrando em questão política aqui). Não sabemos se este "acordo" ainda vai continuar e os indicadores mundiais continuam se deteriorando (Alemanha é um exemplo disso), assim, a inflação e o combustível ainda são preocupantes.

3. Evergrande – O problema ainda não terminou, pelo contrário. Estourando este problema de inadimplência da China, o mundo vai sentir uma enorme crise de liquidez e novamente, aumentos dos juros e custo maior do dinheiro.
4. B3 está subindo porque com juros altos (SELIC 13,25%) proporcionam maior rentabilidade aos fundos do que em outros países, o que impacta também na diminuição da cotação do Dólar. (Tenho escutado que Nasdaq está em Bull Market porque está 20% acima de sua baixa. Depois de 2000, a Nasdaq fez isso sete vezes, caindo 78% para sua baixa de 2002.)

O meu posicionamento aqui é qualquer decisão que tomem, tenha uma visão fria, desapaixonada, baseada em fatos e dados e sem emoções. (CNPJ e CPF).

A caneta do CEO, CFO e Conselho são poderosas e se um erro de estratégia tem consequências graves, imagine neste mercado turbulento. Tirem as emoções da "sala" e interpretem corretamente as noticias de forma completa (seu segmento específico + macroeconomia Brasil e mundo + visão fria "desapaixonada" = Decisões). Se realmente depois desta métrica de análise econtrarem oportunidades (e neste momento de turbulência tem muitas) que sejam agressivos, aumentem o Market Shares, tirem os concorrentes, aumentem as margens e melhorem os lucros. Sempre reforçando: Gestão de Custos, menor endividamento, maior giro de estoque, vender com lucro e pesoas certas (equipe).

ENTENDA: Quando se enxerga a barbatana do tubaração, você tem um "sentido" de perigo e sabe medir a distância que ele está, o problema é quando ele afunda e você acha que ele foi embora (notícias boas interpretadas fora do contexto geral); neste momento o perigo é maior, pois você não esta mais preparado para o pior cenário e é surpreendido, está morto.
Você (CEO, CFO e Conselho) consegue direcionar a sua empresa apenas quando enxerga a barbatana do tubarão? Responder esta pergunta separa os "Homens dos meninos".

DIREÇÃO É MAIS IMPORTANTE QUE VELOCIDADE

Estamos começando mais uma semana, as incertezas continuam muito grandes. O FED (Banco Central E.U.A) tem um desafio muito grande de controlar a inflação e com certeza aumentará os juros (os outros países farão o mesmo, inclusive o Brasil), a demanda baixa (consumo) é uma realidade, estamos em uma recessão (Brasil e Mundo) e o desenho de uma Pré-Bolha Financeira é uma realidade.

Velocidade para se preparar para os desafios do mercado é fundamental, mas direção permitirá à empresa sair da crise melhor. (Velocidade sem direção = Abismo)

Reforçando novamente:

1. Caixa (Comercial) – Analise as oportunidades de negócios do comercial com o tempo de concretização da venda, fundamental ajustar esta expectativa devido ao estoque (tenho certeza que tem estoque que não gira) e ao NCG, a análise do capital investido é fundamental.
2. Caixa (Ciclo Financeiro) – Renegocie com os fornecedores um prazo maior de pagamento, foco total na inadimplência, não se acomode com o PDD (Perda de devedores duvidosos), analise todo o custo fixo (precisamos desta estrutura agora?), foco no giro do estoque. NCG – Quanto dinheiro preciso nos próximos seis meses?
3. Caixa (Margem) – Não venda com prejuízo (tentarão te convencer do contrário). Quanto mais você vender com prejuízo, mais rápido irá quebrar.
4. Caixa (Juros) – Diminua o endividamento, várias empresas (B3) reportaram aumento do faturamento, mas tiveram prejuízo (Desp. Financeira).
5. Caixa (Câmbio) – "Trave" o câmbio, os juros irão aumentar, o dinheiro vai sair do Brasil e o Real/Dólar vai desvalorizar cada vez mais. (Trabalho com Dólar acima de R$ 6,00 no curtíssimo prazo). Precisamos de previsibilidade do Fluxo de Caixa.
6. Caixa (TAX) – Sua equipe de TAX sabe que normas (do seu setor) foram atualizadas na semana passada? Quais são os incentivos fiscais para o seu segmento e como isso se "encaixa" no caixa/liquidez.

7. Caixa (Contábil) - Muitas empresas têm lucro contábil e não têm caixa. Cuidado com isso, liquidez é o que suportará a empresa neste momento de crise.
8. Caixa (Oportunidades) – Entenda todas as oportunidades de negócios, quais as vantagens competitivas que realmente precisam de investimento, a empresa precisa gerar valor (venda com margem), se não tiver diferencial vai brigar por preço (venda com prejuízo). Não é apenas cortar custo por cortar, é ter "direção" na decisão.
9. Caixa (Orçamento) – Set/Out as empresas começam a preparar o orçamento para 2023, melhor antecipar. 2023 vai ser muito "duro" e todos devem analisar e entender as contas e oportunidades no detalhe. Orçamento é uma ferramenta de referência estratégica.

ENTENDA: Não adianta ir rápido se não tem controle, a direção é que permite "fazer a curva". SENNA raramente era mais rápido em cada curva, ele era "consistente" em cada curva, os outros pilotos não conseguiam ter este nível elevado de "direção."
"Fabricantes não colocam freios nos carros de corrida para que eles possam ir mais devagar, eles colocam freios para que os carros possam ir mais rápido."
Ayrton Senna

EXEMPLO

Pessoal, fui surpreendido com esta matéria da Via Varejo (Casas Bahia + Ponto Frio), sobre o aumento de remuneração para a diretoria e conselho de Administração de 35% (2022 / 2021)

De 77 MM para 105 MM.

De acordo com a matéria da revista Exame:

"A maior remuneração acordada, de R$ 96,1 milhões, foi reservada aos cargos de diretoria estatuária, composta por cinco integrantes, tendo entre eles Roberto Fulcherberguer, presidente da Via, e outros quatro vice-presidentes. Os R$ 8,9 milhões restantes serão destinados aos membros do Conselho de Administração."

"A assembleia geral que definiu a remuneração aos executivos teve a participação de somente 35% do capital da empresa, sendo que dos presentes, apenas 67% votaram a favor. Ou seja, a remuneração teve anuência de menos de 25% do capital da Via."

Respeito e acompanho o trabalho do presidente da VIA Roberto Fulcherberguer, mas acredito que o exemplo é a maior ferramenta da liderança. Fico imaginando o seguinte:

- Margem do produto: Como a diretoria e o Conselho de Administração irão pedir à equipe de vendas que aumente a margem dos produtos em 35% em um período de recessão, com concorrente de peso como Magazine Luiza, Amazon, Mercado Livre, Shopee e outras?
- Percepção equipe: A remuneração de toda a equipe, em todas as lojas do Brasil, sofrerá um reajuste de 35%? Senão, como será a comunicação com a equipe para que ela se mantenha motivada, principalmente se não tiver aumento para ninguém com o argumento de falta de caixa? (Não seria mais prudente esta diferença de 28 mm ser para aumentar a remuneração da equipe na "ponta", pois é ela que executa a estratégia?)
- Investidores: Com relação a investimentos, foi realizado um aumento de 35% ou mais em ferramentas digitais e produtividade do canal de abastecimento ou outros itens de estratégia?
- Comunicação para os investidores: "O conselho de administração da varejista Via aprovou a captação de até R$ 600 milhões pela empresa com a emissão de debêntures, os recursos serão

utilizados pela Via para pagamento de gastos, custos e despesas imobiliárias futuras de expansão, reforma, pagamento de aluguéis, aquisição e construção em imóveis, bem como reembolso de despesas de natureza imobiliária. Matéria CNN 30/06/2022" A diferença de remuneração 28 MM já ajudaria muito no objetivo da debênture, será que os investidores estão de acordo com isso?

- Imagem da empresa: Como justificar para todo o mercado um aumento de remuneração de 35% se a ação da VIA foi uma que mais caiu na B3 (mais de 80%) em 2022?
- Caixa/Liquidez: Como justificar este aumento de remuneração de 35% se o grande desafio é Caixa/Liquidez, principalmente no varejo em que o capital investido (estoque) é um grande desafio, afetado pelo período de baixa demanda (Consumo), que resulta em baixo giro do estoque?
- Governança / Transparência: "A remuneração teve anuência de menos de 25% do capital da Via." Qual o nível de governança que permite que isso aconteça? Qual o nível de transparência e respeito à sociedade (das milhões de pessoas que têm ações da VIA) em permitir que menos de 25% representantes do capital decidam um assunto sério desse?
- Motivação: Por que este assunto foi colocado em pauta neste momento? Seria o momento apropriado para isso? (Alta dos juros, Baixa Demanda, mercado em recessão, Dificuldade de caixa e de margem, Câmbio explodindo, incerteza política...)
- EVA – Será que a VIA está entregando uma remuneração de capital dos investidores compatível para permitir um aumento de remuneração de 35% para a diretoria e conselho? (Não vou nem falar em VEA).
- Conselho de Administração – Quais foram os índices de produtividade que permitiram que este assunto fosse colocado em pauta? Qual será o benefício para a empresa? De que tipo de conselho estamos falando aqui, do tipo que aprova tudo o que o CEO faz, ou do tipo que direciona as empresas para atingir os interesses dos acionistas?

ENTENDA: Novamente, respeito o trabalho do CEO da VIA Roberto Fulcherberguer, não é fácil administrar uma empresa deste tamanho (principalmente no Brasil), mas acredito que foi feito um erro de leitura da diretoria e que pode ser revertido, mesmo sabendo que esta remuneração é em parte em ações (longo prazo). Mas o meu ponto não é este, é o exemplo, é o que motiva e engaja a equipe.

Desejo sucesso à VIA, muito importante para o mercado e para o Brasil que ela passe por esta crise.

VANTAGEM COMPETITIVA.

Pessoal, muitas pessoas me chamaram sobre o post "Four Decisions". A principal preocupação é diminuir o tamanho das empresas sem perder o DNA ou cancelar o investimento em P&D, por exemplo. Este é um equilíbrio muito delicado, temos uma crise em curso, assim, o curto prazo tem mais peso nesta equação. Resolvi então fazer este post sobre como a Vantagem Competitiva pode ser pensada neste importante momento, e agradeço às mais de 12 mil visualizações (Four Decisions).

Durante a Segunda Guerra Mundial, o estatístico Abraham Wald (fez parte do Grupo de Pesquisa que recebeu a tarefa de decidir onde aplicar fuselagem extra para proteger os aviões dos aliados contra os ataques dos nazistas) analisou todos os aviões que voltavam das batalhas e destacou as áreas com mais marcas de balas. O objetivo era identificar onde a estrutura dos aviões deveria ser reforçada da maneira mais eficiente: não muito a ponto de deixar o avião muito pesado, nem tão pouco a ponto de deixá-lo vulnerável. Uma resposta automática seria "onde recebe mais tiros". Faz sentido: se estão atirando nas asas, é melhor blindá-las para evitar o estrago.

Quais foram as recomendações de Abraham Wald?

1. Não reforçar as áreas mais atingidas;
2. Blindar as áreas sem marca nenhuma, como os motores, por exemplo.

Ninguém estava analisando as marcas de balas nos aviões que não voltaram.

Esta, para mim, é a melhor análise sobre vantagem competitiva, muitas vezes estamos preocupados com o dia a dia (operação), mas o que é relevante (o que vai salvar a empresa) não está sendo analisado.

Comercial/Customer

- Sua equipe de vendas própria (ou representantes) conhece os produtos no detalhe a ponto de mostrar ao cliente a diferença entre valor e preço? (Com valor se mantem a margem, com guerra de preço você vende com prejuízo.)
- Você criou uma estrutura de atendimento rápido ao cliente ou focou apenas no primeiro contato? (Demonstração e entrega rápida dos produtos, assistência técnica ágil, retorno ao cliente de todas as etapas.)
- Sua estrutura comercial está alinhada com relação à precificação e entende que o retorno rápido ao cliente faz a venda ser concretizada?

Fabricação/Serviço

- O custo do produto ou serviço é analisado mensalmente, podendo ser diminuído sem a perda da qualidade? (Muitas vezes manter a margem passa por diminuir os custos internos.)

Logística

- Está procurando ou desenvolvendo fornecedores dentro do Brasil? (Evitar ficar exposto a logística internacional.)
- Estão negociando com fornecedores internacionais uma meta anual condicionada a fornecimento e preço pré-negociado? (Evita falta de componentes e imprevisibilidade no caixa.)

Fiscal

- Sua equipe de TAX está atualizada com as mudanças das leis e sabe interpretar os incentivos e instrumentos tarifários? Eles participam em algum momento das reuniões de estratégia? (Incrivelmente, muitas empresas não olham para esta área como estratégica, mas sim como operacional, é um erro.)

Finanças

- Qual o peso do endividamento na estrutura da empresa? (Diminuir o peso rapidamente é a diferença entre sobreviver ou não.)
- NCG / FCO – Qual recurso é necessário para manter os investimentos estratégicos? Como isso vai impactar "na fuselagem da empresa"? O objetivo é pensar na estrutura a curto prazo (Crise financeira), mas também pensar no futuro.
- Custos – A estrutura que temos hoje é necessária? (Evita colocar a fuselagem nos pontos errados do avião.)

Pesquisa e Desenvolvimento

- Quais produtos e serviços iremos lançar anualmente? (A área comercial (ouvidos do mercado) deve participar dessa discussão, muitas vezes isso fica fechado apenas à engenharia, é um erro.)
- Estes novos produtos vão impactar qual mercado? Como será a reação dos concorrentes? A estrutura da empresa precisará de mudanças significativas para estes novos produtos?
- Qual será a mudança de patamar (Financeiro e Market Share) com o novo produto ou serviço?

Pessoas

- Engaje e mantenha sempre as melhores pessoas; você está criando uma equipe de alta performance? ("Pessoas certas na cadeira certa", Jim Collins)
- Oferte as pessoas sem perfil para os concorrentes.

Concorrentes

- Existe a cultura de saber tudo o que os concorrentes estão fazendo? Se o seu concorrente for S/A, vai divulgar as informações na B3, se não for, utilize a equipe comercial para mapear o que os concorrentes estão fazendo (Preço, produto, entrega, forma de pagamento, escalabilidade, novos produtos). Muitas vezes estão fazendo melhor, assim como podemos mapear as vulnerabilidades, isso é fundamental...
- Governança (ESG deveria se chamar GSE) porque governança vem primeiro de tudo.
- Sua empresa preza e pratica a imagem correta com relação a transparência, respeito às pessoas e comprometimento ambiental? (Não se engane, o Lucro é fundamental e primordial, mas a sociedade está se perguntando "como" as empresas obtêm esse lucro.)

ENTENDA: Temos que agir onde os concorrentes têm dificuldade em nos atingir, porque se acontecer o avião cai. Por favor, olhem onde estão colocando o reforço da fuselagem.

37

QUAL GLOBALIZAÇÃO VOCÊ PREFERE?

Tecla SAP: Não estamos sozinhos no mundo, ou melhor, nossos fornecedores estão "espalhados" pelo mundo. Depois de 2020, nos vimos na obrigação de medir com mais atenção os impactos na cadeia produtiva, seja você indústria ou não. Em 1990 começou o processo de globalização (Tigres asiáticos), empresas ocidentais procuravam países com < burocracia < peso trabalhista e tributário e > MOD. 33 anos depois, China e Índia exportam tecnologia, e os fornecedores, que antes estavam em nosso quintal, estão falando mandarim. (Prestem atenção ao Vietnã). O risco disso é que qualquer problema geopolítico acarreta em disrupção de produtos e prejuízos. A questão do "Mar Vermelho " tem apenas 20 dias e já impactam a Tesla, Volvo, Suzuki e você, que comprou qualquer produto.

Não utilizar o canal vermelho, significa ter que contornar a África, + 14 dias, e isto é um sério problema:

1. Empresas precisam aumentar o seu estoque mínimo.
2. > NCG para aumentar o estoque correspondente a 14 dias.
3. > Risco no descasamento do Ciclo Financeiro.
4. Problema de contrato com clientes, acarretando multas.
5. > Custo de transporte = > custo do produto.
6. > Valor do frete = > inflação mundial e impacto na baixa dos juros.
7. Perder as margens = trocar o marítimo por aéreo.

Aconselho:

1. Informar todos os clientes sobre possível atraso das entregas.
2. Buscar (dentro do possível) fornecedores nacional e LATAM.
3. Desenvolver fornecedores nacionais para itens estratégicos.
4. Trabalhar com vários despachantes (+ Opções de contêiners).
5. Equilibrar o impacto no caixa com o aumento de estoque.

ENTENDA: Em 1990 a pergunta era: "Você é a favor ou contra a globalização?" hoje a pergunta é: "Qual globalização queremos, aquela em que exportamos apenas commodities, ou aquela em que desenvolvemos tecnologia nacional e exportamos para o resto do mundo?" Acho que é fácil de responder.

EVER"GRANDE" PARA EVER"SMALL"

Tecla SAP: Evergrande é a maior incorporadora imobiliária da China, tem mais de 1.300 empreendimentos e 200 mil funcionários, e tem uma dívida de U$ 300 bilhões (R$ 1,4 Trilhão) = Petrobras (R$ 471 Bi) + Vale (R$ 301 Bi) + Ambev (R$ 205 Bi) + Itaú (R$ 243 Bi) + Bradesco (R$ 140 Bi) + BTG (R$ 124 Bi) e BB (R$ 135 Bi) Juntas... e a justiça de Hong Kong decretou a liquidação, ou seja: Pagar todo mundo, fechar as portas e jogar o "cadeado" fora. A grande pergunta é a seguinte: Qual será o nível de impacto no mercado mundial? Resposta: Grande. A perda de valor será enorme, mas perda de confiança no mercado (crise de 2008) é devastadora.

- Risco do crédito mundial "secar": < Apetite dos investidores com relação a Debêntures, Follow-on, IPO e Investimento na China. (Se está pretendendo fazer algumas destas operações, é melhor se antecipar).
- Maior volatilidade cambial: Com a perspectiva da baixa de juros pelo FED (o que não acredito), o fluxo do dinheiro (Cambial) será levado para os EUA (< Riscos) = > Perda de valor para a China e risco de < PIB. (O investimento estrangeiro em ações listadas na China neste ano caiu 87%, para apenas 30,7 bilhões de iuanes (R$ 21 bilhões).
- Dólar Brasil: Investidores também podem tirar o dinheiro do Brasil para os EUA, aumentando a cotação do Dólar, impactando a inflação e impactando na baixa da Selic.
- Dependendo do impacto dentro do país, o crédito interno poder ser um probema e o seu fornecedor não ter recurso para te enviar a matéria prima/produto (China já pediu que governos locais endividados não invistam em infraestrutura e o BC chinês reduziu o montante de depósitos que bancos locais precisam separar como reservas), não me parece que sejam medidas de um país que esta indo bem.
- Impacto enorme nas exportações. Agro, Mineração e Siderurgia serão afetados, assim como a B3 (< valor das ações), com uma perda enorme para os investidores.

- Módulo de espera: "Quando se perde a confiança, todo mundo vai pescar", os projetos são paralisados ou diminuídos, está todo mundo esperando a porta de saída abrir.

ENTENDA: A liquidação da Evergrande é um problema, mas a falta de transparência de como a China está absorvendo este impacto é um problema bem maior. Não sabemos até que ponto os outros setores foram impactados, "castelo de cartas" não é uma opção neste caso. Temos que aumentar a equação (Cash is King + medir riscos) e acender uma vela todos os dias para o Xi Jinping.

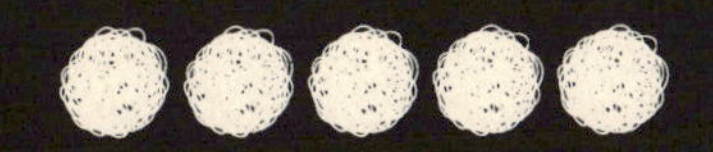

SUA CARREIRA

QUAIS SÃO AS SUAS DIRETRIZES?

Tecla SAP: Mais importante do que ter suas metas específicas é ter as suas diretrizes. São elas que farão você ter foco e critério nas suas escolhas, pelo simples fato de que escolher o rio e sua correnteza é mais importante do que a sua habilidade de nadar.

1. Seu posicionamento em oito letras. A minha? = Tecla SAP.
2. Nunca acrescente o desnecessário.
3. To do List (30%) / Stop doing List (70%).
4. Transformação tecnológica = nas empresas e na carreira.
5. Você não tem o que merece, você tem o que negocia.
6. Excelência = Entregue valor, o preço será consequência.
7. Gaste menos do ganha = Regra imutável 1.
8. Ética = Espelho. Regra imutável 2.
9. Ajude e conecte os profissionais a terem sucesso.
10. Seja paciente com quem quer aprender.
11. Medíocres: Sempre "problemas" para cada "solução".
12. Informações de qualidade. Respeite o seu tempo 1.
13. Ambiente importa: Respeite o seu tempo 2.
14. Turbulência constante é o novo céu de "brigadeiro".
15. Lifelong Learning é a sua nova universidade.
16. Decisão mais importante da empresa: Contratação.
17. Explique seu projeto em 30s no elevador (Sem PPT).
18. Movimento não é progresso: Tenha direção.
19. Engula "sapo" estrategicamente: Resiliência.
20. Oportunidades (20%), criar oportunidades (80%).
21. Fatos e dados sempre. Artificialidade é para os sardinhas.
22. Use sempre: "Por favor", "obrigado" e "o que acha disso?".
23. Antes de explicar o que fazer, explique o "porquê".
24. Devolva um pouco do seu sucesso para a sociedade.
25. Pense antes de agir: Evita 80% dos problemas.

26. Faça o que tem de ser feito: a empresa agradece.

27. O óbvio deve ser traduzido e explicado, todos os dias.

28. Timing é tudo = "Trem" de pouso.

29. Não crie jacaré no quintal. Resolva os grandes problemas.

30. Pensamento independente: seu > ativo.

ENTENDA: Tenho certeza que estes 30 pontos estarão presentes no seu dia a dia (em menor ou maior grau), ir para a academia é o mais fácil deles. Tenhas as diretrizes corretas e todo o resto será consequência.

VOCÊ TEM UM PENSAMENTO INDEPENDENTE

Tecla SAP: Tenha um pensamento independente, baseado em fatos e dados, defina o impacto das ações através de causas e consequências e faça as perguntas certas + Atitude.

1. Com o Déficit fiscal no Brasil/EUA e a manutenção dos juros, a previsão de SELIC para 2024 (9%) se sustenta? Resposta: Não. (Alongue a dívida).
2. Se a previsão do PIB em 2023 é crescer 3% e em 2024 de 2,5%, por que os indicadores da economia não melhoram? Resposta: Porque este crescimento é do Agro, é uma festa privada. (Selecione mercados com > Margens).
3. Tivemos o desenrola e o desemprego está caindo (7,8%), então por que tivemos a segunda pior Black Friday em 2023 e por que o endividamento de Longo Prazo é o pior desde 2020? Resposta: Tivemos, em 2023, 2,7% Mi de criação de pequenas e médias empresas = Bico, as pessoas estão desistindo de procurar emprego. (Seja criterioso no crédito ao cliente).
4. Se o PIB está aumentando, por que a arrecadação está caindo? Resposta: Porque a maioria dos impostos são pagos no Lucro e as empresas estão com menor lucro. (< Poder de compra).
5. Se o Brasil é a "Bola da Vez", por que o investimento estrangeiro caiu 43%? Resposta: Todo mundo aproveitando as altas taxas de juros do EUA. (< B3 e < "janela" para Debêntures e Follow-on).
6. Se o PIB está crescendo, por que temos em 2023 o maior número de empresas em Recuperação Judicial (966 empresas) e demissões em massa? Resposta: Porque as empresas pegaram dinheiro a juros baixos (2%) e não olharam a produtividade como deveriam = operação que não possui geração de caixa positivo. (Defina o tamanho correto da empresa).
7. Por que os gestores não estão "lendo" o cenário corretamente? Resposta: Porque a maioria quer respostas simples e fáceis para problemas complexos.

ENTENDA:

1. Cash is King = Dinheiro não aceita desaforo.
2. Tamanho correto da empresa = Geração de Caixa.
3. Manter as margens = Dinheiro que gera valor.
4. Execução correta = > Robustez na turbulência.
5. Leitura de cenários = Instrumentos calibrados.
6. Cultura + Pessoas certas = Mapeamento de oportunidades.
7. Investimento Digital = Mundo novo.

IDENTIFIQUE O QUE NÃO FOI DITO

Não existe consenso nos relatórios de 2024 (analisei mais de 30), a verdade é que estamos tentando muito mais entender o presente do que projetar o futuro. A maioria faz previsões (Hard Landing ou Soft Landing): S&P500 / B3, juros, PIB, inflação, crédito, impacto digital e ESG. Poucos relatórios tratam das causas/consequências do endividamento dos países e dos riscos de não atingir a meta fiscal no Brasil (< Investimentos, > Dólar > Juros), e do impacto nas margens das empresas (Inadimplência e regras de arrecadação). Esqueceram a crise imobiliária da China (Evergrande). Resultado: Estaremos voando sem visibilidade em 2024, apenas por instrumentos, o problema é que poucos profissionais sabem pilotar por instrumentos.

> **ENTENDA:** Priorize fluxo de caixa projetado, Ciclo Financeiro, <% da Alavancagem financeira e > liquidez. Tamanho correto da empresa (Geração de caixa). > Margens (inegociável). Execução correta (< turbulência). Analise as "causas" e faça perguntas certas (Leitura de cenários). Cuide da cultura (comprometimento) e tenha as pessoas certas (criarão oportunidades). Investimento Digital (novo "DNA" da empresa), lidere esta mudança no seu segmento (Oceano Azul temporário). Estes índices permitem robustez empresarial em qualquer cenário.

1. Cash is King: (Combustível do avião).
2. Tamanho correto da empresa: (Peso correto no avião).
3. Manter as margens: (Força da turbina do avião).
4. Execução correta: (Decolagem e aterrissagem).
5. Leitura de cenários: (Definir a altitude correta).
6. Cultura + Pessoas certas: (Conduta da tripulação).
7. Investimento Digital: (Novo "DNA" do avião).

NÃO EXISTE "FORA DA CAIXA", EXISTE PERGUNTAS CORRETAS

Como se posicionar em um mundo "sem caixa":

1. Separe as informações de "ruído" = Qualidade sempre.
2. Você não tem o que merece, você tem o que negocia.
3. Não crie jacaré no quintal = Resolva problemas difíceis.
4. Ambiente de alto nível importa = Best in Class.
5. Faças as perguntas certas = Respostas são consequência.
6. Na dificuldade, entregue mais excelência = Resiliência.
7. IA não é ameaça = sua mentalidade é.
8. Foque no que realmente é bom = sempre.
9. Inteligência emocional (70%) / técnica (30%).
10. Foque nos resultados = Itens de impacto.
11. Maior característica do futuro = não ser medíocre.
12. "Olho no olho" = Insubstituível.
13. Poder de síntese = ninguém tem paciência.
14. Seu melhor Feedback = espelho.
15. Tenha um pensamento independente = Excelência.
16. Passado (10%) e futuro (90%) = Passado é Risk Free.
17. Timing é tudo = Combinar com os "russos".
18. Escolha ser ético = sem desculpas.
19. Conecte pessoas e projetos = maior vantagem competitiva.
20. Você é tubarão ou sardinha? = a resposta é com você.

ENTENDA: Esteja confortável na turbulência = acostume-se.

A FORMA COMO VOCÊ SE COMUNICA É A SUA IDENTIDADE.

"Olá, Júlio. Parabéns pelo conteúdo que cria e compartilha por aqui. Gostaria de tirar uma dúvida. O que é preciso para que uma pessoa possa desenvolver esta sua habilidade de compreender os dados/situações e elaborar um racional? Qual é a sua fonte de conteúdo? Que recomendação você daria pra que mais pessoas pudessem ter uma boa capacidade de reflexão? A nível técnico, você recomenda algum curso, pós, etc.?"

1. Responda à pergunta: Como ganhamos dinheiro aqui? Análises aprofundadas exigem responder esta pergunta. (Tente entender as causas e não as consequências).
2. Selecione informações de qualidade e analise com calma as notícias de > Impacto. (Qualidade ganha da quantidade sempre).
3. Ambiente importa. O nível das pessoas com quem você se relaciona e conversa é um diferencial grande no seu conhecimento técnico e na sua carreira. (Tubarão anda com Tubarão, Sardinha anda com Sardinha).
4. Quando se diz respeito ao dinheiro, todo mundo tem a mesma religião (Atrás de cada notícia, tem sempre alguém ganhando ou perdendo, saiba "ler" os interesses relacionados).
5. Tenha humildade para desaprender e "olhar" o mercado sem filtro. (Tentar convencer o mercado de que você está certo pode sair muito caro).
6. Sempre Fatos e Dados. É a melhor forma de separar o turbilhão de informações inúteis que chegam a você todos os dias.
7. Poder de síntese: Faça a correlação "causa/efeito/>Impacto". (Você tem 30s para explicar o seu projeto para o CEO ou para investidores.)
8. Seu maior ativo é a sua "atenção/tempo". Use com sabedoria, tem muita gente querendo "roubar" o seu tempo. Análises sérias exigem atenção.

9. Tenha um Pensamento independente: Seu melhor Feedback é o espelho. Faça as suas análises com "Fato e Dados" + "Causas e consequências" + "Ações de impacto" + "Desapaixonado politicamente" + "Saber identificar os interesses ocultos".

10. Busque a Excelência: 10% de passado e 90% de futuro. (Passado é Risk Free), faça análises para entender/planejar o futuro e não para justificar o passado.

> **ENTENDA:** Foque sua mente para fazer as perguntas certas e não nas respostas. (Jim Collins - Good to Great).

40% TÉCNICA E 60% INTELIGÊNCIA EMOCIONAL.

Tecla SAP: É possível controlar as mudanças do mercado (100% das variáveis são conhecidas). As qualificações são mais importantes que os resultados. 90% do seu tempo será de "Céu azul" e 10% de turbulência. Se você ainda pensa assim, sinto informar: é um profissional "morto"

ENTENDA: Conhecimento (diploma) é fundamental, um piloto precisa entender os instrumentos do avião (40% técnica) e se manter calmo na turbulência. (60% Inteligência emocional). Responda: Como gerar lucro em um mundo modificado do pós-Covid/guerra da Ucrânia/stress entre EUA eChina, com impacto na inflação e nos juros (<créditos e >endividamento CNPJ e CPF), com menor consumo, menor liquidez e menor lucro das empresas, com turbulência constante (e risco de bolha), com países buscando maior arrecadação, com falta de MOD qualificada, em um ambiente conectado e estressante, com riscos de rupturas tecnológicas (empresas e carreiras), em que o cenário de curto prazo pode mudar rapidamente, acabando com a sua vantagem competitiva? O mundo não é mais para amadores.

40% Técnica

1. Conhecimento robusto (Separe informações de qualidade de ruído).
2. Converse com profissionais de alto nível (Ambiente importa!).
3. 100% das profissões serão modificadas (ChatGPT), faça as perguntas certas!
4. Faça planejamento de três anos, use (Causas e efeitos) para medir ações de maior impacto. Foque na assertividade da execução + time de excelência.
5. Não "aposte" no que o mercado vai fazer, use (Fatos e Dados) e nunca, em hipótese alguma, esqueça de alinhar com os "russos".

60% Inteligência emocional

1. Dinheiro grande vem das grandes oscilações, esteja confortável na turbulência (Separa homens dos meninos).
2. "Trem" de pouso é acionado no momento certo. (Timing é tudo).
3. Ninguém tem mais tempo e paciência: seja cirúrgico. (Menos é mais!).
4. Resiliência: (engolir sapo de forma estratégica).
5. Escolha ser ético. (Desculpas são para os medíocres!).
6. "Entrego" resultados ou não? (Única pergunta que importa).
7. Não existem respostas fáceis e elegantes para problemas complexos. (Facilidade é para amadores e deixe a elegância para os alfaiates).
8. Existem mais oportunidades do que riscos. Se pergunte: Ainda penso como uma sardinha?

1 MM DE VISUALIZAÇÕES

O post da 123 Milhas teve até agora 1.011.832 visualizações. Saíamos em vários sites. Milhares de matérias foram feitas sobre este assunto nas redes sociais e na imprensa. A pergunta que fica é a seguinte: por que este post "viralizou" no Linkedin? Vamos apertar a tecla SAP.

Tecla SAP: Temos à disposição uma absurda quantidade de informações (seu celular tem tecnologia mais avançada do que a Apollo 11), e mesmo assim, o mundo está cada vez mais artificial. O mundo de hoje prefere "respostas simples para problemas complexos". Isto se reflete na escassez de profissionais qualificados e na perda de foco das empresas, quando o curto prazo e respostas simples são substituídos por perguntas certas e longo prazo. A ironia é que mais conexões e informações não se refletem em mais conhecimento. Novamente: "Menos é mais".

ENTENDA: a verdadeira vantagem competitiva é saber comunicar a sua mensagem de forma correta. Além do conhecimento técnico para saber "o que fazer", é importante sensibilizar a equipe para o entendimento correto. Equipe sem comunicação correta = prejuízo. No post da 123 Milhas, 90% dos comentários foram "Obrigado por tornar esta situação complexa em uma linguagem simples em que todo mundo entende", e este é o seu principal desafio.

1- Poder de síntese: saiba transformar os problemas complexos em entendimento simples, e separe informações de qualidade de ruído. (O piloto do avião tem mil instrumentos no cockpit, mas ele sabe exatamente onde olhar em cada situação).

2- Use sempre fatos e dados (permitirá a "fotografia" do cenário correto, substituindo as análises artificiais) e aprenda a correlação entre "causas e consequências" (90% das análises do Linkedin e empresas discutem consequências).

3- Ambiente importa: circule, converse com as pessoas certas.

4- Entregue valor para quem está lendo. O foco não é você, é o seu leitor, é a sua equipe e a longevidade da empresa.

5- Seja um conector: crie um ambiente de sinergia positiva

Resumindo: Fale o necessário de forma estratégica e estará sempre à frente do ChatGPT.

VOCÊ ESTÁ GERANDO VALOR?

Faremos análises aprofundadas em finanças e negócios para investidores qualificados ao redor do mundo. Fechamos uma parceria com a LSEG (London Stock Exchange Group – um dos principais canais de informação para investidores) e Refinitiv (anteriormente conhecida como Thomson Reuters), com mais de 400.000 usuários.

Tecla SAP: O Brasil não é para amadores. Entender os impactos da Selic, Inadimplência, Moeda, Reforma tributário/IR, Stress político e impactos mundiais/locais, analisando cenários turbulentos é importante para os investidores. Seremos "cirúrgicos" para organizar os fatos e dados, objetivando a compreensão de temas complexos (linguagem simples), abordando apenas o indispensável (curto, mas não raso), tendo respeito pelo seu tempo (separando ruído de informações de qualidade), gerando impacto.

ENTENDA: Apenas um objetivo: saber identificar para onde o dinheiro está indo (Follow the Money), é onde o lucro está.

Um "Spoiler" para você sobre o que os investidores devem analisar:

1- Ebitda ajustado. (Analise a qualidade do caixa positivo, cuidado com os não recorrentes).

2- Analise Margem, Fluxo de Caixa operacional positivo e Ciclo financeiro da empresa a ser investida.

3- Debêntures, Sales as leaseback, fundos "estressados" são consequências da falta de Margem.

4- A maior prioridade é medir o nível de assertividade de execução da empresa.

5- Simulações bonitas em Excel + PPT comprovam apenas que a "astrologia" existe. (Selecione apenas informação de qualidade, com fatos e dados).

6- Analise a liquidez: Os juros mais caros são cobrados sobre o dinheiro que a empresa não possui.

7- % Endividamento = Dívida líquida/Ebitda. (Tamanho do "peso" no avião).

8- Vantagem competitiva = Diferenciação que gera maior preço e margem.

9- Estrutura de capital = Se certa, é gasolina aditivada. Se errada, é peso extra.

10- Lucro contábil não é liquidez e não troque faturamento por dívida.

11- Não crie "Jacaré no quintal", o melhor prejuízo é o primeiro, aja rápido.

12- Você não consegue "brigar" com a onda do mar, siga a tendência do mercado.

13- Quando se diz respeito a dinheiro, todo mundo tem a mesma religião (cuidado com o curto prazo).

14- Você terá que se acostumar com turbulência constante. (Esqueça o céu azul).

15- Tentar convencer o mercado de que você está certo pode sair muito caro. (Sempre Fatos e Dados).

16- Não há atalhos. O lucro exige uma guerra de trincheira lenta e dolorosa.

17- Mantenha as coisas simples, burocracia é para amadores.

18- Dinheiro grande vem das grandes oscilações.

19- Faça um quadro 1: A melhor medida das suas intenções é o resultado conquistado.

20- Faça um quadro 2: Você não tem o que você merece, você tem o que você negocia.

STOP DOING LIST

O mundo ficou mais conectado, complexo, turbulento, disruptivo, artificial e principalmente, confuso. Traçar cenários corretos para empresas e profissionais ficou mais complicado, são muitas variáveis mudando todos os dias. Este volume de informações se reflete no seu dia a dia. Tenho certeza de que não consegue fazer tudo a que se propõe, sua agenda está "lotada" e no final do dia não consegue medir se realizou o que é importante. Para as empresas, isto se chama falta de produtividade (Prejuízo). Para você, se chama perda de foco (Falta de resultado).

ENTENDA: "Menos é mais". 100% dos profissionais altamente bem sucedidos com que tive contato têm em comum uma regra: Troque o "To do list" por uma agenda ao inverso, "Stop doing list", ou seja, uma agenda do que não se deve fazer. Nizan Guanaes tem um texto sobre isso: "Steve Jobs era o rei em dizer não, vivia repetindo: Excelente ideia, mas não vou fazer. O Sucesso do Fasano é o Rogério Fasano dizendo o que é o Fasano e o que não é. Estratégia é (também) o que você não faz".

"Stop doing list" te permite:

- Proporcionar disciplina para obter calma (aumento das qualidades) em um mundo frenético.
- Direcionar seu foco para itens de impacto (Fato e dados para analisar Causas e Consequências).
- Saber as "guerras" que valem a pena brigar, e as que não valem.
- Melhorar a qualidade do seu tempo para resolver problemas difíceis (A competitividade neste nível é menor).
- Atuar com sabedoria nas crises, no que realmente importa.
- Trazer você para a arena do resultado. (Más decisões tomadas com boas intenções ainda são más decisões.)
- Elevar o seu ambiente profissional (Networking de qualidade), pois estará analisando ideias e oportunidades, agindo de forma seletiva para os resultados.
- Te desafiar a elevar a característica profissional: Fazer perguntas certas. (Tem muita gente entregando respostas simples para problemas complexos).
- Retirar do seu caminho as pessoas que não te acrescentam profissionalmente e evitar que "roubem" o seu tempo, pois você sabe onde exatamente tem de focar. Deixe a artificialidade para pessoas medíocres e para os concorrentes.

- Evitar que você seja "padronizado" ou "rotulado" pelo mercado. "Stop doing list" permite focar no que você realmente é bom e não no que o mercado "acha" que você tem que fazer.
- Te permite foco e tempo para entregar a excelência (resultados acima da média, que parecem mágica).

"Stop doing list" te desafia a responder perguntas poderosas: "Qual o tipo de profissional eu não quero ser?" e "Qual estratégia empresarial não queremos seguir?". Comece a semana fazendo a análise da sua agenda, tenho certeza que 80% dos itens e pessoas que estão lá não te acrescentam nada. Seu maior ativo não é o dinheiro, é Atenção, Foco e conhecimento de qualidade. A maior característica do Tiger Woods era escolher para onde olhar e o que não fazer. "Menos é mais".

FOQUE NO QUE TEM CONTROLE!

Entender os cenários é um dos maiores desafios dos profissionais.

Notícias positivas:

1. Fitch eleva o grau de investimento do Brasil de BB- para BB.
2. Tendência de baixa de juros nos próximos 12 meses.
3. Investidores estrangeiros com apetite para Debêntures e Follow-on.
4. 2,5 Bi de negociação do programa (Desenrola).
5. Inflação diminuindo, Dólar caindo e B3 subindo. Efeito investidor estrangeiro (Carry Trade) + < preço das commodities.
6. PIB > 1,9% no 1T/23.

Notícias negativas:

1. Desaceleração da China, > juros FED e BCE (Inflação crescendo).

2- Taxa de informalidade de 38,9% (37 Milhões de pessoas) = Portugal + Chile + Uruguai.

3. Desemprego em 8,8% (8,6 Milhões de pessoas) = Portugal.
4. 78,3% das famílias Inadimplentes (86,8% no cartão de crédito com juros de 350% aa).
5. > Número de recuperação Judicial em 2023. 52,1% > que no mesmo período de 2022. (Sem IPO, > Sales and Leaseback).
6. Retração da prévia do PIB <2% (Mai/Abr).

Notícias (ainda sem definição de positivas ou negativas):

1. Arcabouço fiscal: Depende do nível da despesa e da agressividade da arrecadação. (Até agora o Brasil teve um Déficit em seis meses de R$ 42,5 Bi).
2. Reforma tributária: Simplificação, porém precisamos saber qual será a alíquota.

ENTENDA: Tem muitas coisas nesta lista de que não temos controle, então foque no que tem controle: Custos (CF + CV), Precificação (< Custo do produto), Giro do estoque (> Qualidade nas compras), Margens (Escolha vender com lucro), Inadimplência (Oferecera crédito para quem possa pagar), Análise completa (Faturamento ao LL, não para no Ebitda), Fluxo de Caixa operacional positivo (Liquidez), Dólar (Trava = previsibilidade no FC), Juros (Negociação com bancos/ portabilidade, alongamento da dívida), TAX (Contrate uma empresa para descobrir se tem créditos não utilizados), Investimentos (TIR para pagar os custos + juros + lucro e < PayBack), Ciclo Financeiro (Tempo correto é tudo = < NCG), Endividamento (seus impactos no caixa), Nível de profissionais (Best in class), alinhamento de incentivos (CP=20%, LP = 80%), Cultura (Que "come" a estratégia no café da manhã) e a Vantagem Competitiva (sua diferenciação). Para um mercado em recessão (Bear Market), estará pronto, para um mercado em crescimento (Bull Market), aproveitará as oportunidades. Apenas um desafio pessoal: Pensamento independente + Fatos e Dados + Correlação de causa e efeito + Saber separar ruído de informação de qualidade. Use seu tempo e inteligência com sabedoria.

TODO MUNDO PARA UM PREÇO, QUAL O SEU?

Do you think Elon Musk has work life balance? No. Do you think Steve Jobs, when he was alive, had work life balance? No. Do you think Bill Gates? No. Henry Ford? No. Original Heineken? No. So, if of none of those people that created the wealth of the world had work life balance, why do you think you're going to have it? Why, because you deserve it? I don`t think so. You deserve what you get in life by working hard.

Tecla Sap: Você acha que Elon Musk tem equilíbrio entre vida profissional e pessoal? Não. Você acha que Steve Jobs, quando estava vivo, tinha equilíbrio entre vida profissional e pessoal? Não. Você acha que Bill Gates? Não. Henry Ford? Não. Fundador da Heineken? Não. Então, se nenhuma dessas pessoas que criaram riqueza no mundo tinha equilíbrio entre vida profissional e pessoal, por que você acha que vai ter? Porque você merece? Acho que não. Você merece o que ganha na vida trabalhando duro.

ENTENDA: Você escolheu uma profissão, vai se dedicar, se reinventar, terá sucesso, terá fracasso. Em algum momento sua carreira vai "andar de lado", aprenderá o equilíbrio entre "Hard Skills" e "Soft Skills", aproveitará as oportunidades ou não, saberá a importância do networking e aprenderá a ter resiliência (engolir sapo de forma estratégica). Vai se transformar em tubarão ou sardinha. Terá amigos (5%), inimigos (70%) e indiferentes (25%). De tudo o que fizer, apenas três regras se aplicam:

REGRA 1: Você não tem o que "acha" que merece, você tem aquilo que conquista através do trabalho duro (com inteligência) e o que negocia.

REGRA 2: Trabalhe duro (com inteligência) para obter resultados de impacto e negocie cada vez mais de forma estratégica.

REGRA 3: Nunca esqueça a regra 1 e 2.

NÃO EXISTE "BOBO"

Com este aumento da bolsa de valores (B3), tem muita gente pensando em viver de Day Trade (Compra e venda de ações no mesmo dia).

Perguntas certas:

- Você conhece o mercado de ações profundamente (Custo da compra e venda, Aluguel de ações, venda a descoberto, Diferença de ações ordinárias e preferenciais, contratos futuros BDRs...)
- A B3 é democrática, não está preocupada se tem dinheiro ou não, se tem conhecimento ou não, o que vale é o resultado = Sair com mais dinheiro do que entrou. Está preparado para mudar a realidade do "estou tentando" para resultado?
- Está preparado para competir com os profissionais (Brasil e mundo) que trabalham 13 horas com isso, todos os dias?
- Está preparado para competir com fundos de investimentos que "sabem jogar o jogo" em uma escala "monstruosa" de dinheiro?
- Está preparado psicologicamente para perder dinheiro? Vai tentar recuperar o dinheiro com a mesma ação? (Você está pescando um peixe grande e ele escapa, quando jogar o anzol novamente, vai tentar pegar o mesmo peixe?)
- Você sabe medir o risco da % de aplicação do seu dinheiro? Aplico 5% do capital total agora, ou aplico 50% do capital? Qual a sua estratégia de "entrada" e de "saída"?
- Você sabe medir o resultado de antecipação de resultados na cotação da B3? Ex.: se a tendência dos juros é cair, as ações de varejo sobem (mesmo que não tenha fundamento para isto) e vice-versa.

ENTENDA: Bosa de valores é um jogo de soma zero, para alguém ganhar 1MM, alguém tem de perder 1MM. Se já está difícil para empresas que estão na bolsa mostrar resultados, assim como está complicado para investidores de longo prazo, como acha que vai conseguir "fazer" dinheiro todos os dias? Você é bom o suficiente para acertar as decisões do mercado todos os dias? Você que faz Day trade permite que o sistema tenha liquidez de volume (Compra e venda), agora, se você está tendo lucro, é outra história.

DISCIPLINA GANHA DO TALENTO SEMPRE!

Não controlamos o nosso talento, mas controlamos a nossa disciplina = Fazer com excelência o que se propõe a fazer, indiferente se goste ou não.

1. Separe ruído de informação de valor. (Qualidade é melhor que quantidade).
2. Converse com outras pessoas (Atualização constante = "sentir o mercado").
3. Foco é na qualidade do seu trabalho, não na quantidade.
4. Decisão certa no tempo errado = zero. (Já imaginou o piloto do avião abaixando o "trem" de pouso na hora errada?)
5. Tenha uma lista do que "não fazer" (Nosso maior ativo é atenção e tempo).
6. Saiba "ler" o cenário. Todos os dias temos novas variáveis, saiba fazer as conexões corretas (Causa e efeito).
7. Poder de síntese (A academia vai te ensinar a construir um projeto em sete páginas, no mundo real você tem 30 segundos).
8. Saiba transformar o complicado em simples (diferente de simplório).
9. Foque sua mente para fazer as perguntas certas e não nas respostas.
10. Tenha como referência "Fatos e Dados" (Deixe as suposições para os amadores).
11. Seu desafio é "tirar" o melhor de você (Feedback = espelho)
12. Resiliência: (engolir sapo de forma estratégica) e defina seus objetivos: (Saiba em quais "brigas" vale a pena lutar).
13. Inteligência emocional (70%), conhecimento técnico (30%).
14. Escolha ser ético. (Não existem desculpas!)
15. Esteja preparado quando a oportunidade chegar (errado). Crie sua própria oportunidade.

ENTENDA: Meta diária das empresas: (Vantagem competitiva + Margem correta = lucro + Fluxo de caixa operacional positivo + oportunidades).

Meta diária dos Profissionais: Buscar a excelência: (Atitude + conhecimento + disciplina + resolver problemas + oportunidades) = entregar valor. (Impacto).

Você melhora um pouco a cada dia, os sardinhas vão achar que é sorte, ignore! 3:15 da manhã!

FINANÇAS CODIFICADA!

Finanças não é para amadores. Apertando a tecla SAP:

20% do tempo:

1. ROBUSTEZ TÉCNICA: Entender de WACC (Custo do Capital com juros altos), Gestão de Custos (CF/CV), Budget (tratamento das distorções), Análise de crédito e recebimento (Score do cliente + seguro de crédito), Fluxo de caixa (operacional e livre + simulações), Análise de investimentos (TIR, PayBack, VPL), Ciclo Financeiro (com equilíbrio no NCG), Endividamento (seus impactos = Debt/Ebitda), Hedge (Câmbio: variações ativas e passivas), Inadimplência e PDD (Impacto no caixa + resultados), Depreciação (Impacto depois do EBITDA), DRE, Balanço, ROE (Acionistas), ROIC (Operacional), NOPAT (Operating Profit After Taxes = LL após os impostos), Ke (Custo de capital próprio (acionistas), Kd (Custo de capital de terceiros), Estoque (Giro correto), CAPEX (Investimento e o seu controle), MC (Margem de contribuição= maior desafio nas empresas), EBITDA, EBIT (sem depreciação), liquidez seca (sem estoque), Precificação e rentabilidade dos produtos, Impacto da inflação, NWC (Net Working Capital), EVA (Economic Value Added), IPO, Follow-on, Debêntures, Sales and Leaseback, definir indicadores relevantes, buscar oportunidade na digitalização (RPA), garantir a alocação correta contabilmente, entender os impactos das decisões erradas no negócio (comercial, suprimentos e logística).

20% do tempo:

2. ROBUSTEZ INTELECTUAL: Saber fazer a "leitura" do cenário (Brasil + Mundo + segmento específico), entender a estratégia da empresa, (como ganhamos dinheiro?), usar a robustez técnica para a direção correta da execução, analisar o resultado das outras empresas (o que estão fazendo e as dificuldades delas), ter um pensamento independente e medir o impacto da tecnologia e IA nos negócios. (Estamos perdendo a nossa vantagem competitiva ou não?)

20% do tempo:

3. ROBUSTEZ DE ATITUDE: Análise "fria" (fazer perguntas), escutar, saber fazer uma análise clara (causa e efeito), raciocínio estruturado para o resultado (e não para desculpas), ética nas relações entre pessoas e empresas, saber se colocar em uma reunião (informação relevante e precisa), assumir "não sei a resposta ainda", mostrar os pontos errados de forma pragmática, resiliência (capacidade de "engolir" sapo de forma estratégica), sempre buscar oportunidades e saber trabalhar sob pressão (efeito sanduíche).

40% do tempo:

4. GESTÃO DE PESSOAS: Meta: "Tirar" o melhor das pessoas (já tem muita gente para indicar os pontos fracos!), alinhar expectativas, definição do perfil correto para cada função, Feedback mesmo é todo dia, estando junto com a equipe, explicar a estratégia para a equipe (engajamento + execução), alinhar remuneração e métricas de incentivos, definir as regras negociáveis e as inegociáveis. Troquem o homem/hora, por hora/cérebro (precisamos da atitude, de disciplina, dos questionamentos, do inconformismo). Cereja do bolo: Construir uma equipe de alta performance.

ATITUDE É TUDO!

"Não reclame, não se explique, apenas se apresente e faça o seu melhor. Está duro, está difícil, faça o seu melhor, ponto! Os campeões não reclamam e se lamentam, estão muito ocupados se preparando para serem os melhores. Mantenha o modo crise sempre ligado, ele mantém a guarda alta, você não vai tomar um soco no queixo. Se você é melhor, você vai ganhar, pega a guarda alta, fazendo o que deve ser feito."

1. Mapeie o seu concorrente, ele também está com problema de caixa, tente descobrir o quanto.
2. Foque no custo do produto e em manter as margens.
3. Uma única meta: Fluxo de caixa operacional positivo.
4. Não confunda: Lucro contábil não é liquidez e não troque faturamento por dívida.
5. MKT sozinho não faz nada, foque na experiência do cliente com o seu produto (Steve Jobs).
6. Debênture e Follow-on para pagar dívidas é postergar um grande problema.
7. Analise toda a linha do DRE (não pare no Ebitda). Verifique a conta juros, depreciação e variação cambial. Troque Ebitda por Lucro Líquido e faturamento por margem.
8. Cuidado com a inadimplência: Pior do que vender sem margem é vender e não receber.
9. Simule a análise tributária da sua cadeia com 30% de alíquota, veja como fica a margem do produto.
10. Se você tem incentivo, e a empresa terá apenas 10 anos para se preparar (termina em 2033), como é a sua margem e produtividade sem incentivos?
11. Foque na sua "sala de estar" e não na "cozinha". Venda o que não é o DNA da empresa e feche operações que geram prejuízos.
12. Ciclo financeiro é "pauta" de conselho de administração, o processo da operação precisa ser eficiente.
13. Importação sem "trava do dólar" é igual a cheque em branco para a variação cambial e prejuízo.

14. Estoque é o que consome mais caixa, foque no giro correto (comprar através da curva ABC e alinhamento com o comercial para venda de produtos com > margem) é fundamental.
15. Não tente adivinhar o que o BC vai fazer no próximo mês, pense em ciclos de mercado. Mesmo que o BC comece a baixar os juros, teremos ainda 12 meses de juros altos.
16. Os investidores estrangeiros não têm opção de rendimento ao redor do mundo (uma das poucas opções é o Brasil – Carry Trade), o impacto é dólar mais baixo, valorização da B3 e dinheiro para Debêntures e Follow-on, saiba aproveitar esta "janela" com sabedoria. Quando os juros baixarem, esta "janela" se fecha.
17. Os bancos estão resistentes em emprestar dinheiro (< crédito). Estão fazendo o papel deles, faça o seu.
18. Ajuste o tamanho da empresa, diminua o custo fixo para passar pela crise.
19. Piloto e tripulação excelentes passam melhor pela turbulência, qual é o nível da sua equipe?

ENTENDA: Não reclame, não se explique, apenas se apresente e faça o seu melhor.

LIFELONG LEARNING

Recebi o documento (Futuro do trabalho) feito pelo Word Economic Forum. O documento destaca as principais características profissionais para o futuro (2023-2027). Importante analisar com calma, pois existem alguns itens preocupantes.

1. Analytical thinking (Pensamento estratégico): Este profissional é o mais valioso nas empresas. Fazer a correlação de causa e consequência de (Mercado específico + Vantagem competitiva + Concorrentes + Oportunidades + Margens + Inadimplência + Dólar + Inflação + Custo do produto + Estoque correto + Equipe de alto desempenho + Riscos tributários + Logística + Fluxo de Caixa + ROE + ROI + Debentures + Empréstimos + Juros + Dividendos + Bônus + Risco político + Cultura (que come a estratégia no café da manhã) + Risco Brasil e Mundo). Responda: Quantos profissionais você conhece que saíram da crise melhores do que entraram e que geraram dinheiro para as empresas na recessão?
2. AI e Big Data: Importante entender como a tecnologia irá impactar os negócios e a sua profissão. A IBM já cancelou a contratação de 7,8 mil profissionais para substituir pelo AI. Responda: Se empresas como Kodak, Blockbuster, Blackberry, Compaq foram impactadas pela tecnologia, imagine hoje com a AI e ChatGPT em nível exponencial? Profissionais que sabem responder à pergunta "qual o risco para o negócio?" valem "ouro".
3. Attention to Detail: Não entendi por que a atenção aos detalhes caiu 11 pontos. Ser detalhista não é ser centralizador e nem micro-gerenciar. Principalmente para a área de custos e orçamento a atenção aos detalhes é fundamental, ter todas as operações da empresa alocadas nas contas contábeis corretas exige detalhes, execução correta do planejamento exige detalhes, atenção às pessoas exige detalhes.
4. Active Listening: Também não entendi por que "escutar com atenção" caiu dois pontos. As pessoas mais inteligentes que conheço escutam muito mais do que falam. Escutar traz uma percepção maior do problema e também proporciona argumentos para uma argumentação de alto nível.

5. Mentoring: Caiu um ponto, também não entendi. Já conveUmasou com profissionais altamente competentes (Best in Class)? Uma hora de conversa = Um mês de MBA. Entenda: O seu maior ativo é a qualidade do seu networking. Quer se manter atualizado? Converse com profissionais excelentes.
6. Leadership (4) e User Experience (9): Características em alta. Cada vez mais as empresas estão descobrindo que profissionais experientes fazem toda a diferença na estratégia das empresas. Quanto custa um profissional que já passou pelas crises de 1987, 2000, 2008, que se mantém atualizado (Lifelong Learning, caiu um ponto! Sério?) e que pode, com a sua experiência, medir riscos e oportunidades? Responda: Qual o prejuízo para a empresa de não ter este profissional?

ENTENDA: Resilience: Resiliência é "engolir" sapo de forma estratégica. Característica pessoal mais importante hoje em dia.

OBRIGADO ARMANDO!

Gerando Valor – Any Time!

O principal propósito dos profissionais de excelência é a "Geração de Valor" (vai te diferenciar dos profissionais medianos e também do ChatGPT).

Fazer posts e vídeos opinativos sobre finanças e negócios exige um cuidado e uma responsabilidade muito grande com você, que dedica o seu tempo com as minhas análises. Quero agradecer o Armando Machado pela mensagem, definitivamente, atingimos uma quantidade enorme de pessoas (100 mil em média), é uma responsabilidade enorme e muito gratificante. Coloco nos Posts o que realmente considero como foco profissional de alto nível:

1. Dialeto (comunicação) correta. Saber transformar o complicado em simples (diferente de simplório) é fundamental para o engajamento da equipe com os desafios/propósitos.
2. Foque sua estratégia não nas respostas, mas nas perguntas. Uma pergunta inteligente consegue tirar um profissional da "zona de conforto" ou mostrar para a empresa que ela está no caminho errado. Soluções criadas com as perguntas são muito mais duradouras.
3. Tenha como referência "Fatos e Dados", seja para apresentar um projeto, dar feedback e definir estratégia. "Fatos e Dados" te protegem do negacionismo e da omissão, e são a base para fazer as perguntas certas.
4. Seja respeitoso com as pessoas, cada um tem um estado de maturidade profissional. Seu desafio é "tirar" o melhor das pessoas, dar feedback, selecionar os melhores (resultado + cultura) e alinhar expectativas (profissionais + empresa). Não deixe de fazer as perguntas necessárias, mas com respeito.
5. O mundo não é justo, lembre-se disso. Por isso é importante ser resiliente (engolir sapo de forma estratégica). Não leve nada para o "lado pessoal", vai te tirar energia, tempo e oportunidades.
6. Inteligência emocional (70%), conhecimento técnico (30%).
7. A melhor forma de se manter atualizado é conversar com as pessoas, participar de palestras, eventos, criar uma conexão de profissionais que podem te suportar nos desafios diários dos negócios. Seu maior ativo profissional não é o seu diploma, é a qualidade das suas conexões.

8. Descubra no que você é bom e gere valor a partir disso, seja em um post, em um vídeo, ou em uma ação voluntaria. Objetivo: Divida conhecimento no que é excelente, não tenha dúvidas, vai impactar positivamente muitas pessoas.
9. Escolha ser ético, nenhuma situação te forçará a fazer a coisa errada se você não quiser. Você é o seu maior investimento em governança, simples assim!

ENTENDA: Vamos seguindo firmes neste mundo complexo, turbulento, disruptivo e incerto. Gerar valor é a melhor forma de mostrar que estamos conectados de forma correta.

Obrigado, Armando Machado, eu que agradeço. Vamos cada vez mais… para cima!

AÇÕES SÃO PARA LONGO PRAZO?

Se você tivesse investido R$ 100 mil em uma das ações famosas da B3 em 2018, como seu investimento estaria agora? Fiz as contas. Muitas empresas não geraram riqueza para o investidor, você pode argumentar que tivemos a crise de 2020, certo? Na verdade, sempre teremos uma crise no meio do caminho, as mais recentes: 1987, 2000 e 2008.

Lições a serem aprendidas:

1. Antes de investir, estude! Entenda como funciona a volatilidade do mercado. A responsabilidade final deve ser sempre sua. Analise no detalhe a "lâmina" dos fundos e peça para conversar com o gestor, tem muita gente que analisa a compra de um carro melhor do que as decisões de investimentos.
2. Compre R$ 1.000,00 de uma ação e espere ela cair, se você não conseguir dormir, investimento em ações não é para você!
3. Se investir, acompanhe as ações, existem oportunidades de lucro de compra e venda, assim, o foco não é no tempo, mas nas oportunidades. Foco em poucas ações. Warren Buffet ficou bilionário investindo, em média, em 11 ações, e não investia em segmentos que não conhecia.
4. Sim, compra de ações que pagam dividendo é uma decisão acertada. Indiferente da volatilidade das ações, o investidor recebe o pagamento de "yeld".
5. Selecione os conselhos. Escute os profissionais que ficaram ricos com ações, e não aqueles que ficaram ricos vendendo livros de como ficar rico com ações.
6. Não "se case" com as ações, elas não sabem que você existe, sempre é um amor platônico. Assim, "venda" rápido, se for o caso, o primeiro prejuízo é o "melhor" prejuízo.
7. Seja investidor e não especulador. Entenda como funciona o mercado (o sistema é foda, parceiro), tem muito interesse em jogo, e lembre-se, você é sardinha.
8. Opções, derivativos, alugueis de ações, venda a descoberto: A não ser que seja um profissional do mercado financeiro, não aplique nestes instrumentos.

9. Tenha paciência, espere as ações caírem (mas entenda que nunca vai acertar o "fundo do poço"), mas pode fazer um bom lucro quando elas subirem, e estamos falando de 2024 e 2025.
10. O dinheiro que você precisa para pagar as contas da sua casa não é o dinheiro para investir em ações. Depois que fizer a sua reserva financeira, selecione 10% dela e comece a investir na B3.
11. Não precisa recuperar o prejuízo com a mesma ação que perdeu. Se está pescando e o peixe escapa, você não vai atrás do mesmo peixe, certo? Então por que com as ações seria diferente?.
12. Não brigue com o mercado, siga a tendência (seja para venda ou compra). Você não consegue mudar a direção das ondas do mar, com o efeito manada é a mesma coisa.
13. Não se iluda com "Homebrokers" bonitos, seu objetivo não é "estar" no mercado, mas ter "lucro" no mercado. Entenda seus sentimentos com relação ao dinheiro, o mercado será o que você quiser.

COMO VOCÊ ESTÁ "CUIDANDO" DA SUA EQUIPE?

Acabei de ler o livro "First, break all the rules". O livro é resultado de uma pesquisa com 400 empresas. As perguntas feitas são uma grande reflexão sobre a construção de equipes de alto desempenho. O livro analisa o que os "Greats Managers and Leaders" fazem e como fazem. O resultado financeiro também é exemplificado (Equipe alinhada = > Lucro). Os resultados são consequência das pessoas. Não devemos nunca nos esquecer disto.

Perguntas provocativas do livro:

1. Você sabe a diferença entre habilidade, conhecimento e talento? Está treinando a sua equipe para ensinar talento? Talento se ensina?
2. Você desenvolve "cada pessoa" através do FOCO nos pontos fortes e também ADMINISTRANDO as fraquezas? Ou trata todos de forma igual? Média é parâmetro de desempenho quando se está tratando de pessoas?
3. Você é gestor/gerente ou líder? (Spoiler do livro: Líderes fazem o que "deve" ser feito, tomam as decisões difíceis. Selecionam por talento e não por conhecimento, entendem que as pessoas são diferentes, e as colocam em posições que condizem com o seu talento. Preferem a interação com a equipe, desenvolvendo, aí sim, as suas habilidades, aumentando o conhecimento coletivo, focam no futuro. Conversam sobre "performance" e aprendizado. Entendem que o cliente sempre pede: "Accuracy, Partnership e Advice" e disseminam isto na cultura. Não usam média como parâmetro e sabem que não tem "atalhos" com as pessoas). E têm foco nas perguntas:

- Cada pessoa sabe o que a empresa espera dela?
- No trabalho, as pessoas têm a oportunidade de fazer seu melhor todos os dias?
- Os gestores, profissionalmente, se preocupam com "a pessoa" de cada equipe?
- A empresa encoraja os desafios e o desenvolvimento de cada um?
- As opiniões das pessoas estão sendo levadas em consideração?

4. Você pode garantir que a estratégia (desdobrada nas ações do dia a dia) reflete a missão e a cultura da empresa? Aquela frase: A cultura "come" a estratégia no café da manhã, se aplica na agilidade da sua empresa?

5. Você simplesmente "fala" o que as pessoas têm que fazer, ou explica o porquê e a importância da "entrega"/"função" e deixa que elas "pensem" e lhe tragam a solução, construindo o caminho juntos? A equipe entende que tem responsabilidade sobre a meta, ou a meta é sua?

> **ENTENDA:** Autor faz um alerta: "Este livro não vai te oferecer respostas fáceis, simplesmente trazer pontos de impacto sobre pessoas, oferecendo uma perspectiva do que fazem/por que/e como os "Best in Class Leaders". Livro complexo, assim como a gestão de pessoas, livro acima da média.
> O mundo digital te permite fazer conexões com pessoas excelentes (se não está fazendo isto, está perdendo uma grande oportunidade de se desenvolver). Obrigado ao mestre Max Mustrangi e Excellance® | Gestão de Turnaround e Reestruturação pela indicação do livro.

DON CLIFTON
Father of Strengths Psychology and Inventor of CliftonStrengths®

FIRST, BREAK ALL THE RULES

WHAT THE WORLD'S GREATEST MANAGERS DO DIFFERENTLY

FROM GALLUP

Foreword by Jim Harter, Ph.D.

MESTRADO

Como meu papel aqui no Linkedin é dividir conhecimentos, gostaria de dividir com todos que terminei o mestrado acadêmico em Administração. Uma experiência única porque na academia você realmente aprende como gerar conhecimento, interpretando dados e construindo a conclusão a partir do entendimento das informações. O aprendizado acadêmico junto com a experiência da área privada permitiu aprofundar a visão de mercado, fazendo as correlações de causa e efeito, tão importante para a resolução de problemas.

Escolhi estudar o que na academia se chama de Hélice Quíntupla: Como empresas, universidades, governos, ambientes e sociedades interferem na criação da inovação para gerar valor a sociedade? Entender este sistema e seus impactos permite entender as profundas mudanças que estamos vivendo hoje. Este modelo pode ser aplicado a várias áreas:

1. Finanças: Criação das Criptomoedas, formas de pagamentos escaláveis e digitais (PIX), interconectividade do fluxo do dinheiro no mundo.
2. ESG: Novo modelo de mercado de carbono, novas formas de matrizes energéticas e o papel das empresas e governos na inclusão social.
3. Mercado de trabalho: Nova forma de interação entre empresas e universidades, e como o ambiente interfere na sociedade e governos, mudando forma de fazer negócios.
4. Cenários mundiais: Como as ações governamentais (ex: Juros) interferem nos resultados das empresas e na forma como a sociedade e o ambiente são impactados.
5. Competitividade: Como as ações e produtos das empresas podem mudar o ambiente, influenciando nos valores da sociedade, levando os governos e universidades a uma nova percepção de mercado.

Foram 24 meses de muito estudo e agradeço a todos que me ajudaram nesta jornada, agora é esperar 2023 (que não vai ser fácil) e começar o doutorado em 2024.

ENTENDA: "Nós estamos nos afogando em informação, mas sedentos por conhecimento." John Naisbitt

INTELIGÊNCIA CONTEXTUAL

O jeito de fazer negócios depois da COVID ficou mais turbulento. Inadimplência, inflação, juros altos, variação cambial, falta de liquidez, manter as margens e risco de bolha financeira são os grandes desafios para os próximos anos. As empresas terão de se adaptar, não existe escolha.

Mas e você como profissional? Está preparado para as mudanças turbulentas e constantes do mercado? Basicamente: Você é um custo ou um investimento para as empresas? Os profissionais terão de se adaptar, não existe escolha. Um grande CEO me ensinou a muitos anos atrás um conceito que nunca esqueci e que sempre me ajudou muito, chama-se Inteligência Contextual.

Inteligência Contextual = Capacidade de reagir às mudanças bruscas das condições à sua volta, agindo no momento certo, da forma adequada, conforme as circunstâncias vão se configurando. Você toma a atitude e de repente aparecem as condições que favorecem a realização da ação que você decide executar. (Não é somente Hard Skills ou Soft Skills, é a junção de todas estas características no momento adequado... os próximos cinco minutos. Para isso é necessário fazer a leitura correta do cenário à sua volta, o que é um grande desafio, porque a rotina diária "mata" a sua percepção de longo prazo).

Treine sua Inteligência contextual:

1. Pessoas: O resultado vem das pessoas, em qualquer área, ponto final. Entender de gente (liderança, criar propósito, ser transparente e respeito) são fundamentais. Desafio: Tirar o melhor das pessoas.
2. Calma: Use a calma nos períodos turbulentos para orientar a sua equipe. Calma é a principal característica dos profissionais de excelência.
3. Timing: Decisões certas na hora errada = zero. Importante usar as ferramentas técnicas para entender o cenário, mas usar a coragem e influência para fazer acontecer.
4. Engolir "Sapo": O que chamamos também de resiliência. (Calma + Timing) é muito importante para saber o momento de agir... ou não. Defina as suas metas, saberá quais batalhas deve lutar ou não.

5. Escolhas: Não é o que acontece com você, é como você reage ao que acontece com você. Escolha ser excelente (Calmo, estratégico e paciente), saberá o momento certo de usar a sua energia.
6. Síntese: 5 min é o máximo de tempo que tem para prender a atenção (seja na empresa ou para um investidor). Tenha conteúdo quando falar e saiba ser conciso (mostra também respeito pelo tempo da outra pessoa). Vai perceber que a maioria das pessoas irão te escutar quando falar.
7. Credibilidade: É a pedra fundamental do "deixa comigo que eu resolvo". (Confiança + resultado) = Simples assim!

ENTENDA: Um mergulhador prioriza o oxigênio mais do que a gaiola, porque o oxigênio permite pensar e agir de acordo com os movimentos dos tubarões (que são imprevisíveis). Escolha o oxigênio (Inteligência contextual).

VOCÊ NÃO PRECISA SER TALENTOSO, PRECISA SER DECISIVO.

Todos irão enaltecer dois jogadores nesta final da copa do mundo, Lionel Messi e Mbappé, e com razão, pois estão em um nível acima dos outros jogadores. Porém, o que mais me chamou a atenção foi goleiro da Argentina: Martinez, quando ele pegou o chute do jogador francês Muani no acréscimo do segundo tempo da prorrogação. Naquele momento ele não foi talentoso, ele escolheu ser decisivo.

Momentos decisivos = Situações críticas que exigem tomadas de decisões e que senão forem tomadas podem acabar com 100% do planejamento ou tornar a empresa insolvente. (Coragem + Antecipação + Timing + Suportar pressão) = Ser Decisivo.

Escolha ser um profissional decisivo:

1. Tenha uma visão clara da estrutura da sua empresa, não confundindo realidade com desejo.
2. Faturamento é importante, mas tenha coragem de vender com margem. (Faturamento sem margem = prejuízo).
3. Escolha melhor os investimentos (se necessário, diminua o Capex).
4. Tenha coragem de renegociar os juros e alongar as dívidas.
5. Tenha coragem para dizer "não" a uma venda, que mesmo com margem, pode gerar inadimplência. (não terá a margem e muito menos o dinheiro no tempo certo).
6. Escolha profissionais excelentes, não aceite uma equipe mediana.
7. Seja decisivo no alinhamento do variável = resultados da empresa.
8. Tenha coragem em alinhar todas as decisões das áreas com base na preservação de caixa/liquidez.

ENTENDA: O mundo corporativo é igual ao jogo da Argentina e França: Altos e baixos (volatilidade do mercado), complexo e imprevisível (em cinco min o placar pode mudar) e emocionalmente instável (pressão por resultados), esteja preparado para "enxergar" e atuar nos momentos decisivos.

Empresas que não atuaram nos momentos decisivos:

1. Kodak: Quando não investiu nas máquinas digitais.
2. BlockBuster: Quando não atuou no mercado de streaming.
3. Blackberry: Quando priorizou os celulares com teclas.
4. Varig: Quando não foi agressiva nos custos.
5. Maioria das empresas (B3) 3T22, que não estão se preparando para um cenário pior de recessão. (Brasil e mundo).

Com talento ou sem talento, escolha ser decisivo...

23    

EXCELÊNCIA COM PROPÓSITO

Gostaria de agradecer a **Paula Andrade R. Chaves, Paulo Roberto Coimbra Silva, PhD** e **Onofre Alves Batista Junior, PhD** pelo convite para falar sobre as "Características dos profissionais de Excelência" na reunião de fechamento anual de resultados do escritório de advocacia **Coimbra, Chaves & Batista Advogados**.

1. Mundo conectado (Reflexo de suas ações são muito mais escaláveis e rápidas no mundo digital).
2. Você é um custo ou investimento? (Escolha ser melhor a cada dia).
3. Inteligência emocional (Capacidade de adequação dos cenários ao objetivos propostos).
4. Respeito (A forma de falar tem mais impacto do que o conteúdo).
5. Calma (Pouso do avião no rio Hudson - 2009 - Nova York).
6. Firmeza (Argumento + Forma de falar + Timing) = Gerar valor para quem está escutando.
7. Resiliência ("Engolir sapo" de forma estratégica).
8. Ética (Não são empresas fazendo negócios com empresas, são pessoas fazendo negócios com pessoas).
9. Credibilidade (Seu maior ativo e o que vai de impulsionar na carreira).
10. Networking (Converse com as pessoas) = melhor forma de se manter atualizado.
11. Poder de síntese: 30 segundos (Se encontrar um CEO no elevador, consegue explicar um projeto do primeiro ao terceiro andar? De forma convincente a conseguir mais tempo?).
12. Invista nos seus pontos fortes (Não queira ser excelente em tudo) = ser mediando/medíocre.
13. Esqueça este negócio que não tem de se comparar, se compare, sim! (Analise o que os melhores estão fazendo - Empresas + Profissionais - e aprenda... simples assim!).
14. Você é tão bom quanto o seu último resultado (Bola na trave não altera o placar).
15. Escute de forma estratégica (Seja o último a falar, escute os argumentos contrários e "construa pontes").

16. Escolha aprender e não reclamar (Mundo está muito mais turbulento, complexo e injusto – empresas + profissionais) = Saia melhor das crises.
17. Saiba lidar com um volume grande de informações (As coisas boas e ruins "distrações" estão na internet) = Escolha com sabedoria como gasta o seu tempo.

Até aí tudo bem, mas não sabia que o escritório tinha ações sociais de impacto no seu DNA, nesta mesma reunião foram apresentados os projetos da Cidade Refúgio.

> **ENTENDA:** Saí com a certeza que estou fazendo pouco, que como líderes, temos uma grande responsabilidade. Fui convidado para falar sobre excelência profissional, mas a verdade é que eu sai deste evento uma pessoa melhor (Profissional + Social + Reflexões + Perguntas a responder) = Escolher ser melhor.

EVEREST X LIDERANÇA

Vocês sabiam que a maior causa de mortes no Everest não é na subida, mas na descida? Muitas vezes os alpinistas não fazem a conta correta do oxigênio, morrendo na descida. O Brasil, "tomou" um gol faltando cinco minutos para acabar a prorrogação. Enron, Leman Brothers, FTX, Kodak e BlockBuster tiveram sucesso, mas esqueçeram os cinco minutos (= descida Everest), afrouxaram o risco, quebraram.

Últimos cinco minutos = Deixar que a (ansiedade/perda emocional/ falta de controle/perda de disciplina/ perda de processo) acabem com um resultado positivo, nestes casos, os últimos cinco min equivalem a 100% do sucesso, pois somos medidos por resultados.

Consequência dos últimos cinco minutos:

1. Alpinistas: Morte na descida por falta de oxigênio (Empresas: Aumentam o faturamento sem controle de Endividamento, Custos Fixos e Margens) = Insolvência (Enron, Leman Brothers, FTX)
2. Brasil: Gol da Croácia nos últimos cinco minutos. (Empresas: Zona de conforto com o sucesso e achar que o concorrente não pode mais surpreender, relaxam os processos, o aprendizado coletivo, a estratégia de sucesso e os riscos) = Morte (Kodak, BlockBuster)
3. Liderança Nível 5: Técnico do Brasil não estava lá para organizar e motivar na cobrança dos pênaltis, não estava lá com a equipe quando o jogo acabou. Todas as entrevistas são desnecessárias. (Os exemplos de liderança nos últimos cinco minutos valem mais do que anos de motivação). Faltou liderança para os alpinistas, Brasil e empresas.

ENTENDA: No livro do Tom Peters (O novo padrão de excelência no mundo e nos negócios), ele resume a Excelência: "Excelência são os próximos cinco minutos", não é uma "aspiração", não é uma "montanha a ser escalada", excelência é a próxima reunião, o próximo e-mail, a próxima conversa. (Sucesso nos últimos cinco minutos = Excelência no que está fazendo agora, com disciplina).

Vários ensinamentos nesta copa do mundo (empresas + profissionais):

1. O mundo não é justo, nunca será. Acostume-se com isso. (Resiliência = capacidade de "engolir sapo" estrategicamente).
2. Últimos cinco minutos são a "zona de morte" para empresas e profissionais.
3. Liderança se faz com exemplo na hora certa.
4. Não existe mais "bobo": Para o futebol, empresas e profissionais, a complexidade aumentou, o nível aumentou, aumente o seu nível.

ESCOLHA SER NÍVEL 5

Jim Collins, o maior estrategista atual em negócios, enfatiza em seus livros a importância da liderança para criar cultura, gerar resultados e sentido de propósito. (Liderança nível 5). O técnico japonês Hajime Moriyasu fez reverência aos torcedores depois de perder o jogo da copa do mundo para a Croácia.

Liderança Nível 5:

1. Constroem um legado: A reverência dele demonstra humildade e a certeza de que a equipe entregou o seu melhor. A equipe do Japão foi recebida com festa e admiração em seu país, ele igualou os resultados de 2002, 2010 e 2018, e deixou um legado de excelência. (Quantos "líderes" empresariais vocês conhecem que deixam um sentimento de excelência/motivação, mesmo nas derrotas?)
2. Mistura de humildade pessoal e força de vontade com base no profissionalismo: Moriyasu conduziu a equipe, vencendo a Espanha e Alemanha. (Imagine você desafiar a Apple ou a IBM em um determinado mercado e conseguir ganhar? Foi exatamente isso que ele fez).
3. Sua ambição é voltada para as empresas, não para si mesmos: O Japão saiu da copa mais revigorado e com a certeza de que é possível ser grande. Lideram pelo exemplo, desafiam as equipes a serem melhores, estabelecem metas estratégicas (não apenas números) que elevam a maturidade, o orgulho e o conhecimento coletivo. (A cultura da sua empresa permite o desenvolvimento da liderança nível 5? Ou são "feudos" onde a política e a lei do individualismo prosperam?)

Liderança nível 5 = Lucro. Imagine que você é um investidor que tem U$ 1MM para aplicar em uma empresa. Escolheria uma companhia com produtos bons e liderança fraca/medíocre, ou uma empresa com produtos a serem desenvolvidos com uma liderança forte, nível 5? Em qual empresa acha que teria melhores lucros e mais resiliência nas crises?

ENTENDA: Seu maior ativo não é o estoque, são as pessoas. Números são consequências, as causas de um resultado positivo são as decisões acertadas feitas por uma equipe alinhada (planejamento + execução + disciplina + motivação + respeito + vontade de crescer) e nível 5 como vantagem competitiva.
Escolha ser nível 5!

950 ALUNOS, 950 PROFISSIONAIS!

Estive no Mato Grosso, a convite da faculdade FASIPE (especializadas em cursos da área da saúde), para ministrar, em seu congresso (CONCIPE), a palestra intitulada "Atitudes dos profissionais do futuro". É muito gratificante dividir conhecimento, sabendo que, de alguma forma, contribuímos para formar profissionais que entregarão valor para as empresas e para a sociedade.

Importante ressaltar o nível de excelência da FASIPE

- FASICLIN: Um prédio de cinco andares (Cuiabá), com toda a estrutura médica (equipamentos), voltado para que os alunos possam se qualificar e fazer o atendimento à população (Teoria + Prática + Mentoria + Material didático de qualidade = Excelência).

As outras unidades da FASIPE (seis unidades) com uma estrutura acadêmica de primeiro mundo. Realmente, a qualidade, o cuidado com o método de ensino e com os alunos são os grandes diferenciais da instituição.

Nas palestras ministradas, abordei temas relevantes:

1. Inteligência emocional: Faz toda a diferença na carreira. "HighTech" é diferente de "HighTouch"
2. Respeito: As palavras têm um poder muito grande, é possível cobrar sem ser desrespeitoso.
3. Disciplina sempre vence a motivação. Consistência de resultado é fundamental.
4. Resiliência: Capacidade de "engolir sapo" de forma estratégica. O mundo não é justo.
5. Ética: Sempre uma escolha pessoal. São pessoas fazendo negócio com pessoas.
6. Credibilidade: Você demora 15 anos para construir um nome e cinco minutos para destruí-lo.
7. "30s – Poder de síntese": E se você encontrar o seu chefe/investidor no elevador?
8. Escute para entender, não para se defender.
9. Aprendizado: Se você não se atualizar (conhecimento), as consequências encontrarão você.
10. Saiba lidar com um volume grande de informações. Como tem gastado o seu tempo?

ENTENDA: Excelência é uma escolha, não escolha ser medíocre.

MONEY NEVER SLEEPS

Ações não é para amadores. Exige muita estratégia e conhecimento do mercado/flutuações. Tenho visto, com muita preocupação, pessoas investindo na Bolsa esperando um resultado positivo sem conhecer o sistema. Pontos que considero fundamentais:

1. ESTUDE: Resultado em ações vem com muito estudo e não com "Dicas". Leia livros de pessoas que realmente ficaram milionárias na Bolsa (Warren Buffet, Peter Lynch, Ray Dalio, Barsi). Não leia livros de pessoas que ficaram ricas escrevendo "como ficar milionários na bolsa", porque elas não ficaram ricas antes de escrever o livro. "Wall Street é o único lugar onde as pessoas chegam em um Rolls-Royce para obter conselhos daqueles que pegam o metrô." Warren Buffet
2. ASSIMETIA DE INTERESSES: As corretoras orientam a mudar de ações semanalmente, você pode segui-las, mas entenda que elas ganham comissão nesta transação. Você tem uma sua estratégia (Curta e longo prazo)?
3. NÃO "BRIGUE" COM O MERCADO: Você não consegue mudar a direção das "ondas" do mar. O mercado a mesma coisa, você vai pagar um preço muito alto (prejuízo) por ficar "tentando adivinhar" o movimento do mercado. O mercado não perdoa.
4. NÃO LIGUE O FODA-SE: Se comprou a ação a R$ 100 e está a R$ 70, você pensa "Foda-se, já perdi mesmo, agora vou deixar que depois recupera". Não faça isso, o "melhor" prejuízo é o primeiro. A empresa Enron foi de U$ 90,0 a U$ 0,50.
5. ESTÔMAGO: Aplique R$ 1.000,00 e espere cair, se ficar sem dormir, ações não é para você. "Todo mundo tem capacidade para ganhar dinheiro na bolsa, mas nem todo mundo tem estômago." Peter Lynch
6. ANÁLISE APROFUNDADA: Só porque você tem um "Homebroker" + quatro monitores, não quer dizer que vai saber qual a tendência do mercado. Sugestão: (Fundamento da empresa + Preço atual (Oportunidade ou não) + Ciclo de mercado (Alta/baixa/lateral) + leitura de mercado (Brasil e mundo) + "Timing" + Liquidez + Estômago + Stop loss). Não force em uma oportunidade que não existe.

7. SOCO NA CARA: O mercado vai te dar muito "soco na cara" antes de te entregar um resultado de impacto. Se vai comprar ações, saiba apanhar estrategicamente. Os investidores (Tubarões) geralmente ficam entre 36 a 60 meses (Ciclos de mercado). Esqueça este negócio de 30 anos.
8. DINHEIRO: Se o dinheiro para aplicar é para o "boleto mensal", você não tem dinheiro para a bolsa e somando a falta de conhecimento = desastre.
9. TIMING: Muitas vezes a melhor atitude é não fazer nada (se você estiver fora da bolsa), espere o mercado cair. "Mais dinheiro foi perdido se preparando/antecipando para a correções do que as correções em si". Peter Lynch
10. PREJUÍZO: Você está pescando e pega um "peixão", só que ele escapa. Não vai pegar o mesmo peixe novamente. Entenda: Não espere recuperar o prejuízo da mesma forma que perdeu.
11. PREÇO MÉDIO: Comprou a 100,0, depois comprou a mesma ação a 70,0 e novamente a 50,0. O mercado chama de (Preço médio) e te fala que é normal. É prejuízo do mesmo jeito. Cuidado.

Respeito muito o profissional que ganhou dinheiro na Bolsa, exige conhecimento pessoal, estratégia, paciência, resiliência, auto confiança e gestão de risco. Marque um almoço com alguém que ficou milionário na bolsa, vai ser um dos maiores aprendizados da sua vida.

ENTENDA: "Se você está negociando e em 15 minutos você não sabe quem é o otário, então o otário é você." Responda sinceramente, com o conhecimento que tem do mercado hoje, em que lado acha que estará?

OBJETIVO: SER MELHOR DO QUE ONTEM.

A melhor forma de se manter atualizado é buscar conhecimento de qualidade. Este é o nosso maior desafio, pois estamos em um mundo de muitas informações, mas de forma artificial.

1. Converse com profissionais melhores do que você, que podem, através de exemplos claros, concisos e da "prática do mercado" mostrar outras visões.
2. Aceite os Feedbacks de forma "aberta", o crescimento passar por uma reflexão dos erros, acertos e oportunidades. (Crescimento profissional e pessoal.)
3. Selecione notícias com análises aprofundadas e priorizem o tempo de forma sábia (principalmente nas redes sociais). Mais livros, por favor....
4. Faça o exercício de uma análise "desapaixonada", o objetivo é fazer as perguntas certas, porque responder as perguntas erradas é prejuízo.

Agradeço ao IBEFSP pela mentoria "Peer to Peer", um privilégio de ser mentorado pelo Luis Schiriak. O maior aprendizado foi fazer as reflexões das perguntas feitas por ele, as respostas, coube a mim, de forma sincera, entender em que posso melhorar e, principalmente, como posso continuar desenvolvendo os meus pontos fortes. Obrigado, Schiriak.

29   

EXCELÊNCIA EM TUDO QUE FIZER

Em um mundo rápido, turbulento e imprevisível, a principal característica é a adaptação às diferentes formas de negócios. A atitude mental de fazer com excelência (indiferente de gostar ou não) é a diferença entre os profissionais medíocres e os que entregam valor. Muitos profissionais não têm a escolha de tornar o seu "hobby" a sua profissão, assim, temos que ser reconhecidos pela excelência, em tudo que fizermos.

1. Trabalhar bem e obter resultados com as pessoas que gostamos e que também não gostamos.
2. Fazer com excelência o seu trabalho, indiferente do nível hierárquico em que esteja.
3. Fazer da sua excelência um exemplo para a equipe.
4. Fazer da excelência o seu "Core Business".
5. Ter disciplina e consistência, pois é mais importante do que talento.

"Seu trabalho é encontrar algo em que você seja bom, e depois gastar milhares de horas, e ser perseverante, ter garra, dedicação, sacrifício e ter disposição para lidar com dificuldades para você se tornar ótimo naquela atividade. Porque quando você é excelente em alguma coisa, os benefícios econômicos, prestígio, relevância e a autoavaliação de ser excelente, vai lhe tornar apaixonado por qualquer coisa que seja." Professor Scott Galloway

ENTENDA: Excelência é uma escolha, não aceite ser medíocre.

SINÔNIMO DE EXCELÊNCIA? AYRTON SENNA

Imagine atuar em um dos mercados mais competitivos do mundo (F1), com sistema de poder e política elevada (F1), com imagem e exposição mensal a bilhões de pessoas no mundo (F1), com pressão de resultados a curto prazo (F1), com viagens pelo mundo sacrificando a vida pessoal (F1), e sendo constantemente comparado a outros profissionais (F1).

Agora imagine, após 28 anos de sua morte (1994), a F1 já produziu dois campeões com sete títulos cada e outros pilotos excepcionais, e adivinhem... SENNA conseguiu ser campeão neste mundo e continua sendo a referência de excelência, o nível mais alto que um piloto pode atingir. Como ele conseguiu isso:

1. SABER O SEU VALOR (Desenvolver os pontos fortes): SENNA foi campeão em todas as categorias de "base", entrou na F1 pela Toleman (pequena), depois Lotus (equipe média), McLaren (Grande) e Williams (Grande). Em cada negociação de equipe que fez, sabia negociar o salário e o pacote tecnológico, e entregava o resultado, sempre deixando a sua marca (aumentando o nível da equipe). Você efetivamente sabe o seu diferencial? Os resultados que você entrega são Commodities ou valor? A empresa te considera um custo necessário ou um investimento? O que você estuda, lê, conversa com as pessoas está desenvolvendo o seu diferencial? Você está melhor do que ontem?
2. FOCO NA EXCELÊNCIA E DISCIPLINA: SENNA descobriu no Kart que não sabia pilotar na chuva, treinou e desenvolveu a sensibilidade, a ponto de ser o melhor. Entenda: Ele já sabia pilotar, mas desenvolveu ainda mais a sua habilidade, não se preocupou em desenvolver o que estava fora do seu "Core Business". Se você é bom em finanças, estude ainda mais sobre finanças, se é bom em estratégia, estude ainda mais sobre estratégia, o mercado deve claramente identificar no que você é excelente. Claro, SENNA sabia sobre equipe (gente), negociações, business, mas sabia o seu diferencial. O seu diferencial é reconhecido pelo mercado? Você consegue fazer a diferença na "chuva"?

3. RESISTÊNCIA A FRUSTRAÇÃO: Em 1984, se a corrida de Mônaco não tivesse sido interrompida, ele teria ganhado; em 1989, Prost bateu nele e Senna foi desclassificado quando ganhou a corrida; em 1992, correu o ano inteiro com um carro ruim, que durante sua carreira quebrou em várias corridas; em 1994, tomou a decisão errada de ir para a Williams (não tinha mais o pacote tecnológico). Soube lidar com os reverses e desenvolveu a resiliência, ajudou muito saber o seu valor como piloto. Você tem resistência a frustração? Como é a sua atitude mental diante das "injustiças" do mercado? Qual o seu objetivo de carreira? Você muda de direção a cada reverse ou segue em frente com determinação?

"A gente vive num mundo duro, que machuca qualquer pessoa, e fica mais difícil viver nele, ou apenas sobreviver. Mesmo no meu mundo, que para tanta gente é irreal, eu tenho enormes dificuldades. Entre tantas conquistas, também tive grandes perdas, frustrações." AYRTON SENNA

ENTENDA: Você sabe o seu valor (diferencial) neste mundo turbulento, posicionando a sua carreira apesar das frustrações, desenvolvendo uma estratégia positiva e de crescimento em tudo o que te acontece? SENNA respondia esta pergunta todos os dias, e como profissionais, devemos respondê-la também.

FINANÇAS ESTRATÉGICAS

Realmente fico impressionado com a dificuldade de encontrar profissionais qualificados para o mercado de trabalho, principalmente com relação a finanças. Este profissional é extremamente estratégico, pois tem a responsabilidade principal de cuidar do Caixa (Liquidez). Porém, entender "apenas" de finanças hoje não é mais suficiente, o mundo e os problemas ficaram mais complexos, assim como a agilidade nas decisões.

Profissional de finanças Pós-Covid

1. ROBUSTEZ TÉCNICA: Profissional de finanças deve entender de WACC (Custo do Capital), Gestão de Custos (CF/CV), Budget (tratamento das distorções), Análise de crédito e preservar o recebimento (seguro de crédito), Fluxo de caixa (caixa operacional e livre), Análise de investimentos (TIR, PayBack, VPL), NCG (Necessidade de Capital de Giro e Ciclo Financeiro), Endividamento (seus impactos = Debt/Ebitda), Hedge (Câmbio) e como tratar variações ativas e passivas, Inadimplência e PDD (Agressividade), Depreciação (Operacional e não caixa), DRE, Balancete, Balanço, ROE (Acionistas), ROIC (Operacional), NOPAT (Operating Profit After Taxes = LL após os impostos), Ke (Custo de capital próprio (acionistas), Kd (Custo de capital de terceiros), Estoque (Alto e baixo giro), CAPEX (Investimento e o seu controle), MC (Margem de contribuição= maior desfio nas crises), EBITDA, EBIT, Índices contábeis, principlamente a liquidez seca (sem estoque), Precificação e rentabilidade os produtos, Impacto da inflação no DRE, NWC (Net Working Capital = Capital de Giro), EVA (Economic Value Added): EVA = NOPAT – WACC * Capital Investido e VEA (Valor econômico agregado): (LL- Capital Próprio*Ke).
2. ROBUSTEZ INTELECTUAL: Além de finanças, entender o cenário no mundo (como a guerra da Rússia, inflação mundial e custos logísticos impactam no negócio?), entender a estratégia da empresa, (como ganhamos dinheiro?), pensar ESG (adequando ao negócio), entender de gente (equipe + pessoas certas), treinar pensar estrategicamente e usar a Robustez técnica como direção para alinhar os resultados aos desafios deste mundo turbulento (Capacidade de execução), analisar o resultado das outras empresas (B3) e verificar o que estão fazendo e as dificuldades delas (serão as suas...).

3. ROBUSTEZ DE ATITUDE: Não aceitar o que está colocado (fazer perguntas), escutar, saber fazer uma análise clara (comunicação "limpa"), raciocínio estruturado para o resultado (e não para desculpas), ética nas relações entre pessoas e empresas, saber se colocar em uma reunião (informação relevante e precisa), assumir "não sei a resposta ainda", estar junto com a equipe (exemplo), mostrar os pontos errados de forma educada e pragmática (mas não se calar) e resiliência (Resistência a Frustração) e uma inquietação constante (sempre buscar oportunidades).

ENTENDA: Por favor, se você tem pouca base no 1 e 2, sem problemas, vamos desenvolvê-lo como profissional, mas por favor, se não tiver o 3, não me procure e mande o seu curriculum para o meu concorrente.

JÔ SOARES - INIGUALÁVEL

Jô Soares – O que as empresas têm a aprender.

Nos deixou hoje Jô soares, a mídia o classificou como humorista, mas prefiro classificá-lo com um profissional que gera valor. Uma geração inteira ficou mais pobre hoje. Seus personagens sempre tiveram um cunho político de uma forma leve. Hoje, saímos de grupos de Whatsapp e outras mídias pela radicalização política (indiferente de quem tem razão).

O que Jô Soares tem a ensinar para as empresas:

1. Core Business – Seus pais preparavam Jô Sares para ser diplomata. Viveu na Suíça do 12 aos 17 anos, e neste período fez uma escolha importante, seguir a carreira "promissora", ou fazer o que gosta: "humorista" (gerar valor).

   Empresas: Os produtos/serviços oferecidos aos clientes geram valor ou são apenas mais um na concorrência? Kodak era uma das maiores empresas dos E.U.A em fotografia, mas não conseguiu enxergar a tendência da fotografia digital. Esqueceu o seu "Core Business" que era entregar ao consumidor um momento de felicidade através da fotografia, e não "escolheu" mudar para se manter competitiva.

2. Reinventar - Jô Soares começou como humorista, depois entrevistador (quem não se lembra do Jô onze e meia?), depois escritor, ator e produtor de teatro. Apesar de semelhantes, não se limitou a apenas uma área de atuação. Conseguiu fazer esta transição entregando valor.

   Empresa: A Apple começou em uma garagem fabricando computadores (1976), Apple II (1977), Lisa (fracasso em 1983), Macintosh (1984), em (2001) o Ipod (Grade sucesso), em (2006) o Macbook e (2007) o Iphone. Da mesma forma que Jô Soares, a Apple conseguiu entregar produtos em diferentes segmentos, sempre gerando valor.

   Pergunta para você (CEO): Seus produtos geram valor? Quais os sentimentos dos seus clientes ao adquirir os seus produtos? A precificação do seu produto é compatível com o valor ou você é commodities? Jô Soares era milionário, não por causa do dinheiro em si, mas pelo que entregava aos clientes.

3. Respeito e profissionalismo: Por onde passou, Jô Soares deixou sua marca (SBT/Globo). O Jornal Nacional inteiro hoje foi dedicado a ele, a última vez que assisti isso foi na morte do Ayrton Senna. Com certeza ele teve dificuldades, desafios, vitórias, incertezas, mas sempre deixou a sua marca, um sentimento de "leveza'. Assistindo ao Jô, estávamos descansando a mente.

Empresa: Qual o sentimento que seu produto deixa no cliente (Valor, confiança, sonho, necessidade, raiva)? Importante saber isso, pois quando entrar um novo concorrente, seja pela tecnológica ou guerra de preços, a primeira coisa que o cliente vai se lembrar é do sentimento que a sua marca deixa.

Temos muito que aprender com o Jô Soares, seja nas empresas, profissionalmente ou pessoalmente, descobrir a sua vocação (Talento) ou nas empresas (Core Business) não tem preço, tem valor.

Sigamos em frente, o futuro nos pertence, mas hoje ficamos mais tristes.

ENTENDA: "Beijo do Gordo", Jô Soares.

STEVE JOBS - 90% TRABALHO "DURO" E 10% GÊNIO

Steve Jobs mudou a forma de como o mundo "consome" tecnologia. Sua percepção de produtos e mercados foi a base para os valores da Apple. Em todos os detalhes de produtos e serviços, percebemos a diferenciação e o modelo de negócio voltado para entregar valor.

Ele era um gênio, e lendo várias biografias e vídeos, identifiquei uma percepção de direção, sentido de propósito, erros e desafios que todos nós temos em nosso dia a dia, assim, seu sucesso foi consequência de não desistir, entender sobre negócios e ter uma visão de produto (gênio) que apenas ele conseguiu.

1. Valor x Rotina: Jobs descobriu que as pessoas faziam as tarefas "porque sempre fizemos assim", a maioria não sabe o "porquê" dos processos. Este é um erro grave cultural (Processo + Rotina). Sugestão: Verifique em todas as áreas, os processos que efetivamente precisam ser feitos e por quê, com certeza ficará surpreso com o resultado (Improdutividade + Retrabalho = Perda de "foco, produtividade e dinheiro").
2. Processos x Conteúdo – Quando as empresas têm sucesso, padronizam a "estratégia de sucesso". O problema é que nem sempre a estratégia atual garante o sucesso futuro. (Kodak e Blockbuster são exemplos disso). "Não é o processo, é o conteúdo". Sugestão: Pense no PIX: Há dois anos não existia, teve escalabilidade (acessível a todos), entrega valor (rapidez, custo e segurança) e está na vida de todos (Market Share). O processo virou conteúdo, verifique se os seus produtos ou serviços entregam valor (senão, sua empresa é apenas mais uma) e sempre fique atento às novas tecnologias e novos concorrentes. Você não vai querer um "UBER" no seu segmento, vai?
3. Pessoas Certas – Jobs também tinha sérios problemas em formar equipes. Entenda: ele tinha profissionais altamente qualificados, mas não compartilhavam a visão (sonho). Ele só foi acertar em uma equipe de alto desempenho no projeto do Macintosh. Sugestão: Faça a seguinte pergunta: O que faz as pessoas trabalharem aqui (Necessidade, Carreira ou propósito)? Se a resposta for apenas necessidade, você (CEO) tem um grande problema.

4. "Não sei a resposta ainda" – Jobs visitou 80 fábricas no Japão para planejar a automatização da Apple, construiu um novo modelo de distribuição, modificou a abordagem de MKT (um dos maiores sucesso foi o "Think Different") e atrelou a precificação ao valor do produto. Isto é trabalho duro, e não genialidade. Sugestão: Conheça outras fábricas, outros processos, estude sobre novas tecnologias, converse com outros profissionais, até encontrar a resposta.
5. Oportunidades (Menos passado e mais futuro): Em 1985 Jobs foi afastado da própria empresa (Apple). Em 1996, com a Apple passando por uma crise, a NeXT (Criada por Jobs em 1985) foi comprada pela própria Apple, por 429 milhões de dólares. Sugestão: Tenha o passado apenas como referência (5%) e tenha total foco no futuro (95%). (Quanto tempo da sua reunião de resultado é dedicado ao passado e ao futuro?). Futuro é onde as oportunidades estão, é onde você consegue mudar as coisas.

ENTENDA: Não somos gênios iguais a Jobs, mas estamos do lado dos (90%) do trabalho "duro". Assim, o sucesso, mais do que nunca, depende de disciplina, conhecimento, direção, vontade e execução.
"O grande problema das empresas é a 'doença' de pensar que uma boa ideia é 90% do trabalho." Steve Jobs

"NEUTRON JACK"

CEO (1981 até 2001), Jack fez da General Eletric uma gigante em escala mundial, alcançando o top 3 das maiores empresas do EUA em 2017. Não há dúvidas de que estes anos à frente da GE foram impactantes e trouxeram muitas práticas de gestão e (perguntas certas) que podem ser usadas nos negócios e nos desafios de hoje.

Seguem os pontos que chamaram atenção na sua gestão:

1. Decisão x Implantação: Welch tomou várias decisões de aquisições, mudou a remuneração dos executivos, vendeu fábricas. O mais difícil não é tomar a decisão, mas implementar a cultura, a missão, replicar os valores, garantir a vantagem competitiva global e local, ter processos robustos, e principalmente conseguir replicar este modelo de negócio para outros países (oportunidades). "Decisão é mais fácil do que a implantação, você deve ser o mais rápido possível, mas implantar requer foco e força."
2. Integração x Remuneração: Todos os segmentos diferentes da GE tinham bônus específicos (as empresas não interagiam em termos de pessoas, processos, tecnologias e inovação.) Welch mudou a remuneração específica por "Stock Options" ligado também ao resultado global da GE. "Importante alinhar a remuneração à geração de valor da empresa"
3. Oportunidade x Limitação: Welch abriu fábrica em vários países. "É muito mais difícil do que administrar uma empresa já estabelecida", para isso ele colocava as melhores pessoas nas melhores oportunidades, pois era preciso uma maior maturidade profissional e experiência para o começo do negócio. "O Líder deve estabelecer o 'tom', faz toda a diferença."
4. Concorrência x Inovação x Liderança x Decisões Difíceis: "Minha maior competição foi contra o Japão". Em 1980, uma TV fabricada no Japão era 30% mais barata que uma TV da GE fabricada nos E.U.A. (Alguma semelhança com a China hoje?). Welch tinha um compromisso com a inovação, podia ser em produto ou serviço, e não tinha nenhum receio em conhecer processos de outras empresas. "Alguém por aí está fazendo algo melhor que nós". Teve a coragem de fazer desligamento em escala global e

mudar os parâmetros para medir os resultados (vamos ficar em negócios em que somos número 1 ou número 2, e vamos vender os outros), focando nas margens e na excelência "core business" de cada segmento.

5. Pessoas x Escolhas: "Errei muito como CEO, no começo, errei muito nas escolhas das pessoas". Remodelou o centro de treinamento "Crotonville Hill", com o objetivo de maiores interações em liderança, processos e tecnologia. Desenvolveu um processo de seleção de resultados 20% (melhores), 70% (medianos) e 10% (piores) e tomava as decisões a partir deste princípio. Não demorava em corrigir uma decisão errada ligada a pessoas.

Resultado depois de 20 anos como CEO:

1981: 424 mil funcionários, faturamento de U$ 26 Bilhões

2021: 300 mil funcionários, faturamento de U$ 130 Bilhões

1981/2021: Valor de mercado U$ 14 Bilhões para U$ 400 Bilhões

1981/2021: Valorização das ações de 4000%

1981/2021: Dos 124 mil funcionários que deixaram a GE, 37 mil estavam em negócios que foram vendidos.

ENTENDA: Jack Welch não é uma unanimidade, mas novamente, sua passagem pelos negócios foi impactante e deve ser amplamente estudada. "Neutron Jack tinha que se livrar deste Overhead, não gosto deste apelido, mas fiz o que foi necessário."

LIDERANÇA EM TEMPOS DE CRISE

Este é um tema que sempre me chamou muita atenção, pela relevância e pelo desafio de liderar uma equipe. Sendo da área de finanças, afirmo que o resultado sustentado é atingido através das pessoas (certas), sendo os números um espelho do alinhamento e engajamento da equipe em se comprometer com o resultado ou com um projeto específico. Principalmente em períodos de crise (e não faltaram crises):

1636 – Crise da Tulipas

1929 – Crise Financeira

1987 – Segunda-Feira Negra

2000 – Bolha da Internet

2001 – Torres Gêmeas

2008 – Crise Financeira (Subprime)

2020 – Covid-19

2022 – Guerra Rússia/Ucrânia

2023-2024 – Recessão (Pré-Bolha Financeira)

2025 – Novo sistema econômico com Dois Blocos (EUA + Europa + Japão) e (China + Rússia + índia + Países Árabes)

2035 – Crise Climática

Todos estes cenários exigem que uma liderança firme (a equipe espera isso) pois o desconforto e a insegurança/pressão aumentam muito e todos precisam de uma referência, de um conjunto de ações e valores em que possam se basear. Assim, resolvi fazer este post sobre o que entendo serem os itens de maior impacto na liderança:

1. CALMA: Difícil passar confiança quando se está nervoso, inseguro e sem argumentos consistentes das ações a serem traçadas. A equipe vai te cobrar um posicionamento firme, nas crises existem muitas perguntas e poucas respostas, o líder é o "espelho", todos estão observando. (Na turbulência, um piloto inseguro deixa o avião cair)
2. EXPLIQUE O PORQUÊ: O Líder tem a obrigação de explicar para a equipe os riscos e o porquê de cada ação estratégica. Complicado conseguir o compromisso genuíno sem isso (principalmente em equipes de alta performance), dessa forma, explique, é fundamental.

3. ESCUTAR O QUE NÃO FOI DITO: Existem muitas mensagens subliminares que o líder deve saber interpretar e que não são ditas, desenvolva esta sensibilidade.
4. RESPEITO – As palavras têm um poder muito grande, é possível ser assertivo e incisivo sem ser desrespeitoso e sem desvirtuar para o lado pessoal. A cobrança deve ser feita, mas de uma forma a mostrar que o processo pode ser ajustado.
5. EXECUÇÃO – Imagine atravessando uma avenida movimentada com os olhos fechados, você pode até conseguir, mas foi sorte, não existiu o processo (olhar para o lado por exemplo). Certifique-se que todos tenham as habilidades necessárias para desenvolver o seu papel e que todos conheçam o processo. A execução correta do planejamento é fundamental para passar pelas crises. (Planejamento sem execução = Insolvência)
6. FIRMEZA – O Líder precisa ter coragem de fazer os ajustes necessários da empresa, no tempo certo. (Experiência + Atitude + Timing). Firmeza de caráter é primordial, um líder deve ser justo, cobrar e também reconhecer (Feedback + Salário + Encarreiramento).
7. REAL TIME – Defina os principais índices (por área) e verifique os resultados diariamente, principalmente no começo da crise.
8. PERGUNTAS CERTAS: Primordial saber fazer as leituras do cenário (mercado) e entender a vantagem competitiva da empresa (Efetivamente, como ganhamos dinheiro aqui?), pergunta poderosa que muitos profissionais não sabem responder.
9. PESSOAS CERTAS – Ter equipe de alta performance, sempre. (Gente medíocre gosta de trabalhar com gente medíocre). Não seja medíocre, não aceite trabalhar com gente medíocre.
10. APRENDIZADO – Se a empresa passou pela crise e não teve nenhum processo novo com profissionais mais "casaca grossa", o líder teve sorte. Garanta que todo aprendizado esteja refletido no aprimoramento dos processos e na gestão de pessoas.
11. RH – Líderes entendem o papel estratégico do profissional de RH (devem responder diretamente para o CEO e Conselho), este profissional, muitas vezes, é que vai a "ponte" entre o momento de crise e a expectativa de todos, e gerenciar expectativas é o maior desafio da organização.

12. TURBULÊNCIA – Líderes não esperam "Céu de Brigadeiro", estão sempre pensando a empresa com relação a próximas crises, porque elas virão, mais rápido do que imaginamos (Um avião chega ao seu destino, com turbulência ou não, mas se houver turbulência, está preparado).

ENTENDA: "A maior dificuldade no crescimento de empresas excelentes não são os mercados, nem a tecnologia, a concorrência ou os produtos. É um único fator, acima de todos os demais: a habilidade de conseguir e manter pessoas certas em número suficiente." Jim Collins

FOCO POR FAVOR!

Esta frase é do autor Jim Collins, sucessor de Peter Drucker. O importante aqui é definir o que é ter foco. Muitas empresas ainda não estão se preparando para a crise de liquidez e para o estouro da bolha financeira, todos os dias, através dos indicadores financeiros: Dólar, preço do petróleo, inflação, inadimplência, B3 em níveis baixos, alta dos juros, guerra, disrupção logística... Estamos assistindo o "tsunami" chegar, tem muita gente achando que é "onda" e continua na praia. Vai morrer na praia.

Mas o que pode ser definido como foco?

CASH - O ajuste das empresas para os próximos 12 meses é fundamental. Aqui estou falando FCO (Fluxo de Caixa Operacional), resumindo: o dinheiro que entra tem que ser maior que o dinheiro que sai, o resultado deve permitir a operação da empresa (sobrevivência e evolução). A análise do custo fixo deve ser feita para responder à seguinte pergunta: Precisamos ter esta estrutura agora ou estamos antecipando um futuro que não temos certeza, ou pior, um futuro que temos certeza e que custa caro? Muitas vezes uma visão distorcida do futuro (seja por incompetência, má-fé, descasamento de política de remuneração ou falta de preparo) atrelado à falta de robustez emocional (sem casca grossa/resiliência) impedem de tomar decisões necessárias no tempo certo (Decisão certa no tempo errado = Zero).

Claro que o item "CASH" exige a análise de outros indicadores financeiros (EVA, VEA, inadimplência, venda com margem, NCG, ciclo financeiro, trava do dólar...), mas quero ressaltar aqui que os ajustes da empresa começam pela atitude (fazer o que deve ser feito). As empresas precisam de profissionais que tenham coragem para tomar as decisões difíceis (Experiência + Atitude + Timing). O objetivo é fazer o que é bom para a empresa, e não para um grupo de pessoas. Desta forma, façam os ajustes de estrutura das empresas agora, não esperem o "tsunami" chegar.

STRATEGY – Regra número 1 e única: Permanecer vivo (solvente) com liquidez (muitas empresas têm lucro contábil e não têm caixa). Todas as decisões de investimentos, projetos e aquisições devem ter como base este propósito (permanecer vivo com liquidez). Devemos, sim, ter um plano de futuro (gosto de trabalhar com projeção de três anos, a volatilidade e incerteza do mundo hoje é infinitamente maior). Quando se coloca a questão da liquidez e principalmente do Payback (retorno dos investimentos) é que se tem noção do desequilíbrio de caixa. Não faltam projetos de oportunidade de melhoria das empresas (e deve ser assim), mas devemos decidir com relação ao caixa (impacto curto e longo prazo). Projetos com retorno demorados exigem caixa. As CIA brasileiras da B3 perderam R$ 1,5 Trilhão em 12 meses. Permanecer vivo com liquidez vai permitir comprar outras empresas e fazer investimentos quando a crise começar a passar.

"Quem chega primeiro bebe a água limpa, certo?" Errado. "Quem chega primeiro bebe a água toda."

EXECUTION – Não adianta ter um plano de CASH, definir a STRATEGY se a execução do plano não funciona, e se funciona, não é no tempo certo. Como diz o Jim Collins: "Primeiro, embarque no ônibus as pessoas certas, desembarque as pessoas erradas e coloque as pessoas certas nas poltronas certas. Em seguida, decida para onde conduzir o ônibus". Muitas vezes deixamos para "depois" a mudança de uma pessoa que não se adequada mais à empresa (seja por performance ou cultura), se já foi feito o Feedback e a orientação de todas as formas, não postergue. Dê a oportunidade para que esta pessoa seja feliz em outro lugar. Regra número 2 e única: Pessoa certa no lugar certo.

PEOPLE: O desafio aqui é criar uma equipe de alta performance. Equipes e profissionais assim não precisam de "empurrão", na verdade, precisam de autonomia e desafios. A liderança da empresa precisa explicar a estratégia e o porquê das ações, e, principalmente, o risco que a empresa corre com uma baixa performance. Atrair e engajar a equipe exige (Propósito + Desafios + Remuneração + encarreiramento). É muito bom trabalhar com profissionais de alta performance, porque os iguais se atraem (gente boa gosta de trabalhar com gente boa, gente medíocre gosta de trabalhar com gente medíocre). Não seja medíocre, não aceite trabalhar com gente medíocre.

ÉTICA, NÃO EXISTE ATALHOS.

Profissionais sérios sabem que a conduta correta é feita todos os dias, indiferente da pressão por resultados. Sempre, no final das contas, é uma decisão pessoal usar "atalhos". Não são empresas fazendo negócios com empresas, são pessoas fazendo negócios com pessoas.

2000 - Enron: Fraude contábil por inflar os balanços e promover ganhos inexistentes, mostrando resultados falsos. Foi considerada uma das maiores e mais admiradas empresas dos EUA.

2008 – Lehman Brothers: Na crise financeira de 2008, descobriu-se que a empresa havia escondido mais de US $ 50 bilhões em empréstimos, sendo disfarçados de vendas, usando lacunas contábeis.

2015 - Petrobras: Esquema de corrupção que custou a empresa r$ 6,2 bilhões (perda oficial do seu balanço), apesar de todo o investimento em transparência e anticorrupção.

2022 - Bank of New York Mellon: A SEC multou o banco em US$ 1,5 milhão por alegações enganosas sobre fundos que usam critérios ambientais, sociais e corporativos (ESG) para escolher ações.

2022 – Gol: Empresa admitiu ter pagado propina no Brasil e EUA, entre 2012 e 2013 para garantir a aprovação de leis favoráveis à empresa. Fechou acordo de R$ 218 milhões.

1. Não fique em uma empresa que incentive condutas erradas.
2. Não aceite e faça qualquer coisa para entregar os resultados.
3. Não acredite que pequenos delitos são aceitos (porque não foi punido), amanhã estará aumentando a "aposta" e achando normal.
4. Não aceite o ditado "Ética: cada um tem a sua", o que é errado é errado. (Ex: Inflar balanços ou esconder inadimplência no FDIC).
5. Empresas: sobre ESG, comece pelo G (Governança), sem atitudes claras de conduta, qualquer ação "E" e "S" não terão efeitos.
6. Empresas: Atitude antiética tem grandes impactos na imagem, mas principalmente no caixa/liquidez. (Enron e Lehman deixaram de existir, Petrobrás continuou porque era estatal, se fosse privada tinha acabado e a Gol terá menos r$ 200 MM no seu caixa). (<Compliance = >Prejuízo)

ENTENDA: Ser ético é uma escolha. Escolha ser ético todos os dias.

"Honestidade é um presente muito caro, não espere isso de pessoas baratas" Warren Buffet

"GERANDO IMPACTO POSITIVO, INDIFERENTE DA IDADE."

Como os Titãs do mercado tomam decisões?

É muito bom interagir com profissionais "Casca Grossa" que já passaram por várias crises.

Como presidente do IBEFMG (Instituto brasileiro de executivos de finanças do estado de Minas Gerais), tenho o privilégio de poder conversar, escutar e identificar como estes profissionais pensam e se posicionam.

ESTRATÉGIA: Os Titãs sabem que nas crises financeiras as oportunidades são maiores, porém mais arriscadas. Identificam mercados com maiores margens (podem repassar os preços), mantém uma estrutura "enxuta" e cuidam do caixa. Identificam empresas com produtos e mercados complementares.

LUCRO LÍQUIDO: Os "casca grossa" entendem a importância do resultado da operação, não param no EBIDA e analisam até o Lucro Líquido. Tem um sentido nisso, esta turma sabe o poder que os juros e a despesa financeira tem no caixa, que podem destruir o valor de uma empresa. É uma classe diferenciada que já vivenciou a inflação e sabem se posicionar.

EQUIPE: Os Titãs levam parte de sua equipe aos eventos (tipo IBEF), eles entendem o poder de uma equipe competitiva, e nada melhor do que se atualizar com outros profissionais de calibre alto.

AGEM RÁPIDO: Não tem medo de agir e sabem a importância do tempo (Brasileiro não tem a cultura de precificar o prejuízo de uma decisão correta, mas no tempo errado).

CALMA: São calmos, seguros, confiantes e diretos, investem tempo em explicar o porquê das decisões à equipe, sabem que é a execução na "ponta" que transforma planejamento em resultado.

RISCOS: São mestres em medir: (Risco x Incerteza x oportunidades x Caixa x Cenários), de alguma forma, fazem as perguntas certas e preservam a vantagem competitiva das empresas.

ENTENDA: O maior ativo das empresas são os profissionais "Casca Grossa" (Experiência+Atitude)

Vamos pra cima!!!!

NÃO CONFUNDA URGÊNCIA COM MIOPIA

Esta semana teremos a reunião do (FED) aumento dos juros dos E.U.A (Resultado: Dólar alto, dinheiro caro, menos empréstimos (liquidez), menos consumo, empresas sem resultado (B3, S&P500), menos investimentos (sem empregos), maior dívida das famílias, governos e empresas). Importante saber conduzir a empresa neste cenário.

Jim Collins é um dos maiores pensadores de negócios, e é muito importante entender os seus conceitos para que a empesa (em todas as áreas) estejam prontas para os mercados turbulentos (que são 90% do tempo). Selecionei os principais conceitos de negócios do Jim Collins:

1. "Não confunda urgência com miopia": Descubra qual a sua vantagem competitiva e crie uma cultura de disciplina diária. Resumindo: Liquidez é fundamental neste período de crise, mas não corte despesa apenas por cortar, equilibre curto prazo (não miopia) com oportunidade e longo prazo.
2. "Grandes coisas acontecem porque você faz um monte de pequenas coisas extremamente bem compostas ao longo do tempo." Resumindo: Valorize o processo, a padronização, se pergunte (isto realmente precisa ser feito?), se sim, garanta a estrutura para que todos tenham o conhecimento e postura correta para realizar (Planejamento sem execução correta = Insolvência).
3. "A verdadeira assinatura da mediocridade é a inconsistência crônica". Resumindo: Imagine um piloto de avião que não tenha disciplina e não verifique todos os processos, na primeira turbulência ou vento forte o avião corre risco enorme. Imagine para as empresas: Se a empresa cresceu é porque ela teve sorte (inconsistência crônica) ou houve disciplina/processo que garanta um resultado de longo prazo?
4. "As pessoas (certas) são os maiores ativos das empresas" – Resumindo: Você não consegue controlar "o que" vai acontecer (Turbulência), mas consegue controlar "quem". Tenhas as pessoas certas, vai fazer toda a diferença.
5. "Grandes líderes sentiam-se confortáveis ao levantar as pedras e olhar as coisas desagradáveis". Resumindo: Confronte a dura realidade "Fatos e Dados". Incentive sua equipe a analisar os fatos e dados, a buscar a solução e não postergue decisões necessárias no tempo certo. (Experiência + Atitude + Timing).

6. "As coisas grandes certas são as coisas que você empiricamente já validou". Resumindo: Não gaste o seu caixa sem a certeza (ache os índices certos da sua empresa) de que o resultado é certo, principalmente em investimentos grandes ou que reforçam a vantagem competitiva.

ENTENDA: "Mantenha-se sempre irracionalmente preocupado que sua empresa não está atingindo seu potencial." Jim Collins

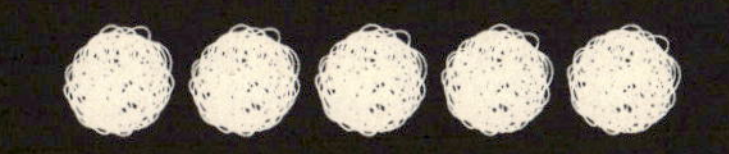

TEXTOS INÉDITOS

AONDE VOCÊ REFORÇARIA?

Tecla SAP: Abraham Wald (1902-1950) usou o pensamento matemático para resolver a seguinte questão sobre os aviões na Segunda Guerra Mundial: De acordo com os aviões que voltavam das batalhas, quais lugares deveriam ser reforçados para que tivessem cada vez menos chance de serem abatidos? A resposta simples e fácil para problemas complexos seria: nos lugares onde tem mais furos de balas no avião. Errado! para Wald, as partes que deveriam receber a blindagem são aquelas nas quais os furos não estão (nos motores!). Por quê? Os furos de bala que faltavam estavam nos aviões que não retornaram. Este é o melhor exemplo sobre pensamento independente, você não precisa ser matemático, você precisa desenvolver a sua análise, é uma escolha, não é talento.

ENTENDA: Para as empresas, o raciocínio o mesmo; quais áreas e estratégias precisam ser reforçadas para que seja criado cada vez mais valor, seja consolidada a vantagem competitiva e que permita uma "barreira de entrada" para os concorrentes? A maioria das empresas está reforçando onde tem mais furos, e não nos motores.

- Faturamento e escala são importantes, são eles que fazem a "roda girar", mas pensar apenas nisso de forma desestruturada é operar com cada vez mais furos. Faturamento e escala devem vir acompanhados de margens, vender com lucro é reforçar o motor.
- Ter uma empresa que não gera lucro operacional é reforçar os furos. Ter o tamanho correto da empresa é reforçar o motor.
- Contratar as pessoas erradas e tratá-las como commodities é reforçar os furos. Entender que os resultados vêm através das pessoas, cuidar da cultura, alinhar o sistema de métrica do bônus e proporcionar desafio é reforçar o motor.
- Ter um estoque grande sem giro é reforçar o buraco. Entender que a maioria do seu caixa está no estoque e que este deve ter produtos com maiores margens e giro é reforçar o motor.
- Fazer fusões e aquisição (M&A) apenas para aumentar o valuation da empresa e demonstrar tamanho é reforçar os furos. En-

tender cada detalhe da fusão, onde este movimento complementa a vantagem competitiva ou permite novas oportunidades (Produtos + Mercados) é reforçar o motor.

- IPO, Debêntures, Follow-on, empréstimos para "tapar" buraco no caixa de uma operação deficitária é reforçar os buracos. Tomar as atitudes certas (todas elas = difíceis) para geração de caixa é reforçar o motor.
- Negligência nas decisões financeiras é reforçar os furos. Cash is King, Ciclo Financeiro, Fluxo de caixa projetado, Budget com seriedade, precificação correta, compras e negociação estratégicas, agressividade comercial com responsabilidade e equipe alinhada é reforçar o motor.

Principalmente hoje, com um mundo complexo, digital, mais conectado financeiramente e com mercados em recessão, as empresas precisam, todos dias, medir o risco das batalhas. Comece todos os dias com a seguinte pergunta: Onde está o nosso motor?

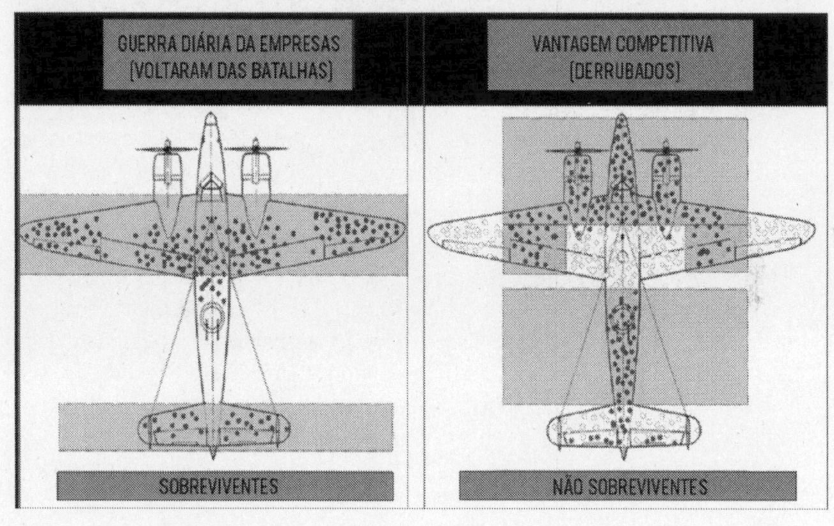

NÃO FOI A CÂMARA DIGITAL QUE "MATOU" A KODAK.

Teca SAP: A Kodak foi criada em 1888 com o objetivo de revelação de filmes fotográficos. Teve um crescimento exponencial (tecnologias de fotografia + rolo de filme flexível), o slogan era "Você aperta o botão e nós fazemos todo o resto". Resultado: Conseguiu nas décadas seguintes mais de 80% de Market Share nos EUA, líder de mercado, crescimento rápido, produto escalável e confiável, comunicação correta com o consumidor (Fotografia = Kodak), respeito da sociedade, Ego e lucro, o mundo estava dominado!!! (Em 1997 a empresa atingiu seu pico, valia $31 bilhões de dólares). O primeiro modelo de câmera digital foi inventado pelo engenheiro da Kodak, Steve Sasson. A Kodak escolheu não investir na máquina digital (afinal de contas, o mundo é nosso!). A verdade é que com Kodak ou sem Kodak, a tecnologia digital escalou, em 2003 (diferença de apenas seis anos do seu > Valuation) as vendas digitais ultrapassaram a de fotografia por filme. Em 2008 a principal fonte de renda da Kodak era de licenciamento de patentes. Em janeiro de 2012 a empresa declara falência. Única conclusão: Não foi a máquina digital que acabou com a empresa.

ENTENDA: Risco 1: Por mais sucesso que uma empresa tenha, por mais vantagem competitiva que uma empresa conquiste, nunca, nunca é estático. Hoje, mais do que nunca, com a tecnologia, Inteligência Artificial, smartphones, redes sociais, mais dados e informações disponíveis, o risco de irrelevância cresceu muito. De 1997 a 2003 a Kodak perdeu a liderança do mercado. Em 2000, a Blockbuster era a líder de mercado de locação de filmes nos EUA, em 2011 entrou em falência. Tempo enorme hoje em dia. As ações das Americanas desvalorizaram + de 90% em 24 horas. As consequências das decisões erradas não são medidas mais em anos, mas em meses.

Risco 2: Existem dois tipos de pessoas: As que acham que sabem tudo e as que têm certeza que sabem tudo. Não seja nenhuma delas, toda vez que verificar uma tendência no mundo e no seu segmento específico, se pergunte: Como esta tecnologia pode impactar todo o sistema? E principalmente: e se está tecnologia escalar? Tenha uma mente aberta (papel em branco) e faça, com a sua experiência e sem Ego (esqueça o sucesso do passado), uma análise desapaixonada dos riscos. Converse com quem precisar, visite operações de outras empresas, experimente a nova tecnologia, enfim, construa um raciocínio estruturado. A Kodak poderia, entre 1997 e 2000, ter mudado toda a sua estrutura para investir na máquina digital, estava escalando, era uma tendência sem volta (você não muda a direção da onda do mar, ou muda?), da mesma forma a BlockBuster, depois de verificar da tendência do Streaming, poderia ter mudado a sua estratégia.

O que "matou" a Kodak não foi a máquina digital, foi a falta de visão, leitura de cenário errada, não perceber a influência da tecnologia, não ter humildade (o mundo é nosso!) e principalmente não agir depois de uma tendência confirmada no mercado. Tenha sempre em mente, todos os dias, alguém está fazendo melhor que nós, quanto tempo até a nossa empresa "morrer"? E por favor, aja!

INTELIGÊNCIA - PRÉ ARTIFICIAL.

Tecla SAP: Em 2016, Google, através da sua empresa de Inteligência Artificial Deep Mind (Software AlphagGO), desafiou o 18 vezes campeão do mundo, Lee Sedol, no jogo chamado GO (o jogo mais popular da Ásia, ensinado nas escolas e praticado por milhões de pessoas). No xadrez, a vitória é total, no jogo GO vence quem conquistar mais espaço. No jogo GO existem 2MM a mais possibilidades de lances que no xadrez. O desafio seria uma melhor de cinco partidas. A Coreia do Sul inteira parou para ver o desafio, assim como a China (80 Milhões de telespectadores). Lee Sedol = Federer do tênis ou o Pelé do futebol. O interesse pelo evento aumentou, porque era um jogador representando a humanidade contra a máquina. 100% das pesquisas davam a vitória a Lee Sedol (impossível uma máquina ganhar de um campeão do mundo = 18x). Resultado: Para desespero e surpresa de todos, a máquina ganhou as três primeiras partidas, Lee Sedol ganhou a quarta e perdeu a última. Máquina 4, Humanos 1. Lee Sedol disse depois do evento: “Eu tenho sido o maior jogador, o mais esperto, mas os resultados não são o que esperava. Estou muito desapontado neste momento, peço desculpas pela minha impotência, eu nunca senti tanta pressão, me sinto extremamente fraco neste momento”. Por que isto é importante: Porque é exatamente assim que você irá se sentir frente à Inteligência Artificial.

ENTENDA: AlphaGO é um software e ganhou no multi campeão por dois motivos, técnica e frieza.

- Em todos os jogos e nas empresas as emoções estão presentes. Lee Sedol não "conseguia" visualizar o seu oponente, todos os medos, fraquezas e inseguranças buscadas no concorrente sumiram, ele, sozinho, era o fraco do jogo. A mesma coisa para as empresas: a IA da Amazon, por exemplo, consegue muito mais benefícios ao consumidor do que uma loja física. Você estará lutando contra um oponente forte, porém invisível.
- Lee Sedol começou a jogar quando criança e aprendeu a excelência do jogo. Este aprendizado levou anos, porque somos humanos, precisamos descansar e interagir na sociedade. AlphaGO não descansa, aprende 24 horas de forma consistente, não sente cansaço ou pressão. O Software analisou milhares de jogos e aprendeu com eles; o que Lee Sedol levou uma vida para aprender, a máquina aprendeu em poucos anos. Tenha em mente que a IA substituirá os humanos por três motivos: evolução constante, excelência/disciplina e não precisa descansar.
- Os outros jogadores profissionais que assistiam o evento chegaram à conclusão que o software fazia apenas o básico (era necessário ganhar apenas por uma peça), era a estratégia e uso da "inteligência e energia" de forma 100% racional, buscando o melhor resultado. A máquina fez uma jogada que apenas 1 a cada 10.000 humanos fariam, e ganhou o jogo. Imaginem um médico ou um advogado, concorrendo com o IA que analisa todos os diagnósticos e processos do mundo e traça probabilidade de forma racional?

Teve um aprendizado nisto tudo. Lee Sedol aprendeu com a máquina, apesar de ter perdido; seu potencial aumentou, aprendeu a controlar melhor as suas emoções e aprendeu novas jogadas (as que os humanos nunca fariam). A verdade é que melhorou como "ser humano, e é isto que devemos buscar, não competir, mas usar a IA para melhorar o nosso potencial. Isto foi em 2016, e a Inteligência Artificial amigável foi lançada em Nov 2020. Se naquela época todas as dúvidas, incertezas e medos afloraram, imaginem agora com o recém-nascido IA, e como será quando tiver 18 anos? Temos mais perguntas do que respostas, saiba se posicionar, depende de apenas de você.

DÍVIDA PARA AUMENTAR A MARGEM OU DÍVIDA PARA AUMENTAR O PREJÚIZO?

Tecla SAP: O OCDE (Organização para a cooperação e desenvolvimento econômico) alertou o Brasil sobre a escalada da Dívida Pública, podendo chegar a 90% do PIB (Produto Interno Bruto) em 2047. Em 2023 estava em 74,7% do PIB (isto seria um aumento do PIB de 21%). Política fiscal expansionista = Gastar mais do que arrecada, provocando desequilíbrio nas contas, taxas de juros mais altas = Hoje está em 11,75%, mas mesmo que abaixe para 9%, ainda continua alto, e crescimento do PIB mais baixo = Inadimplência alta (71 mm de brasileiros endividados), cotação do Dólar entre R$ 4,90 e R$ 5,30 (impactando o custo das empresas), inflação a 4,68% (mas na "ponta" a sociedade está sentido um valor maior) e baixo investimento do setor privado aliado às baixas cotações das ações na B3 = Falta de confiança do empresário em fazer investimentos. Com a despesa maior e PIB, menor o endividamento (déficit aumenta). Mesmo com a previsão do PIB de crescimento em 2023 de 3% e em 2024 de 1,8%, OCDE alerta também pata o problema de crédito e a desaceleração da China, diminuindo a exportação nos próximos anos. Você pode ler vários livros de negócios, se atualizar das tendências dos negócios e novas narrativas (Gurus), mas uma regra é imutável = Gastar mais do que arrecada é prejuízo. Simples assim!

ENTENDA: Para as empresas o raciocínio é o mesmo. Existem vários instrumentos financeiros que podem ser utilizados para ajustar a empresa corretamente (gerando caixa), ou para justificar sucessivos erros, durante anos, e podem ter certeza, a conta chega!

- Fazer IPO, emitir debêntures, Follow-on, empréstimos bancários, negociar com os fundos que compram dívidas, sales and lease-back e diluir a participação acionária negociando com o Private Equity não irão resolver o problema se você tiver uma operação que não gera resultados operacionais positivos. Você estará postergando e tornando o problema ainda maior.

- Se a empresa vende commodities (> parte do PIB é commodities) a sua margem de "manobra" é muito pequena. A "briga" no mercado é por preço e não no valor, sua margem fica comprometida e o mercado muitas vezes te coloca no efeito sanduíche: o fornecedor pressiona o seu custo do produto, e você não consegue repassar este reajuste para o consumidor (< poder de compra) = vende com prejuízo, não gera caixa e precisa de empréstimos. Se realmente o déficit do Brasil aumentar, isto interfere na baixa da Selic (porque o país precisa pagar juros para emitir mais tesouro direto e se financiar), impactando no seu caixa, na sua conta, juros a pagar.
- Cuidado também com o Capex (Investimentos que as empresas fazem), o brasileiro não tem a cultura de cumprir prazos e o planejamento como deveria. Muitas vezes a conta fecha em apenas cinco ou 10 anos, é muito tempo desembolsando recurso sem retorno. O mundo não permite mais erros como no passado, então o PAYBACK (tempo em que você recupera o dinheiro) é fundamental, oportunidade que não gera valor = sonho.
- Fusões e aquisições (M&A) para aumentar o Valuation da empresa sem sinergia = prejuízo. Existe uma diferença enorme entre tamanho/escala e lucro. O desembolso de caixa é grande e ter uma operação que não é pensada em termos de produtos, mercado e serviços complementares que geram maiores margens é criar um problema (é criar um jacaré no quintal!).

ENTENDA: Tanto para empresas, como para governos, em tudo o que fizer, responda: Os investimentos aumentarão as margens [PIB]? A empresa está com o tamanho certo [Estado eficiente]? Todas as ações de caixa são pensadas para criar dinheiro novo = gerar valor [Empregos]? Senão, você estará fazendo igual à projeção da OCDE [aumentando o seu déficit em 21%] e diferente dos países que não "fecham" as portas, você fecha = Recuperação judicial.

INTERPRETE CORRETAMENTE OS INSTRUMENTOS FINANCEIROS.

Tecla SAP: Em dezembro de 2023, Goolsbee, Chair do FED (Federal Reserve = Banco Central) disse estar confuso com a reação do mercado. O FED subiu as taxas de juros de 0,25% para 5,5% em apenas um ano, devido ao impacto da inflação mundial. Este aumento de juros aumenta o custo do dinheiro, diminuindo investimentos e abertura de vagas de empregos. A inflação está atualmente em 3,2% (já esteve acima de 4%) e a meta é chegar a 2%. O que o FED está fazendo é tentar desaquecer a economia para chegar no equilíbrio de: Crescimento sustentável + inflação de 2%. O "problema" é que a economia dos EUA continua acelerando de uma forma não muito desejada do FED; em Dez/23 os EUA criaram 199 mil novas vagas de empresas com < taxa de desemprego = 3,7%. Nos últimos 12 meses, o rendimento médio do trabalhador subiu 4%. Para a economia é ótimo, mas o FED enxerga estes números e pensa da seguinte forma: Teremos mais inflação, temos que equilibrar este crescimento, aumentaremos, ou melhor, não abaixaremos os juros agora. Ao que Goolsbee se refere é a perspectiva do mercado de que o FED vai começar a baixar os juros em Março/24, pode até ser dependendo dos indicadores econômicos, mas agora é uma leitura errada, o que o levou a dizer: "Não é o que você diz, é o que eles ouvem ou querem ouvir, fiquei um pouco confuso". Aprenda uma lição: Não confunda desejo com realidade.

ENTENDA: No cockpit do avião existem os instrumentos corretos para medir vários índices de desempenho, e um dos mais importantes é a altitude; se você estiver a 10 mil pés e caindo, não adianta ter o desejo, porque isso não é verdade, você vai continuar caindo. Atuar dentro da realidade te permite ajustar os seus "filtros" para ela e principalmente agir corretamente a partir disso.

- Se a sua empresa não está gerando caixa operacional, este é o fato. Pare de justificar as questões econômicas, concorrentes e juros e tome ação para que a sua empresa tenha o tamanho certo. Fatos e Dados não sabem o que é ego.
- Se você tem pessoas despreparadas na empresa, este é o fato, e é um fato grave, porque mesmo que acerte no planejamento ele não vai se concretizar na sua plenitude. (Planejamento certo + pessoas erradas = zero). A Ironia é que as pessoas medíocres colocam a culpa dos resultados nas pessoas medíocres. A pergunta aqui é para o CEO e conselho: por que estamos colocando pessoas medíocres, não remunerando corretamente, não proporcionando engajamento e desafios? Muitas vezes a resposta não está na cultura, mas no espelho.
- Tenha uma visão desapaixonada da política. Tenha as suas convicções, mas entenda que dinheiro não sabe o que é partido político. Neste momento do Brasil estamos com as novas regras de arrecadação, não teremos JCP (Juros sobre Capital), as empresas serão taxadas pelos dividendos e o IVA (Reforma tributária) poderá ser uma das maiores taxas do mundo (27,5%). Isto é um fato, a sua margem vai baixar e retirar dinheiro da empresa ficará mais difícil, assim, busque sinergia, foco nos custos, precificação e mercados corretos, desejar que isto não tivesse acontecido é um erro.

ENTENDA: Não confunda fatos e dados com desejos. Fatos e dados te permitem uma visão apurada da situação, desejo te permite enxergar a situação como gostaria que fosse. Tenha um equilíbrio, seu maior indicador é liquidez (Cash is king) e geração de caixa, tudo acontece a partir disso. Ajuste seus instrumentos, um avião não ganha altitude por desejos.

CHAMEM A BIA!

Tecla SAP: Em Dez de 2023, o presidente do banco Bradesco (Segundo maior banco privado do país) afirmou que enxerga uma perspectiva de IPO para 2024, tendo como base a futura queda dos juros dos EUA "enxergando" um crescimento mais consistente da economia Brasileira. Vamos, respeitosamente, fazer alguns questionamentos a este raciocínio:

- O Brasil tem hoje 71 MM de brasileiros endividamentos, é o maior endividamento de longo prazo desde 2020, e mesmo com o desenrola (que negociou) R$ 20 Bi, tivemos a segunda pior Black Friday da história (que começo em 2010). Temos alguma ação efetiva que faça o poder de compra da população subir, melhorando as margens e o lucro das empresas, para que o mercado tenha confiança em investir em m IPO?
- O desemprego hoje está em 7,8% e foram criadas 2,7 MM micro e pequenas empresas. O brasileiro está com empregos melhores ou está desistindo de procurar empreso, abrindo uma empresa e vivendo de "bico"? Os resultados das empresas de varejo refletem o aumento de lucro devido ao PIB de 3%?
- Os fundos de investimentos, bancos, tubarões e sardinhas irão investir em IPO mesmo verificando que as empresas estão sem caixa, emitindo debêntures (2023) para pagar outras debêntures (2021), fazendo Follow-on para "tapar buracos" e não para investimentos, vendendo ativos para compra posterior (Sales and Leaseback), negociando com fundos que negociam dívidas (Gestoras de situações especiais) e fazendo demissão em massa?
- A falta de certeza da alíquota da reforma tributária (IVA), o possível cancelamento de JCP (Juros sobre capital), taxação de dividendo e fim do uso dos incentivos do ICMS na base de cálculos IR não podem comprometer o caixa e o lucro das empresas, tornando o IPO um risco para os investidores?
- Os EUA criaram 199 mil empregos (Dez/23), diminuindo a taxa de desemprego para 3,7%. A meta de inflação do FED é de 2%, hoje está em 3,2%. Realmente teremos uma redução das taxas de juros do FED? Goolsbee (Chair do FED) disse estar confuso com a reação do mercado. Ele está certo ou errado?

- Os investidores estarão confiantes em um IPO tendo em 2023 o maior recorde de recuperação judicial no brasil e nos EUA? = Reflexo do mercado de < Caixa < Lucro < consumo < Dividendo e < Oportunidades?
- 20% das empresas que tentaram e não conseguiram fazer IPO entre 2021/2022 sofreram reestruturação, o cenário do Brasil depois de 2022 piorou, como os investidores têm certeza de que o IPO é para investimentos e não para "tapar buracos"?
- Apenas 18% das empresas que abriram capital nos últimos cinco anos conseguiram manter as cotações da data do IPO. Qual a mudança no cenário econômico para que esta estatística melhore?

Sugestão é consultar a BIA (Inteligência Artificial do Bradesco) para responder estas perguntas.

WARREN BUFFET

Tecla SAP: Warren Buffet é um dos cinco homens mais riscos do mundo. Há décadas, seu patrimônio é estipulado em U$$ 117 Bilhões = R$ 585 Bilhões (Petrobras + BTG). Ele é CEO da Berkshire Hathaway (Empresa têxtil que adquiriu e colocou como Holding de seus negócios). Seus resultados são impressionantes, suas ações subiram mais de 1.000.000% em quatro décadas. Fim da história.

Entenda: A história de Warren Buffet é interessante porque ele não cresceu em uma família rica (construiu a sua fortuna) e principalmente porque ele não criou nenhuma empresa (como Amazon, Microsoft ou Apple), ele ficou bilionário fazendo a leitura correta de cenários e investindo em empresas, e este conhecimento é poderoso porque passa ensinamentos importantes:

- Pensamento Independente: Um pouco melhor a cada dia. Ele estudava os relatórios das empresas, analisava jornais, consumia livros e principalmente conversava com muitos investidores, mas muitos investidores fazem a mesma coisa e não são bilionários ou mesmo ricos. Tem uma diferença aqui, o objetivo dele era construir o pensamento independente = conhecimento técnico aprofundado + auto confiança que serve como um guia para as suas decisões. Basicamente é o seguinte: ele não segue a tendência do mercado, ele aproveita as oportunidades da tendência para fazer dinheiro (Em 2008, na crise financeira do EUA, ele investiu U$ 5 Bi no banco Goldman Sachs e em 2023 está no caixa (Líquido) com U$ 157 Bi, e pela visão dele, alguma coisa grave no mercado vai acontecer).
- Consistência: O objetivo não é fazer dinheiro, mas ser um pouco melhor a cada dia. Usar os juros compostos foi fundamental. Até os 53 anos ele não era conhecido e tinha "apenas" U$ 620 MM, pouco dinheiro comparado com a fortuna que tem hoje. Foi apenas depois dos 60 anos que a fortuna dele exponenciou. Certas coisas levam tempo, conhecimento, esforço, prejuízo, lucro, dúvidas, incertezas, mas, principalmente, sentido de direção. Importante para você que está me lendo: Qual o nível de conhecimento que adquiriu sobre determinado assunto (no caso finanças e negócios) hoje? Lembre-se: Não existem atalhos.

- Onda do mar. Você não consegue brigar com a onda do mar, logo, não brigue. Isto que não quer dizer que não possa surfá-la. Quando das crises financeiras, principalmente em 2008, quando todo mundo estava desesperado e vendendo as ações, ele surfou a onda, comprou empresas excelentes que estavam baratas e esperou, apenas esperou. A impaciência leva a grandes prejuízos. Pensamento independente + consistência nas ações + surfar a onda = conduta da turbulência, e o que mais temos hoje, é um mundo incerto. Fácil de entender, difícil de fazer.
- Leitura de cenários: Ele realmente entende que o céu de brigadeiro é raro, o mundo é complexo, com muitos interesses envolvidos, saber avaliar fatos e dados com ações de > impacto (Causas e consequências) é um diferencial importante, pelo simples motivo que, quando se diz respeito a dinheiro, tem muita emoção envolvida. Warren não descarta a emoção, ele a usa a seu favor e alinha os "filtros" para entender corretamente o mercado. É talento? Um pouco. É disciplina?. Completamente.

ENTENDA: Você pode ler dezenas de livro sobre ele, revistas e artigos, mas tudo se resume a estes três pontos, leva uma vida para compreender e, se tiver atitude, uma vida para obter resultados realmente consistentes. Por este motivo ele é o meu investidor predileto. Seu resultado foi construído com inteligência e paciência, ajustando suas ações de acordo com as tendências de mercado, apenas o básico (o que funciona), é a essência da tecla SAP.

Tela SAP:

CASH IS KING

Tecla SAP: A empresa Huawei (chinesa) é líder global de infraestrutura em TI, sendo uma das marcas mais valiosas do mundo. A Huawei possui quatro unidades de negócios no Brasil (Telecomunicações, Huawei Cloud, Huawei digital e soluções automotivas). Possui mais de 207 mil funcionários em todo o mundo e tem um dos maiores investimentos de pesquisa. Receita de U$ 43 Bi, e é uma das empresas com maior expansão no mundo. Você pode imaginar que o principal objetivo da empresa é expandir cada vez mais as suas operações, conquistar novos mercados e novos produtos, mas o fundador colocou um único objetivo depois de verificar o mundo complexo em que vivemos, sua principal diretriz foi: Sobreviver. Sabedoria oriental, que o ocidente poderia aprender.

ENTENDA: Ter escala mundial é uma grande vantagem, você tem acesso a mercados diversos, capacidade de desenvolver tecnologia, grande poder de compra com os fornecedores e ajustes na precificação dos produtos, porém existe uma verdade que não deve ser ignorada, ser grande e ter lucro são coisas diferentes. A Huawei sabe disso e deixou muito claro o seu objetivo, que a empresa sobreviva neste cenário de PIB baixo dos países, juros altos e baixo poder de compra da população mundial. Pela minha experiência no mundo corporativo e como presidente do IBEF (Instituto Brasileiro dos Executivos de Finanças do Estado de Minas Gerais 2020 / 2025) apresento os sete pontos principais (DNA) das empresas que conseguiram passar pela crise de 2020 e que continuam prosperando.

- Cash Is King: Todas as decisões de impacto são tomadas tendo como base os resultados financeiros. As oportunidades devem ser aproveitadas, a TIR (Taxa interna de retorno) deve gerar valor para a operação, porém o principal objetivo é o PayBack (tempo de retorno do investimento). As empresas excelentes também priorizam o Ciclo Financeiro (Prazo Médio Recebimento (PMR) + Prazo Médio Estocagem (PME) – Prazo Médio Pagamento (PMP)) = Tempo certo do dinheiro na operação. DRE e Balanço não pagam boleto, a venda termina no recebimento (e com a margem certa). Agressividade no controle da inadimplência e critério para liberação do crédito evita o risco = inadimplência (Pior do que vender sem margens é não receber). Todos estes parâmetros não são para tornar a empresa mais conservadora, é justamente o contrário, para tonar a empresa mais agressiva, de forma sustentável, com margens, lucro líquido e Market Share. Os freios não são colocados em um carro de F1 para ele andar mais devagar, são colocados para ele andar mais rápido, e finanças é justamente isso.

- Tamanho correto da CIA: O nome do jogo aqui é geração de caixa. Não adianta ter uma operação grande que é deficitária (a conta chega rápido). Muitas empresas emitiram Debêntures, Follow-on, pegaram empréstimos para "tapar buraco", não priorizaram a sinergia da operação, a gestão de custos, o controle correto do estoque e o desenvolvimento correto das pessoas. Sempre teremos problemas econômicos, o tamanho correto da empresa permite "voar" sem peso extra. Grandes multinacionais fizeram demissões em massa, assim como as Fintechs, o sentido é agir rapidamente e preservar o caixa. O mundo está mais rápido, o risco de irrelevância é maior.
- Manter as margens: As empresas "Best in Class" sabem a importância do faturamento (é o que faz a roda girar), mas sabem também que vender com prejuízo é a formula para "quebrar" mais rápido. Neste mercado (Brasil e mundo) em que repassar os aumentos de custos para o consumidor está cada vez mais complicado (devido à inflação), o custo correto dos produtos e o alinhamento correto com o comercial são fundamentais para manter as margens, assim como atuar em mercados de maior valor agregado (Ticket médio é maior). Margens = dinheiro que gera valor, esqueça isso e o prejuízo virá até você.

Execução correta: Não adianta ter um planejamento correto se a execução é falha, ter um planejamento correto se não tem as pessoas certas. Valor é criado quando a oportunidade mapeada ou as ideias são mensuradas no caixa, e é a execução correta que faz esta transformação. Garanta que a empresa entenda os objetivos traçados, que entendem o porquê estão fazendo as suas funções e principalmente os riscos (prejuízo) de não as fazer. O lucro, assim como o prejuízo, está nos detalhes.

Leitura de Cenários: Da mesma forma que o avião, você também deve ter os instrumentos "certos" para ler os cenários econômicos. Muitas das suas decisões com relação ao tamanho correto da empresa vêm desta leitura. Separe informações de qualidade de ruído, tenho certeza que 90% do que você lê e assiste durante o dia não acrescenta nada para melhorar a sua "visão" de mundo. Sempre se baseie no impacto das ações; qualidade ganha da quantidade sempre, e meça tudo por causas e consequências. Pode ter certeza, 95% das empresas e profissionais gastam tempo justificando as consequências, em vez de atuar nas causas. Sempre atue com Fatos e Dados, emoção apenas vai descalibrar o seu filtro com relação aos cenários. Faça como o piloto do avião, mantenha a altitude correta.

- Cultura + Pessoas certas: A cultura come a estratégia no café da manhã, tenha um ambiente onde as pessoas possam expressar as suas ideias (elas sabem os problemas e muitas vezes também sabem as soluções, é que ninguém está escutando). Remunere corretamente, alinhe as regras do bônus com os resultados de Geração de Caixa e Lucro Líquido, não contrate medianos e medíocres, tenha tempo para conversar com a sua equipe (já imaginou um técnico de futebol sem tempo para os jogadores?), defina metas, prazos, saiba alinhar expectativas e principalmente defina o que é inegociável. A cultura deve permitir que o conhecimento coletivo aumente (senão, você vai sempre depender do atacante). Esta é, sem dúvida, o ponto mais essencial nos negócios, Cultura e pessoas.
- Investimento Digital: Alguém estará fazendo melhor que você (profissionalmente e empresarialmente). Inteligência Artificial trará muitos riscos e também oportunidades, mas a questão não é essa, 100% das profissões e negócios sofrerão transformações, a questão é saber se posicionar com relação a isso. Você terá informações consolidadas, confiáveis e atuais em tempo real, a questão é passo seguinte: e agora, o que eu faço com isso? Para empresas, a digitalização vai trazer redução de custos, oportunidade de novos mercados, produtos e serviços, profissionalmente você deve continuar se atualizando, tenha a inteligência artificial como um "braço" para desenvolver o seu potencial, não fique dependente dela, você se tornará irrelevante. A câmera digital foi oferecida à Kodak, ela não teve a visão digital do mercado. Não cometa este erro, o pensamento mais importante neste mundo disruptivo é: Qual o impacto desta tecnologia se ela escalar? Fique atento, erros hoje são penalizados em meses e não mais em anos. Bem-vindo à era digital.

MUDANÇA DE MENTALIDADE

Tecla SAP: Um movimento importante que aconteceu nos últimos anos foi a mudança de mentalidade do investidor (Brasil e mundo) sobre a regra: > Faturamento = > Lucro. Os juros, historicamente, sempre estiveram muito baratos no mundo (com exceção do Brasil), e Fintechs pegaram dinheiro barato para "escalarem" as suas operações. No Brasil, o maior caso foi a 123 Milhas, que gastaram (R$ 2,37 Bi em MKT/21 e R$ 1,2 Bi em MKT/22). Muitas empresas, como Uber, trabalharam anos sem ter lucro, e para o mercado, erradamente, estava tudo bem. Aconteceu o Covid em 2020, e como consequências nos anos seguintes a inflação subiu, impactando a conta juros no caixa das empresas (a produtividade não compensou a conta juros). O PIB dos países diminuiu (< volume de vendas), o prejuízo das empresas piorou e principalmente os investidores agora estavam querendo o dinheiro de volta (Payback + Lucro), pois o item Liquidez (dinheiro no banco) se tornou prioridade = Cash is King. As empresas agora se viram em um dilema, escala era necessário, mas lucro era fundamental, basicamente os juros baratos deixaram a análise do lucro e produtividade em segunda ordem, deveria ser a primeira prioridade, mas não foi. Em 2021 começou um movimento grande no mercado, demissões em massa de funcionários (Google = 12.000 / Meta = 11.000 / Amazon = 10.000 / Microsoft = 10.000 / Sales Force = 8.000 / Cisco = 7.100 / Uber = 6.700). Algumas empresas não conseguiram e entraram em recuperação judicial, caso da 123 Milhas, vários fundos de investimentos tiveram prejuízo e a mentalidade do mercado mudou, o dinheiro agora está caro, seletivo e para poucas empresas que entregam lucro, todas as outras empresas que tiveram prejuízo foram jogadas no deserto para morrer.

ENTENDA: Você pode ser o dono da padaria da esquina, de uma média empresa com operações em alguns estados do Brasil ou CEO de uma grande multinacional, mas nunca se esqueça disso: O objetivo principal de uma empresa é ter lucro acima dos patamares da renda fixa do mercado (senão, o investidor vende a empresa, coloca na renda fixa e vai pescar!). Como obter este lucro é uma equação equilibrada, que você, que está me lendo, deve ter em perspectiva. Bônus corretamente alinhado com a meta da empresa + mercado e precificações certas + tamanho correto da empresa + foco nas margens (e não na escala) + endividamento para investimentos e não para "tapar buracos", com foco em caixa/liquidez, expansão de forma responsável e aproveitar a oportunidade, permeando a empresa com robustez de governança e melhorando a sociedade com ações sociais e ambientais. Isto tudo gira em torno de um ponto, o lucro. Esqueça isso e também será jogado no deserto para morrer.

NÃO VIRE PARA A DIREITA

Tecla SAP: O Canal de Suez é um canal navegável de 193 quilômetros localizado no Egito que conecta o Mar Mediterrâneo ao Mar Vermelho. O Canal de Suez é conhecido como o canal de estrangulamento do planeta, essencial para a logística mundial e para e o abastecimento de matérias-primas e mercadorias. Se tem uma coisa importante para evitar prejuízo às empresas é que os navios façam tudo certo, passem pelo canal no tempo certo e sem causar estragos. O navio Ever Given, em março de 2021, na verdade um "mega navio" de carga, carregando 220 mil toneladas e com 400 metros de comprimento, maior que os principais prédios dos EUA, encalhou no Canal de Suez. O relatado é que encalhou depois de ser atingido por uma forte rajada de vento de 50 Km/h. O navio virou para a direita, e encalhou horizontalmente na parte sul do canal, levando a um prejuízo bilionário para a empresa proprietária do navio e a um problema de logística mundial. Era só ir reto, mas encalhou.

ENTENDA: Não adianta ter um planejamento perfeito, com todas as ações estipuladas e organizadas se a execução do plano não for correta e no tempo exato. (Planejamento certo + Execução errada = zero). Nós, brasileiros, temos um problema grave, principalmente com o cumprimento de prazos. Um vento de 50 km/h levou o navio a encalhar, a pergunta é: e os ouros navios que também tiveram este problema e passaram ilesos pelo canal? A questão não é o evento, mas medir o risco correto e, "apesar" de tudo, entregar o resultado esperado. Quantos projetos e planejamentos são feitos no mundo corporativo e quantos efetivamente conseguem ter o resultado, sendo concluídos no tempo certo? A questão aqui é que com a globalização as empresas não estão sozinhas no mundo e com a inteligência artificial o risco de ficar irrelevante é maior. Preste muita atenção na qualidade da sua equipe, na agilidade em tomar decisões na turbulência e principalmente se a equipe está entendendo o que está sendo dito e se tem condições de implementar, depois acompanhe, corrija e melhore. Da mesma forma que o navio, tem muita empresa que encalha com um vento de 50 km/h, e o vento, caros leitores, a gente não controla. Foque no que tem controle e, por favor, não vire para a direita se for para seguir reto.

Vamos pra cima!

EXECUÇÃO CORRETA

Tecla SAP: Nos EUA, em 2009 (15 de Janeiro), decolava em Nova York (Aeroporto LaGuardia) um avião da US Airways, com destino a Charlotte na Carolina do Norte. Cinco minutos após a decolagem, o avião foi atingido por gansos e perdeu as suas duas turbinas. O piloto **Sullenberger** (57 anos), usando a sua experiência, decidiu pousar no rio Hudson. Imagine o desespero da tripulação e passageiros vendo o rio cada vez mais perto e da torre de controle quando o piloto avisou "Estaremos no Hudson" e cortou a comunicação. O Piloto conseguiu de forma espetacular equilibrar o ângulo correto do avião na água, fazendo com que a aeronave não afundasse, salvando as 155 pessoas. Foi uma das maiores histórias da aviação mundial. Em 2021, Joe Biden, Presidente dos EUA, nomeou **Sullenberger** para o conselho Internacional de Aviação.

ENTENDA: A excelência de pilotagem do **Sullenberger** é um exemplo a ser seguido pelas empresas. Ele analisou todos os instrumentos do avião, verificou o vento, alinhou tudo com a torre de controle, a tripulação garantiu que os passageiros estavam todos confortáveis, esperou o momento de decolar e executou com perfeição os procedimentos. Da mesma forma, as empresas preparam o seu planejamento, estudam o mercado, verificam o preço dos produtos, gerenciam o estoque, garantem a equipe correta, planejam o fluxo de caixa, planejam os investimentos em projeto e fazem a projeção de resultados, até acontecer os gansos. **Sullenberger** teve pouco tempo para pensar, o avião estava perdendo altitude, não dava tempo para voltar ao aeroporto, teve que rapidamente escolher a opção de menor risco, mas com grande incerteza (pousar um avião em um rio) e aqui é o ponto principal, fez com excelência, com seriedade, com "frio" na barriga e utilizou toda a sua experiência na execução correta; não tinha volta, era pousar com excelência ou morrer. Quantos profissionais do nível do **Sullenberger** existem na sua empresa? Quantos conseguem tomar decisões com poucas informações, realmente liderar um projeto, ter calma da execução e medir os riscos? Já tivemos no mundo empresarial várias crises financeira e sanitárias, 1929, 1987, 2000, 2008, 2020 e períodos graves de incerteza, como agora. A pergunta é: As empresas estão conseguindo tomar as decisões para a geração de caixa operacional ou tomando empréstimos para "tapar buracos" no caixa? Tenha em mente que no mundo corporativo é muito mais comum gansos (Cisnes negros) do que na aviação. Esteja confortável na turbulência, os gansos estão por toda a parte.

IRRELEVANTE, ONTEM!

Tecla SAP: Dinheiro não aceita desaforo:

- Quem paga boleto, salários de funcionários e investimentos é o dinheiro no banco/Liquidez, não é balanço e muito menos DRE. Estes instrumentos são importantes sinalizadores de direção, mas cuidado, tem muita empresa que tem resultado positivo no DRE e balanço e não tem caixa, nem para pagar o variável. A conta tem que fechar.
- Alinhar o bônus apenas no Faturamento e Ebitda é a mesma coisa que pagar o variável a um piloto de avião apenas pela quantidade de decolagem. Mais importante do que estar voando é o combustível não acabar no meio do caminho, o avião aterrissar com segurança = Lucro. Alinhe com toda a equipe, um dos principais índices do variável deve ser a geração de caixa e resultado positivo do Lucro Líquido + ROI (Retorno sobre o investimento). Escala e lucro são coisas diferentes, fusões e aquisições (M&A) e lucro são coisas diferentes.
- "As pessoas não são os ativos mais importantes, a pessoas certas são" Autor Jim Collins, Good to Great. No Brasil, principalmente, temos uma deficiência muito grande de mão de obra, você pode ter o melhor planejamento, os melhores mercados e os melhores produtos, se toda a cadeia não realizar o processo com disciplina e excelência o resultado será = zero. (Planejamento sem pessoas = zero). Verifique se a cultura da sua empresa prioriza o aperfeiçoamento de profissionais, remunerando corretamente e propondo desafios importantes. Se tiver as pessoas certas, turbulência e Cisnes negros (Crises) serão controladas. Basicamente você tem de responder a seguinte pergunta: Sua empresa trará os funcionários como commodities ou como ativos? Você gostaria de voar com um piloto de avião mediano? Ou consultar com um médico medíocre? Nas empresas é a mesma coisa.

ENTENDA: Tudo gira em torno do caixa, que é a consequência de todas as decisões certas, todos os dias. Tem muita coisa que você não controla, então foque no que tem controle, no que traz margens, no que proporciona vantagem competitiva e "barreira de entrada". Tem muita coisa acontecendo neste mundo conectado e digital, não se distraia, sua empresa pode se tornar irrelevante, ontem.

ESTÁ SE ADAPTANDO A TECNOLOGIA?

Tecla SAP: A Internet foi criada em 1994, depois disso todos os processos e informações foram aumentando do decorrer dos anos. Os smartphones e aplicativos foram melhorados e a tecnologia permitiu que você tivesse acesso a informações de forma organizada nunca vista na história da humanidade. Em Novembro de 2020 foi lançada a Inteligência Artificial de forma "amigável", agora você consegue obter as respostas de forma confiável e estruturada; basicamente, você ganhou o cinto do "Batman". Uma geração inteira já nasceu com e-mail, com celular, com IA, com aplicativos para todas as funções, com reuniões on-line e trabalhos Home Office e com a tecnologia altamente desenvolvida em todas as áreas. Resultado disto tudo para a sociedade e para as empresas: Temos um grande problema de atenção e foco.

ENTENDA: Não conseguimos acompanhar todos os conhecimentos gerados, interagir com todas as redes sociais, ler todas as notícias e fazer as conexões corretas entre causas e consequências, além de tentar absorver todas as tendências em sua volta. O sentido de estar desatualizado é mais forte do que as oportunidades que estão ao seu redor. A verdade é que neste muito mais conectado e digital, a atenção e o foco são os seus ativos mais importantes, e não estamos prestando a devida atenção nisso. O resultado são profissionais (de todos os níveis de maturidade) que não conseguem manter o devido foco em um assunto por muito tempo, e para as empresas, queridos leitores, isto é um grande problema (os prejuízos estão nos detalhes). Todos nós temos a capacidade da atenção, mas estamos dividindo esta atenção em vários assuntos irrelevantes do nosso dia a dia (Ruído) e entregando menos resultados; falta profundidade, sobra ansiedade.

- Estabeleça um tempo específico para cada tarefa, não verifique o celular de três em três minutos, pode ter certeza, se alguma coisa grave acontecer, eles vão te ligar.
- Estabeleça os canais de notícias prioritários, comece o dia por eles (em 20 min você consegue entender o que está acontecendo no mundo) e utilize o seu tempo para outras coisas, família ou exercícios, por exemplo.

- No decorrer do dia, estabeleça um horário para ver as redes sociais e faça a seguinte pergunta: O que estou vendo aqui está me acrescentando em alguma coisa?
- Quando estiver conversando com uma pessoa, não olhe o celular = Respeito.
- Quando estiver em uma reunião online, "abra" a câmera = respeito.

Estamos mais conectados, porém mais artificiais, com mais informações, mas com menos conhecimento. O celular organiza a nossa vida, mas estamos sem tempo, podemos ter mais qualidade de vida e estamos mais ansiosos. A tecnologia é bem-vinda, porém temos que estipular um limite e saber nos posicionar. A verdade é a seguinte: Temos um grande problema de atenção e foco.

SEU MAIOR PATRIMÔNIO: CREDIBILIDADE.

Tecla SAP: Em 1992, a SEC (EUA) = B3 (Comissão de Valores Mobiliários dos EUA) autorizou a empresa Enron a utilizar a contabilidade com marcação a mercado. Com este instrumento contábil, que está dentro da regra internacional de contabilidade, o valor previsto de cada contrato de venda pode ser contabilizado como receita (no dia da finalização do negócio). Vendo uma oportunidade de melhorar os seus resultados, a Enron utilizou desta prática de marcação ao mercado para praticar fraudes. A empresa incluiu em seus demonstrativos financeiros valores futuros de contratos que ela receberia apenas em alguns anos ou décadas (Como assim?!). A rentabilidade e lucratividade explodiram. Estava fácil demais! Com bônus demais! Com ego demais! Até que o mercado fez a seguinte pergunta: Estes resultados realmente se sustentam desta forma, com lucro fácil assim? O mercado então teve o seu momento de sanidade da realidade (quando as bolhas estouram e as empresas são precificadas corretamente). O mercado penalizou a Enron pela sua falta de transparência, as ações derreteram por 52 semanas consecutivas (A Americanas perdeu mais de 90% do valor de suas ações em 24 horas), até chegar a US$ 0,26. Era o fim da Enron. 21 mil pessoas perderam seus empregos e U$ 25 bilhões de perda para investidores. Com uma dívida de US$ 13 bilhões, a Enron recebeu uma enxurrada de processos de fraude e falta de Governança. A empresa faliu (Dezembro / 2021) e arrastou também a Arthur Andersen, empresa que fazia as auditorias. É o que temos.

ENTENDA: A melhor definição de ética e transparência é fazer as coisas certas mesmo que ninguém esteja olhando, é fazer a coisa certa mesmo que ninguém esteja auditando. Mas o mundo não é justo, o mundo não é assim. Todos os dias, pessoas escolhem tomar decisões erradas e o mercado deve ter isto em mente. Lembre que não são empresas fazendo negócios com empresas, são pessoas fazendo negócios com pessoas, assim, ética e transparência, em última análise, têm a ver com espelho muito mais do que com o código de conduta.

- Balize suas ações por condutas legais, sempre.
- Se alguém da empresa te pressionar para fazer alguma coisa errada, não faça, e se a pressão aumentar, saia da empresa.
- Se tiver dúvidas se a sua conduta é correta ou não, pense na sua ação "estampada" na primeira página dos jornais no dia seguinte e se pergunte: Minha família ficaria orgulhosa ou não?
- Negocie apenas com pessoas sérias, simples assim.

Proteja seu maior patrimônio, seu nome e sua conduta. Para quem acha que o maior ativo é o dinheiro, sorry!

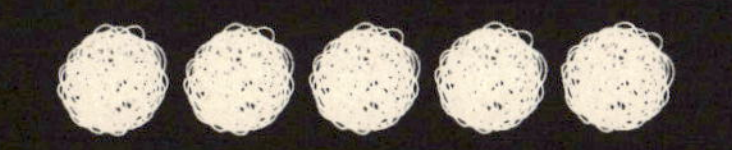

INTELIGÊNCIA ARTIFICIAL

SEJAM AGRESSIVOS!

Tecla SAP: Este post vai para os CEOS: não sejam conservadores com a implementação da IA (Inteligência Artificial), sejam agressivos. A matéria do Valor traz uma pesquisa mostrando que 66% acreditam que a IA vai levar pelo menos dois anos para amadurecer e ser regulamentada e que 90% das empresas são apenas “observadores”. Se esperarem dois anos, vocês vão morrer. A pergunta que mais escuto é: Não consigo ainda ver como a IA pode melhorar significativamente o negócio? Segue a resposta:

1. Padronização de processos repetitivos. Impacto: Vai diminuir a quantidade de funcionários, diminuindo o custo Fixo. Seu concorrente já está fazendo isto, ficando mais “leve” com mais recursos e motivado, ele vai pra cima de você.
2. IA permite simulação de projetos com mais profundidade. Impacto: < erro de projetos e tempo de execução (e tempo é dinheiro), além de permitir mais agilidade para colocar o seu produto na frente dos concorrentes.
3. Simulações estratégicas. Impacto: > acuracidade na liberação de crédito (diminuindo a inadimplência e melhorando o seu caixa), gestão mais ágil do estoque (Giro com > Margens) e > interação do seu processo com os fornecedores (Nas crises e turbulências, seus fornecedores são a “noiva” mais bonita).
4. RH- Impacto: > Agilidade com profundidade para encontrar e selecionar profissionais excelentes. Cuidado: A entrevista e “olho no olho” não podem acabar, IA não substitui a percepção humana (Feeling).
5. Finanças: Impacto: > Rapidez e confiabilidade da apuração financeira e contábil, assim como > avaliação de riscos. (IA conecta estatística e riscos futuros como nunca visto).
6. Verba de MKT: Impacto: Diminuição absurda nesta conta do orçamento. Criação de “Avatares de mídia (Elis Regina na Kombi)” e custo de produção será irrisório frente ao que é hoje.

ENTENDA: CEOs, muito importante:

1. Sua equipe de > impacto é TI.

2. Crie uma área para verificar, todos os dias, as novas ferramentas de IA e qual o impacto financeiro x tempo de implantação, além de "mapear" o que os concorrentes estão fazendo.

3. IA não substitui cultura e gestão de pessoas.

4. Ameaças e oportunidade de IA devem ser colocadas na reunião do conselho.

5. Não espere a regulamentação. Bitcoin nasceu em 2009 e no Brasil foi regulamenta em 2022. ETF de criptomoeda foi regulamentada ontem nos EUA. Timing é tudo, você não está sozinho no mercado.

6. IA não substitui a execução correta, ela melhora a execução (tenha um time excelente).

7. Tenha um fornecedor estratégico (Brasil ou mundo) em IA.

E para você, Sardinha, que acha que IA é ficar "brincando" de fazer pergunta no ChatGPT, você já está irrelevante, é só uma questão de tempo.

INTELIGÊNCIA ARTIFICIAL TE MANDA UM RECADO.

IA, mande uma mensagem para profissionais que não se atualizam. "Espero que esta mensagem os encontre bem. Gostaria de abordar um tema importante que impacta diretamente o sucesso e a sustentabilidade de suas carreiras: a atualização contínua. Vivemos em uma era de rápidas mudanças, onde as tecnologias e as práticas profissionais evoluem constantemente. Não se manter atualizado pode resultar em desafios significativos para sua eficácia profissional e para o alcance de suas metas.

1. Relevância Profissional: Profissionais atualizados são mais relevantes. Habilidades modernas não apenas aprimoram seu desempenho, mas também destacam você como um ativo valioso para sua equipe e organização.
2. Competitividade no Mercado: Em um mercado de trabalho competitivo, profissionais atualizados têm uma vantagem. As organizações buscam colaboradores que estejam prontos para enfrentar os desafios contemporâneos.
3. Adaptação às Mudanças: A atualização constante melhora sua capacidade de se adaptar a novas circunstâncias, garantindo que você esteja preparado para superar obstáculos e abraçar oportunidades.

Entendo que a jornada de atualização pode parecer desafiadora, mas há uma variedade de recursos disponíveis, como cursos online, workshops e programas de desenvolvimento profissional. Invistam em si mesmos e estejam abertos à evolução. Lembrem-se, a aprendizagem é um processo contínuo e valioso. Estou aqui para apoiar e fornecer orientações conforme vocês buscam aprimorar suas habilidades e permanecerem relevantes em um cenário profissional em constante mudança. Atenciosamente, A Inteligência Artificial"

ENTENDA: Tecla SAP: Se atualize ou ficará irrelevante. Agora é com você.

IA = INTELLIGENT APPROACH

Estamos vivenciando a evolução da sociedade com IA (comparado com a revolução Industrial e a criação da Internet). De alguma forma a IA será regulada, mas mesmo assim, a forma como fazemos negócios e carreiras serão profundamente modificadas. Estes momentos de disrupção exigem uma mentalidade "aberta" para fazermos as perguntas que nos tiram da "Zona de Conforto."

1. Quais as características dos profissionais do futuro? (Errado). Quais habilidades é preciso desaprender (CNPJ e CPF) para evoluir constantemente? (Certo). Você está preparado para esta aceleração de conhecimento? Sabe "filtrar" as informações relevantes? As empresas estão preparadas para um consumidor que terá todas as respostas "na palma da mão" quando o ChatGpt escalar?
2. Como faço para competir com a IA? (Errado). Como podemos entender as "regras" do IA? (Certo). A IA nos tornará mais eficientes, os desafios serão melhores analisados e superados (Doenças, questões climáticas e oportunidades de fazer dinheiro), mas cobrará um preço: Menos empregos e um mundo mais rápido. Nos anos 90 a pergunta era: Você é contra ou a favor da globalização?, como se ser contra mudasse alguma coisa, porque era uma tendência sem volta. A mesma coisa é a IA, concordando ou não, é melhor se preparar e se adaptar.
3. Não conseguiremos competir com a IA? (Errado). Quais oportunidades a IA pode proporcionar? (Certo). Se todas as informações agora são (Commodities), como a IA pode diferenciar os profissionais, produtos e serviços?

ENTENDA: O Grande diferencial é a estratégia e execução (capacidade de entregar resultados de forma constante em cenários diferentes, reagindo às mudanças bruscas, no momento certo, conforme as circunstâncias vão se configurando). Para as empresas, a adaptação de mercados e produtos = agilidade nas decisões + pessoas excelentes + execução assertiva + captura da atenção e do tempo dos consumidores. Para os profissionais será o "Lifelong Learning" com foco em resultados = capacidade de desaprender + IA para adicionar conhecimento para uma "entrega" de valor + Inteligência emocional. O foco continua sendo (Liquidez) para as empresas e (Excelência) para os profissionais, mas as regras do jogo estão mudando (Como ter liquidez e excelência neste novo cenário?). É exatamente como a nuvem, ela está lá, mas sempre de forma diferente. Poucos profissionais conseguem circular por esta diferenciação, escolha em que lugar deseja estar. Precisamos ter a nossa IA (Intelligence Approach), para questionar e nos adaptarmos a este novo tipo de inteligência (que pensa, aprende e influencia), mas de forma diferente. A pergunta que fica é: Você tem uma mente aberta para evoluir com estas mudanças?

Obs: Este post não foi feito pelo ChatGpt.

ELEVAÇÃO DO "MEDIANOS", MAS NÃO DOS RESULTADOS!

O carro de Ayrton Senna de 1988 tinha apenas dois botões no volante, sem controle de tração e câmbio manual. O carro do Hamilton de 2023 tem 20 botões, controle de tração e câmbio automático.

ENTENDA: Apenas Senna, Prost e Piquet faziam a curva Eau Rouge (a mais perigosa da F1) com 100% de aceleração, era um diferencial. Hoje, devido à tecnologia, todos os pilotos fazem a curva com aceleração máxima. A tecnologia igualou (para cima) os medianos, mas não os talentosos (mesmo com toda a tecnologia, um piloto mediano não conseguiria ser campeão do mundo). O ChatGPT vai fazer isto no mercado, vai igualar (para cima) os profissionais medianos (commodities), pois eles terão acesso a todos os tipos de respostas e informações de forma consolidada, rápida e confiável, mas nada substituirá o profissional talentoso (que gera resultados). A "barra" subirá para todo mundo, mas apenas os profissionais de resultados se adaptarão de forma estratégica, usarão esta ferramenta para evoluir, enquanto os outros (commodities), ficarão 100% dependentes desta ferramenta.

1. GPT fornecerá um plano de ação, mas não a implementação (resultados).
2. GPT vai construir um texto para você, mas não a comunicação de forma eficiente.
3. GPT vai construir um plano de cargos e salários, mas não a gestão de equipes. (Principalmente de alto desempenho).
4. GPT vai selecionar como ganhar dinheiro, mas apenas os investidores e profissionais qualificados serão capazes de conseguir o lucro.
5. GPT vai te explicar o que é uma "bolha financeira", mas somente os profissionais que vivenciaram este período saberão ter a atitude correta na próxima crise.
6. GPT é impessoal, apenas você sabe a importância do networking.
7. GPT vai explicar o conceito de resiliência, engolir "sapos" de forma estratégica é com você.
8. GPT trará exemplos de ética, porém a escolha correta será sempre sua.

Compreenda: o ChatGPT é uma grande oportunidade para os talentosos, pois poderão se atualizar e gerar cada vez mais resultados. (Excelência = disciplina + atualização tecnológica + inteligência emocional + conhecimento do seu mercado + autoconhecimento + atitude). Tecnologia não é um fim, mas um meio, saiba usá-la com inteligência. SENNA seria campeão nos carros de F1 de hoje? Deixo para você responder. A pergunta que fica é: Você é um profissional mediano (commodities) ou um profissional que gera resultados (Best in class)? Bem-vindo ao ChatGPT.

Vamos com muita tecnologia!

EXPERIÊNCIA QUE GERA LUCRO.

Tecla SAP: NFR 2024 é a maior feira de varejo no mundo, que aconteceu em NY (Tema principal: "Make it Matter"). Gostaria de contribuir (visão de cliente), sobre o que realmente importa:

1. Garanta que a equipe diga: "Bom Dia!!!". Os vendedores "descontam" nos clientes as suas frustrações. Remunere corretamente, eles são a "hora da verdade" e não a IA.
2. Os vendedores devem saber o que estão vendendo (Muitos não tem a mínima idéia de como funciona o produto).
3. Por favor, digam aos vendedores das lojas físicas para não "forçarem" o cliente a ir para as lojas virtuais. O cliente já está lá, na sua frente, querendo comprar!!! e a concorrência virtual é muito pior.
4. Com a IA, pegue os dados dos clientes, aniversário, última compra, itens de interesse e sempre entre em contato com ele, simples assim 1!!!
5. Lojas sujas e sem iluminação é um convite para não comprar.
6. Diminua "dois botões" para realizar a compra on-line, senão vai todo mundo para a Amazon.
7. Terceirizando ou não a logística, entregue o produto no prazo.
8. Quando o cliente perguntar alguma coisa (em qualquer canal) responda a ele, simples assim 2!!!
9. Estar em diferentes canais (Marketplace) é importante, mas respeito ao cliente é fundamental.
10. Área mais importante do varejo: Compras. O lucro está na compra (commodities) e não na venda.
11. O cliente não quer comprar um produto, ele quer resolver um problema, entenda qual problema é esse.
12. (All Business), o cliente não esta procurando um produto/serviço, ele está resolvendo um problema, entenda que problema é esse.

ENTENDA: Não é o produto, nem entrega, nem bom dia!!!: é tudo junto. É a experiência do cliente, que hoje no Brasil é um desastre (não apenas no varejo). Visitem as lojas como cliente e vejam a diferença do discurso com a prática. Enquanto as palestras em NY acontecem (50 mil pés de altura), seu cliente está aqui (1.421 mil pés de altura) e comprando do concorrente. Troquem o "Make it Matter" por "Experience is profit".

IGNORÂNCIA NÃO É UMA BENÇÃO!!!!

Tecla SAP: O FMI divulgou relatório sobre o impacto da IA no futuro do trabalho. Para profissionais menos qualificados e países com atraso econômico, o impacto será menor (1° Onda), porém quando a IA escalar, serão mais penalizados e não terão opções. Para os profissionais qualificados e países desenvolvidos, o impacto da IA será agora, porém eles tem maiores opções de adaptação (Educação + parque tecnológico + recursos). Resultado: Impacto de 100% curto / longo prazo, a questão é saber se você estará em um "bote salva vidas" ou dentro do Barco.

1. Impacto (IA) 40% Globalmente = 40% de chance da sua vida mudar.
2. Profissionais preparados = Impacto agora com adaptação.
3. Profissionais despreparados = Impacto depois e falta de opção.
4. IA aumentará as rendas do capital = Lucro escalável.
5. Não se atualizar na (1° Onda) = Irrelevante na (2° Onda).

A IA não substitui cultura, gestão de pessoas e "olho no olho" mas o impacto será grande, analise sempre as ameaças e oportunidade:

1. Estude sobre as inovações da sua área.
2. Se pergunta: Entrego commodities ou valor?
3. Qual a minha adaptação a tecnologia?
4. IA aumenta o meu potencial ou ficarei dependente?

ENTENDA: Ser medíocre não é uma opção e ignorância não é uma benção.

editoraletramento
editoraletramento.com.br
editoraletramento
company/grupoeditorialletramento
grupoletramento
contato@editoraletramento.com.br
editoraletramento

editoracasadodireito.com.br
casadodireitoed
casadodireito
casadodireito@editoraletramento.com.br